民商法论丛 Civil and Commercial Law Series

● 洪浩 著

Doctorine System Precedent: Research on Architectural Privilege Right

学说 制度 案例
——建设工程优先权问题研究

本书得到**教育部哲学和社会科学2008年后期资助项目**以及**国家[2011]司法文明协同创新中心**的支持。

北京大学出版社
PEKING UNIVERSITY PRESS

图书在版编目(CIP)数据

学说 制度 案例:建设工程优先权问题研究/洪浩著. —北京:北京大学出版社,2014.6
(民商法论丛)
ISBN 978-7-301-24316-9

Ⅰ.①学… Ⅱ.①洪… Ⅲ.①建筑法-研究-中国 Ⅳ.①D922.297.4

中国版本图书馆 CIP 数据核字(2014)第 118530 号

书　　　名:学说 制度 案例——建设工程优先权问题研究
著作责任者:洪　浩　著
责　任　编　辑:周　菲
标　准　书　号:ISBN 978-7-301-24316-9/D·3589
出　版　发　行:北京大学出版社
地　　　址:北京市海淀区成府路 205 号　100871
网　　　址:http://www.pup.cn
新 浪 微 博:@北京大学出版社　　@北大出版社法律图书
电 子 信 箱:law@pup.pku.edu.cn
电　　　话:邮购部 62752015　发行部 62750672　编辑部 62752027
　　　　　　出版部 62754962
印　刷　者:三河市北燕印装有限公司
经　销　者:新华书店
　　　　　　965 毫米×1300 毫米　16 开本　18 印张　304 千字
　　　　　　2014 年 6 月第 1 版　2014 年 6 月第 1 次印刷
定　　　价:39.00 元

未经许可,不得以任何方式复制或抄袭本书之部分或全部内容。
版权所有,侵权必究
举报电话:010-62752024　电子信箱:fd@pup.pku.edu.cn

作 者 简 介

洪浩 1967年出生,湖北省黄梅县人,法学博士,现任武汉大学诉讼制度与司法改革研究中心主任、教授、博士生导师,法学院教授委员会委员;国家"2011"司法文明协同创新中心(诉讼制度研究团队)专职教授;兼任中国刑事诉讼法研究会、中国民事诉讼法研究会理事,湖北省诉讼法学研究会常务副会长,湖北省高级人民法院、湖北省人民检察院专家咨询委员会委员。

1987年7月毕业于中南财经政法大学法学院,获法学学士学位;1992年2月毕业于西南政法大学诉讼法专业,获法学硕士学位;2000年6月毕业于西南政法大学诉讼法专业,获法学博士学位;2005年9月至2007年9月在武汉大学法学院从事博士后研究工作。1987年起先后任职于中南财经政法大学、华中科技大学法学院;期间在湖北省随州市人民法院和最高人民法院有过短暂的工作经历。

出版有《正当程序法律分析:当代美国民事诉讼制度研究》(中国政法大学出版社2000年版,与蔡彦敏教授合著)、《检察权论》(武汉大学出版社2001年版)、《法治理想与精英教育:中外法学教育制度比较研究》(北京大学出版社2005年版)、《刑事诉讼法学》(武汉大学出版社2013年版)等著作;主编有《证据法学》(北京大学出版社2007年修订版)、《刑事诉讼法学——制度、学说、案例》(武汉大学出版社2013年版);在《中国法学》《法学评论》《法律科学》《武汉大学学报》《现代法学》《法学》等杂志上公开发表论文50余篇;主持课题有《造法性司法解释研究》(国家社科基金2012年度后期资助项目)、《我国法律体系中检察制度之发展研究》(中国法学会2012年度项目)、《建设工程优先权问题研究》(教育部哲学社会科学研究2008年度后期资助项目)、《典型民事诉讼司法解释》(中国博士后基金2006年度支持项目)等。

前　　言

　　自上世纪90年代以来，我国的经济像一列高速火车一样在向前运行，而房地产业及建筑业则可以视为推动我国经济向前发展的火车头。然而，就在房地产开发的热潮中，出现了一个不容社会忽视的现象，那就是建设单位普遍地拖欠承揽人的工程款。建设单位在工程建设过程中，自有资金严重不足，正常的融资手段又十分有限，缓解建设资金需求压力的手段就常常表现为强迫承揽人垫资施工，而承揽人迫于业务竞争的压力而不得不接受这种不合理的要求。在建设工程竣工后，建设单位的资金短缺问题往往仍然存在，承揽人的垫资及劳务报酬依然没有着落。更加令人遗憾的是，工程往往在建设过程中就以在建工程抵押的形式被建设单位抵押给银行或其他融资机构，而作为工程款拖欠的后果，许多建筑施工公司的经营举步维艰，进而造成了建筑业从业民工的工资无法兑现的结果，建筑公司怂恿工人游行示威、扣押或毁损工程的现象时有发生。普遍存在的工程款拖欠现象，如不能得到妥善的解决，作为国民经济一个重要行业的建筑业将难以为继，广大的从业民工的生存将面临威胁，社会正常的生产生活秩序将难以稳定。现实的经济生活条件迫使立法者不能不对建筑工程承包人的工程款债权的实现问题作为一个特殊问题来看待，并采取相应的立法政策。

　　从建设工程合同的角度上讲，合同本身所具有的效力即双务合同同时履行的抗辩或留置并不能保障承包人的债权的实现，反而对承包人、发包人双方的利益及社会利益均构成重大损害。为了帮助建设工程合同中的承包方实现其债权，我国于1999年3月15日颁布的《合同法》在第286条作出如下规定："发包方未按照约定支付价款的，承包人可以催告发包人在合理期限内支付价款。发包人逾期不支付的，除按照建设工程的性质不宜折价、拍卖的以外，承包人可以与发包人协议将工程折价，也可以申请人民法院将该工程依法拍卖。建设工程的价款就该工程折价或拍卖的价款优先受偿。"这一规定在解决拖欠工程款、保障承包人债权、保护社会弱势群体等问题上实现了一个伟大的突破,但由于该条规定过于笼统,在审判实践操作中产生了很大的争议,并在法学界引起了强烈的反响。有鉴于此,最高人民法院于2002年6月20日在答复上海市高级人民法院《关于合同法第286条理解与适用问题的请示》中作出《关于建设工程价款优先受偿权问题的批复》(以下简称《批复》)的司法解释,其中就优先受偿权与其他抵押权和债权的优先效力、预售商品房购买人的权利、建筑工程价款构成、行使优先权的期限等问题作出了明确规定。该《批复》事实上确立了两大原则:一是建设工程承包人的优先受偿权优于抵押权和其他债权的原则;二是生存权优于经营权的原则。但是,在适用《合同法》第286条的审判实践过程中,所遇到的许多困惑,远非《批复》所能穷尽,有的甚至对《批复》本身又提出了新的挑战。为了应对不断出现的新情况、新问题,同时,为了贯彻执行我国《民法通则》《合同法》《招标投标法》等法律的规定,最高人民法院又于2004年10月25日发布了《关于审理建设工程施工合同纠纷案件适用法律问题的解释》(以下简称《解释》),并于2005年1月1日起施行。最高人民法院之所以作出这一司法解释,主要是基于两个方面的考虑:一是为了给国家关于清理工程拖欠款和农民工工资重大部署的实施提供司法保障;二是弥补某些法律规定比较原则、操作性不强的缺陷,以保障司法实践操作中的统一。该《解释》对建设工程施工合同效力的认定原则、合同解除条件、质量不合格工程、未完工程的工程价款结算问题、工程质量缺陷的责任、工程欠款利息的起算时间等均作出了比较明确具体的规定。

上述所列的《合同法》第286条、《批复》及《解释》中的相关规定就构成了我国现行法律及司法解释关于建筑领域承包人建设工程优先权的全部内容。从理论上而言,承包人建设工程优先权既关心民事主体之间的抽象平等,又关心民事主体之间的具体平等,符合现代民法的发展趋势。从微观上看,这一制度是为了维护建筑工程承包人和建筑工人的利益;而从宏观上看,建筑产业的增长,则可以对国民经济产生巨大的乘数效应。保护这一领域的交易安全,具有公益性,是一项有社会效益的法律制度。

但是,应当看到,我国《民法通则》并未规定优先权制度,而仅仅在一些程序法及特别法中对优先权的某些内容作了规定,如《企业破产法》第113

条、《公司法》第187条等规定了破产（清算）费用、职工工资和劳动保险费用、税款就破产财产优先于破产债权受偿，而且是以抵押权和留置权的实现为前提。《商业银行法》第71条第2款规定了个人储蓄存款的本金和利息优先于税收和普通债权受偿。《保险法》第91条规定了保险公司依法破产的，职工工资、劳保费用、保险金、税款优先于普通债权受偿。但上述各法条所列各项是作为特殊债权的清偿顺序被规定的，并未承认其为一种独立的权利。此外，我国《海商法》第21、22条规定了船舶优先权，规定了船上工作人员的工资、报酬、遣返费用和保险费，船舶营运中的人身伤亡赔偿、港口规费、海难救助款项和船舶营运中侵权发生的赔偿等具有优先权；《民用航空法》第18、19条规定了民用航空器优先权，规定对该民用航空器的援救报酬和保管费用具有优先权；《担保法》第56条规定了土地使用权出让金就拍卖划拨国有土地使用权的价款优先受偿的土地使用权出让金优先权；《合同法》第286条规定建设工程的价款就该工程折价或拍卖的价款优先受偿的建设工程承包人的优先权等。

  相对于优先权立法比较成熟的法国、日本等国来说，我国现行法关于优先权制度的个别、分散规定，总体上看是应急立法的产物，理论上的不成熟和实践上的不充分，使其存有诸多不足与缺陷，这种不足与缺陷也反映在对承包人建设工程优先权的规定上。"法的关系正像国家的形式一样，既不能从它们本身来理解，也不能从所谓人类精神的一般发展来理解，相反，它们根源于物质的生活关系。"[①]应当看到，不论是一般优先权所调整的特定债权债务关系，还是特别优先权所规范的特别债权债务关系，作为一个客观事实，无论在哪个国家都存在。况且，我国还处于社会主义初级阶段，人民的物质文化生活水平还不高，运用一般优先权制度，对广大劳动者的特定债权进行保护显得尤为重要，这既是民法以"人"为中心精神的需要，又是社会主义制度优越性的体现；同时，我国的社会主义市场经济还不发达，市场主体还处在孕育之中，故运用特别优先权制度，对在特定的市场经济关系中产生的特定债权主体进行保护，既是民法追求"实质公平"精神之体现，又是培育和发展市场主体、保障社会主义市场经济顺利进行的需要。正如孙宪忠博士所云："法定优先权在中国是具有发展前途的物权之一，因为随着劳动力

---

  ① 马克思、恩格斯：《马克思恩格斯选集》（第2卷），人民出版社1972年版，第82页。

市场的发展,以在工资法、劳工法或劳动法中赋予劳动者工资请求权具有法定优先权来保护工人利益的做法,在当今世界已非常普通……"①所以,从总体上看,我国大多数学者并不否认在我国的现实生活中存在着优先权制度所保护的特定社会关系,基于此,我国的物权立法应适应社会生活关系的需求,对优先权制度作出明确系统的规定。也就是说,我们应建立统一的优先权制度。

作为未来我国统一优先权制度的重要组成部分,承包人的建设工程优先权无疑将发挥极其重要的作用,而为了使这一制度的作用在现实司法操作中得到充分的发挥,在理论上对其进行全面而深刻的研究无疑具有重要意义。基于此,我们选择了建设工程的优先权问题作为研究的对象,并试图通过比较的、系统的、实证的等多种研究方法对其进行介绍和论证。

具体而言,在我们的研究中,在具体论证建设工程的优先权之前,我们首先介绍了优先权的基本理论,对优先权的概念、特征、性质、种类及优先权概念与相关概念的区别及联系进行了简要的介绍,并对优先权制度的产生及在各国的发展作了大致的回顾,以使读者在优先权的相关问题有个概括的认识和了解。接着,在对各国关于建设工程优先权的规定进行介绍和总结的基础上,我们引出了我国的建设工程优先权制度。

关于建设工程优先受偿权的权利属性即其性质问题,立法与学术界争议很大。笔者认为,应将我国建设工程承包人的优先受偿权界定为优先权,并称之为建设工程优先权,这样的定位,不仅有利于维护社会的公平,而且将会大大解决我国建筑领域长期以来存在的工程款拖欠问题,意义十分重大。在建设工程优先权的成立要件上,笔者认为,建设工程的成立应具备如下要件:一是合同要件,即建设工程承包合同为合法有效;二是标的物要件,即要求标的物须为发包人所有的建设工程;三是时间要件。在时间要件的现行规定上,最高人民法院于2002年作出的《批复》规定承包人行使优先受偿权的期限为6个月,并规定承包人行使优先权的期限从建设工程竣工之日或者建设合同约定的竣工之日起计算。而事实上,上述"工程竣工说"存在理论和实践操作上的漏洞和缺陷。笔者认为,建设工程承包人优先权成

---

① 孙宪忠:《不动产物权取得研究》,载梁慧星主编:《民商法论丛》(第3卷),法律出版社1995年版,第46页。

立的时间应界定为债权未受清偿,即只要承包人的建设工程价款未按约定的时间、地点、数额、方式等得到清偿,承包人就可以依我国《合同法》第286条的规定获得优先受偿权,而不论建设工程是否已经竣工,也不是在建设工程合同成立时就已产生。除了上述三个要件之外,建设工程优先权的成立还需要具备限制性的要件,包括对标的物范围的限制、因对消费者利益的保护而受的限制及对善意受让第三人权利的限制,等等。

在建设工程优先权的权利主体这一问题上,通说认为,根据我国《合同法》第286条的规定,建设工程优先权的权利主体仅指施工合同的承包人,这是毫无疑问的。但是否包括对已有建筑物的改建、扩建、重大修缮的施工承包人,法律对此并没有明确规定,实践中也存在着不同的理解和看法。笔者认为,对已有建筑物进行改建、扩建、重大修缮的施工承包人,对建筑物的增值部分也应当享有优先受偿权。当然,并不是每一个工程承包人都享有优先权,对于承包人而言,重要的是首先要弄清楚自己的主体地位,只有主体合法了,具有主体资格了,其后的行为才属合法并产生相应的法律效力从而受到法律的保护。与此同时,本书还对与建设工程优先权权利主体相关的几个问题进行了探讨,如建设工程的勘察人、设计人是否建设工程优先权的权利主体、分包人是否建设工程优先权的权利主体以及多个承包人的优先权问题,等等。在建设工程优先权的受偿范围问题上,在对现有规定进行分析的基础上,本书还对与建设工程优先权受偿范围相关的几个问题进行了深入的分析和探讨,如带资、垫资的问题,迟延利息的问题,预期利润和违约金的问题,材料款的问题,建筑物所占用的土地使用权问题以及建设工程优先权工程价款具体数额的确认程序等。

建设工程优先权的行使及其程序上,本书介绍了建设工程行使的一般程序及行使方式和行使时间。与建设工程优先权的行使相对的是,承包人能否放弃其优先权?而对于这一问题,现行法律和相关司法解释均未涉及,于是,笔者试着分析了承包人放弃其建设工程优先权的现实危害性,建设工程优先权不得被无条件放弃及其理由,还有在特定条件下建设工程优先权的有效放弃。另外,建设工程的优先权在行使的过程中,不可避免会与相关权利的行使发生冲突和竞合。那么,在发生冲突和竞合时,应如何处理如何解决?基于对这一问题的解决,笔者对建设工程优先权与一般抵押权、与消费者权利的竞合及处理均作了详细的分析和论证。

在建设工程优先权与相关权利发生冲突和竞合时，尤其是在建设工程优先权与一般抵押权发生竞合时，不仅增加了银行信贷的风险，并可能直接动摇我国房地产信贷的支柱。我国《合同法》的生效以及后来《批复》的出台，一贯以来被认为比较保险的抵押贷款，一夜之间变得不再像以前那么保险了。当发包人只有已作抵押贷款的建筑物可用以清偿债务时，特别是在该建筑物已足以清偿或不足以清偿建设工程承包人的工程价款时，银行担保债权就变得毫无保障，物权担保在信贷业中的支柱作用大为减弱。面对抵押担保作用的减弱，信贷风险的增大，银行为了最大限度地降低这种潜在的风险出现，理应要求房地产商用除了建筑物抵押以外的其他担保方式进行担保，并还可能进一步加大对房地产开发商在信贷资金使用方面的监督力度，以确保信贷资金的正确投向，银行的信贷成本也会由此而有所上升甚至可能大幅上升。否则，在房地产信贷方面产生更多的不良资产是完全可以预见的。而反过来看，建设工程优先权的相关规定对信贷业的负面影响，同样也不利于我国房地产业的发展。那么，应当如何解决建设工程优先权对相关产业造成的负面影响？在分析这一问题产生的基础上，结合法理及实际，笔者在具体的对策上提出了许多比较有益的建议，以期在对银行及相关产业的应对和保护上有所帮助。

为了贯彻执行我国《民法通则》《合同法》和《招标投标法》等法律的规定，及时、公正地审理建设工程施工合同纠纷案件，依法保护当事人的合法权益，规范建筑市场秩序，保障建设工程的质量和人民大的生命财产安全，从根本上解决拖欠工程款和农民工工资的问题，促进我国建筑业的健康稳定发展，最高人民法院在深入调查研究，认真总结审判经验，并听取有关各方意见的基础上，于2004年10月25日颁布了《解释》（法释[2004]14号），该解释已于2005年1月1日其施行。该司法解释进一步规范了施工合同纠纷案件的审理，使许多法律规定更加具体化和更具操作性，切实保障了合同双方的合法利益，为合同双方当事人寻求权利平衡搭建了一个平台，但在实践中具体适用该司法解释仍然存在一些值得注意的问题。因该解释的相关内容与建设工程优先权的行使密切相关，因此，在前述内容的基础上，笔者从建设工程合同当事人权利义务的协调与规制的角度对《解释》进行深入剖析，从而作出较为客观的基本评价，以期对建设工程施工合同双方当事人正确适用该司法解释，尤其是承包人建设工程优先权的实现有所帮助。

前　言

建设工程的优先权制度切实反映了建设工程(施工)承包合同履行过程中的公平性,明确体现了建设工程项目所包含的社会公益和公正,及时催动了建设工程项目的经济效用,有利于释放效益和效率价值,促进利益关系的合理配置和平等互动,能够更有效地解决现实生活中大面积拖欠工程款、承包人的权利普遍得不到保护的严重问题,是理清建设工程(施工)承包合同所涉及的各种法律关系、促进市场经济氛围下建设工程项目运作良性循环的一项必不可少的法律手段。基于此,对该制度进行一些有益的研究,其意义重大而深远。

洪浩

2014 年 5 月 20 日

法律、规章和司法解释缩略语一览表

(按时间先后顺序排列)

一、法律

1.《宪法》——1982 年《中华人民共和国宪法》(2004 年修正)
2.《民法通则》——1986 年《中华人民共和国民法通则》
3.《民事诉讼法》——1991 年《中华人民共和国民事诉讼法》(2012 年第二次修正)
4.《海商法》——1992 年《中华人民共和国海商法》
5.《税收征收管理法》——1992 年《中华人民共和国税收征收管理法》(2013 年第二次修正)
6.《公司法》——1993 年《中华人民共和国公司法》(2013 年第四次修正)
7.《消费者权益保护法》——1993 年《中华人民共和国消费者权益保护法》(2013 年第二次修正)
8.《城市房地产管理法》——1994 年《中华人民共和国城市房地产管理法》(2007 年修正)
9.《商业银行法》——1995 年《中华人民共和国商业银行法》(2003 年修正)
10.《保险法》——1995 年《中华人民共和国保险法》(2009 年第二次修正)
11.《担保法》——1995 年《中华人民共和国担保法》
12.《民用航空法》——1995 年《中华人民共和国民用航空法》

13.《拍卖法》——1996年《中华人民共和国拍卖法》(2004年修正)

14.《刑法》——1997年《中华人民共和国刑法》(2011年第八次修正)

15.《建筑法》——1997年《中华人民共和国建筑法》(2011年修正)

16.《合同法》——1999年《中华人民共和国合同法》

17.《招标投标法》——1999年《中华人民共和国招标投标法》

18.《个人独资企业法》——1999年《中华人民共和国个人独资企业法》

19.《信托法》——2001年《中华人民共和国信托法》

20.《企业破产法》——2006年《中华人民共和国企业破产法》

21.《合伙企业法》——2006年《中华人民共和国合伙企业法》

22.《物权法》——2007年《中华人民共和国物权法》

23.《侵权责任法》——2009年《中华人民共和国侵权责任法》

二、规章

1.《通知》——1996年6月4日原建设部、原国家计委、财政部《关于严格禁止在工程建设中带资承包的通知》

2.《结算办法》——2004年10月20日财政部、原建设部《建设工程价款结算暂行办法》

三、司法解释

1.《合同法解释一》——1999年12月19日《最高人民法院关于适用〈中华人民共和国合同法〉若干问题的解释(一)》

2.《担保法解释》——2000年9月29日《最高人民法院关于适用〈中华人民共和国担保法〉若干问题的解释》

3.《批复》——2002年6月11日《最高人民法院关于建设工程价款优先受偿权问题的批复》

4.《解释》——2004年9月29日《最高人民法院关于审理建设工程施工合同纠纷案件适用法律问题的解释》

目 录

第一章　优先权及其理论概述…………………………………（1）
　　第一节　优先权概述……………………………………………（1）
　　第二节　优先权与相关概念的辨析及其效力…………………（16）
第二章　优先权制度的产生及各国相关规定…………………（31）
　　第一节　优先权制度的产生及各国规定………………………（31）
　　第二节　我国的优先权制度……………………………………（40）
第三章　建设工程优先权制度概述……………………………（53）
　　第一节　各国和地区有关建设工程优先权规定之考察………（53）
　　第二节　我国建设工程优先受偿权的产生及其意义…………（59）
第四章　建设工程优先权的权利属性…………………………（85）
　　第一节　关于建设工程优先权属性的不同学说………………（85）
　　第二节　我国建设工程优先权的权利定位……………………（96）
第五章　建设工程优先权的成立要件…………………………（105）
　　第一节　合同要件和标的物要件………………………………（105）
　　第二节　时间要件………………………………………………（112）
　　第三节　限制性要件……………………………………………（118）
　　第四节　两类特殊合同建设工程优先权的成立及适用………（128）
第六章　建设工程优先权的权利主体与受偿范围……………（138）
　　第一节　建设工程优先权的权利主体…………………………（138）
　　第二节　建设工程优先权的受偿范围…………………………（146）

第七章　建设工程优先权的行使与放弃……………………（160）
　　第一节　建设工程优先权的行使及实现程序……………（160）
　　第二节　建设工程优先权行使的时间和方式……………（174）
　　第三节　建设工程优先权的放弃…………………………（183）

第八章　建设工程优先权与相关权利的竞合及处理………（190）
　　第一节　建设工程优先权与抵押权的竞合及处理………（190）
　　第二节　建设工程优先权与消费者权利的竞合及处理…（197）

第九章　建设工程优先权对相关产业的影响及对策………（213）
　　第一节　建设工程优先权对金融信贷业及房地产业的影响……（213）
　　第二节　解决建设工程优先权对相关产业负面影响的对策……（219）
　　第三节　银行在建设工程优先权前提下的相应对策……（222）

第十章　我国建设工程优先权制度的进一步完善…………（235）
　　第一节　我国建设工程优先权登记制度的建立与完善…（235）
　　第二节　相关立法的完善…………………………………（239）

第十一章　对最高人民法院《解释》的解读与分析…………（245）

附录一…………………………………………………………（267）

附录二…………………………………………………………（268）

后记……………………………………………………………（273）

第一章　优先权及其理论概述

第一节　优先权概述

一、优先权的概念与特征

（一）优先权的概念

优先权一词系外来语，源于拉丁文 Privilegia 或法文 Privileges。从国外立法来看，大陆法系一些国家明确规定了优先权制度并界定了优先权的定义。如《法国民法典》第 2095 条规定："优先权是指，依据债权的性质，给与某一债权人先于其他债权人，甚至于抵押权人，受清偿的权利。"[①]《日本民法典》第八章也规定了优先权，称其为"先取特权"。该法第 303 条从先取特权的内容的角度对先取特权作了界定，即："先取特权人，依本法及其他法律的规定，就其债务人的财产，有先于其他债权人受自己债权清偿的权利。"[②]英美法中没有系统的优先权理论，仅规定了一些具体的优先权类型。如《牛津法律大辞典》对优先权是这样诠释的：优先权（priority），在时间上先于他人的地位，或者指享有比他人更高权利的地位。优先常常是由诸如告知的时间或登记注册的时间这样的因素来决定的。在遗产管理、破产公司清算和其他场合中，法律对特定债权人的权利请求规定了优先权。[③]《布

[①]《法国民法典》，罗结珍译，北京大学出版社 2010 年版，第 1515 页。
[②]《日本民法典》，王书江译，中国人民公安大学出版社 1999 年版，第 52 页。
[③]〔英〕戴维·M.沃克：《牛津法律大辞典》，李双元等译，法律出版社 2003 年版，第 717 页。

莱克法律字典》中相当于优先权的概念有两个词(priority, priority claim)，priority 是指对于同一债务人，根据法律规定一些债权人(享有优先权的)优先于其他债权人得到清偿①；而 priority claim 则指在破产程序中，一些无担保的诉求如破产费用、拖欠工资、雇员福利等优先于其他诉求得到清偿。②

我国现行法律制度并没有明确界定优先权的内涵。优先权在民事基本法即《民法通则》中不占一席之地，只有《海商法》、《民用航空法》、《税收征收管理法》等一些单行法中规定了船舶优先权、航空器优先权以及税收优先权等制度，《企业破产法》、《公司法》、《保险法》等单行法律中也有一些类似优先权的特殊债权的清偿顺序的规定。学界对民事优先权的定义尚未形成统一认识，主要有以下观点：

观点一认为优先权是指在同一物上，先设定的权利优先于后设立的权利；有担保的权利优先于无担保的权利。③ 观点二认为："优先权，优先效力，谓物权优先于债权的效力。就为债权标的之物成立物权时，则原则上物权有优先之效力。"④观点三认为优先权是指由法律直接规定的特种债权的债权人享有的优先受偿的权利。依法律规定就债权人的全部财产优先受偿的优先权为一般优先权；就特定财产优先受偿的优先权为特别优先权。⑤ 观点四则认为："民事优先权是一种根据法律规定或当事人约定，不同性质的若干民事权利发生冲突时，某一民事权利人的民事权利优先于其他民事权利人实现的民事权利。"优先权包括优先受偿权、优先购买权、优先承包权、优先通行权等。⑥ 观点五认为："优先权，在日本等民法上称为先取特权，指的是由法律直接规定的特种债权的债权人，就债务人的全部或特定财产优先受偿的担保物权。"⑦

上述各种定义各有千秋，归纳起来，主要有四种思路：一是最广义的优先权的概念。这一概念认为优先权发生在不同性质的若干民事权利发生冲

---

① Bryan A. Garner, Editor in chief, *Black Law Dictionary*, the 7th Edition, p.1212.
② Ibid., p.240.
③ 江平主编：《中国司法大词典》，法律出版社 1988 年版，第 451 页。
④ 史尚宽：《物权法论》，中国政法大学出版社 2000 年版，第 10 页。
⑤ 王利明主编：《中国物权法草案建议稿及说明》，中国法制出版社 2001 年版，第 513 页。
⑥ 宋宗宇：《优先权制度研究》，法律出版社 2007 年版，第 26 页。
⑦ 张晓娟：《动产担保法律制度现代化研究》，中国政法大学出版社 2013 年版，第 197 页。

突的一切场合,既有法定的优先权,也有约定的优先权,外延包括优先受偿权、优先购买权、优先承包权、优先申请权等。一言以蔽之,凡是涉及"优先"二字的权利都归属于优先权。二是基于物权的优先性界定优先权,认为优先权是物权优先于债权,以及物权之间的优先效力。三是将优先权界定为特殊债权的一种效力,认为优先权是指特殊债权优先于一般债权甚至于担保物权的效力。四是将优先权视为一种特殊的担保物权,依据法律规定直接发生,基于担保物权的优先清偿效力而享有优先受偿其债权的权利。

笔者认为,思路一实际上揭示了各种民事权利在某些方面的顺位问题,将不同法律部门的所有涉及"优先"二字的权利都界定为优先权,过度扩大了优先权的范围,这不仅割裂了优先权制度的产生背景及历史发展脉络,而且难以在理论上进行有效的类型化分析,不利于在制度上统一规范。思路二实际上是把物权的优先效力与优先权混为一谈,没有抓住优先权的本质,也无法显示优先权的特点。思路三将优先权视为特殊债权的内容之一,即优先权不是一项独立的权利,而是特殊债权所具有的一种优先受偿的效力而已。这就无法解释债权存在而优先权因为法定期间的经过或者权利人放弃行使而消灭的情形,也即,优先权并非随债权共生共灭。这一现象恰恰说明了优先权是一项单独的权利,并非特殊债权的一种效力。思路四比较准确地揭示了优先权的内涵和特性,有着积极意义,其不足之处在于指出优先权为法定担保物权的同时却没有强调优先权的独立性,导致学术界有人将优先权误认为留置权或法定的抵押权。

综上,笔者认为,所谓优先权,是指特定债权的债权人基于法律的规定就债务人的全部财产或特定财产而享有的优先受偿的独立性物权。优先权依附于特定债权而存在,该债权一旦成立,其债权人即为优先权人,可以就债务人全部财产或特定财产优先于无担保或有担保的债权人受清偿。从这个意义上讲,优先权是一种具有担保物权性质的特种物权。

(二)优先权的特征

优先权除具备担保物权的从属性、不可分性、支配性、追及性、变价权性、物上代位性、优先受偿性等基本特征以外,还具有以下几个显著的特征:

1. 法定性

优先权是一种法定的担保物权,基于法律的规定直接产生,不容当事人任意约定设立。从这一点而言,优先权不同于当事人约定的抵押权、质权,而是类似于留置权,但是二者仍有明显区别。留置权的法定性表现为只要符合法律规定的条件即可产生,这些条件包括:债权已届清偿期而债务人未按规定的期限履行其债务、债权人须合法占有债务人的动产、债权的发生与该动产有牵连关系等其成立以债权人占有债务人的特定动产、标的物与债权具有牵连性等为前提①,而优先权虽基于法律的直接规定而发生,但其法定要件不同于留置权,如其客体不限于动产、不以债权人占有标的物为前提等。

2. 担保对象的特殊性

优先权的担保对象在理论上常常被称为"特种债权",它与其他债权的区别在于:除债权人的清偿利益外,特种债权还体现了公平、正义等法律与社会理念以及保障公共利益和社会利益的立法政策。② 例如税收优先权体现的是对社会公共利益的保障;承运人优先权、旅店主优先权体现了维护社会经济秩序、增强交易信用的社会价值;工人工资优先权、丧葬费用优先权、食品医疗供给费用优先权则凸显了人权至上的理念;等等。可以看出,立法者之所以对个别债权加以特别保护,通常是考虑到这些债权本身的性质或发生原因,出于保护这些特种债权所体现的社会理念与公共价值的需要,以破除债权平等原则为手段而实现更高层次的公平、正义。

3. 特定性

优先权的特定性主要体现在两个方面:一是受担保债权的特定性。受优先权担保的债权只能是法律规定的特种债权,而非一般债权。二是客体的特定性。优先权的客体为法律规定的债务人的财产,既可以是债务人的全部财产,也可以是债务人的特定财产。以债务人的全部财产为客体的优先权为一般优先权,以债务人的特定财产为客体的优先权为特别优先权。前者自始即为特定的动产或不动产,其特定性与一般物权无异。后者于成立时仅概括地存在于债务人特定范围的财产即一般财产之上,也即,其特定性仅体现在范围上的特定。由于优先权的客体仅为债务人的财产,不能是

---

① 郭明瑞、房绍坤、张平华:《担保法》(第三版),中国人民大学出版社2011年版,第274页。

② 徐国栋主编:《中国民法典起草思路论战》,中国政法大学出版社2001年版,第105页。

第三人的财产,这就与抵押权、质权和留置权相区别开来。

4. 无公示性

优先权是作为一项由法律直接规定的从属于特定债权的权利,无须以占有或登记的方式为公示。无公示性是优先权与其他担保物权的一个重要的不同之处。由于优先权不经公示即具有优先受偿性,法律为兼顾事实及防止权利之滥用,在立法例上为保护第三人之利益,对于其效力多加以限制。如法国、日本等国立法上规定,某些优先权的成立虽不以登记为要件,但优先权人欲取得优先地位和对抗效力,应当进行登记。我国也有学者主张对于有法定登记机关的财产,优先权因登记而取得对抗第三人的效力。①

5. 优先权的顺位多由法律直接确定

优先权是法律根据立法政策对个别的特殊债权实现优先保护。因此,当同一财产上存在两个以上优先权时,并不当然适用物权法所奉行的"先成立的权利优先于后成立的权利"一般原则,而是由法律衡量各种债权保护的必要性之强弱程度而直接规定其次序效力,同顺位的优先权则按债权的比例受偿。优先权与其他担保物权存在竞合时,也一般由法律直接规定其次序。这与担保物权的顺序确定规则有所不同。

需要指出的是,至于优先权是否具有追及性,理论界尚未达成共识。笔者认为,优先权无须公示,从保护第三人利益的角度,其追及性往往受到一定的限制,但并非完全无追及性。如特别法上规定的船舶优先权或航空器优先权,自产生之日即依附船舶或航空器而存在,不因船舶或航空器所有权的转让而当然消灭;不动产上存在的优先权可以对抗无担保的债权人,并可以追及至没有登记的第三人。有学者以优先权的追及性受限而否定优先权的物权属性,这一观点值得商榷。因为,留置权与质权亦欠缺追及性,均会因权利人丧失对担保标的物的占有而消灭,但这并不能否认留置权和质权属于物权。也有学者建议,一些因登记而有对抗力的优先权可具有追及效力。② 但此举将可能导致优先权与依登记设立的抵押权等担保物权在具体制度设计上发生混同,引起适用上的麻烦。

---

① 王利明主编:《中国物权法草案建议稿及说明》,中国法制出版社 2001 年版,第 514 页。

② 申卫星:《物权法原理》,中国人民大学出版社 2008 年版,第 117 页。

二、优先权的性质

优先权的性质是一个颇具争议的问题,以至于被人称为"难于开垦的法律领地"。① 从域外立法来看,正是由于人们对优先权性质认识存在严重分歧,导致了两种不同的优先权制度典型模式。一是以法国、日本为代表的担保物权模式。该模式肯定优先权为担保物权,在学说与立法上认为优先受偿权是物权的基本效力,也是物权与债权相区别的重要标志。债权为相对权,并无排他性与优先受偿效力,债权人之间居于平等地位,不因其债权成立的先后时序而在效力上有所差别,而法律上既然赋予某些特种债权具有优先受偿的效力,无论基于何种理由,事实上就肯定了其具有物权的性质。同时,虽然抵押权等担保物权也具有优先受偿的效力,但与优先权产生的背景、设定的条件、公示方法等方面存在明显的差别,因此,应当将优先权作为一种独立的担保物权看待。② 二是以德国、西班牙等为代表的非物权模式。该模式否定优先权的物权性,在学说与立法上认为优先权不是一项独立的权利,仅是特种债权所具有的特殊效力即优先受偿效力或者特殊债权之间的清偿顺位。优先权的实质在于破除债权平等主义,赋予某些特种债权较之其他债权优先受偿的权利,这并不改变该特种债权的债权性质,而仅仅是推行社会政策和基于社会公益的结果。

在我国的物权立法过程中,优先权性质问题上也存在着激烈的争论。有学者主张应当明确优先权的担保物权属性并对其作出了较为完善的制度设计。③ 也有学者认为物权法不宜规定优先权,船舶优先权、航空器优先权等作为特别法上的制度存在。④ 2007年3月17日通过的《物权法》采取了后一种观点,在第四编中仅规定了抵押权、质权、留置权三种典型的担保物权,并没有规定优先权。但是,《物权法》的出台并没有平息学术界对优先权

---

① D. R. Thomas, *Maritime Lien*, London: Stevens&Sons Limited, 1980, p. 12. 转引自崔建远主编:《我国物权立法难点问题研究》,清华大学出版社2005年版,第242页。
② 参见张晓娟:《动产担保法律制度现代化研究》,中国政法大学出版社2013年版,第79页。
③ 参见王利明主编:《中国物权法草案建议稿及说明》,中国法制出版社2001年版,第134—141页。
④ 参见中国社会科学院法学研究所物权法研究课题组:《制定中国物权法的基本思路》,载《法学研究》1995年第3期,第9页。

性质的争议。① 笔者认为,优先权的性质可从以下三个方面加以界定:

首先,优先权是一项独立权利。

否定优先权为独立权利的学说和立法主要有以下两种:一是特殊效力说。该说认为优先权是特殊债权的一种特殊效力即优先受偿效力。如刘保玉教授认为:"优先权只是法律上基于特殊政策性考虑而赋予某些特种债权或其他权利的一种特殊效力,以保障该项权利能够较之普通债权而优先实现;优先权并非单独存在的一项权利,而仅是对某些权利的法律效力的加强,其性质仍未完全脱离其所强化的权利本身的性质。"②在各国立法例上也有一些国家采用此说。如《德国民法典》视优先权为特殊债权所具有的一种效力。二是清偿顺位说。该说认为,优先权仅仅是特殊债权之间的清偿顺位。如《西班牙民法典》规定的优先权,仅按债权优先受偿的顺位排列,不把优先权作为一项单独的权利。英美法系国家和我国等主要是在程序法中从债权清偿顺序的角度来规定优先权的内容。

上述两种观点均难以自圆其说。"特殊效力说"不仅与债权的平等属性相冲突,也难以解释优先权消灭而债权仍然存在的情形。既然优先权可独立于债权而消灭,就说明优先权不是债权本身的一种效力,而是一项独立性权利。清偿顺序说仅仅表明了优先权与其他债权冲突时的实现顺位问题,并不能解释优先权与其他担保物权发生竞合时仍可能优先实现的情形,也不能解释该法定顺序因为某项债权的优先权标的物灭失又无代位物时为何发生变更。优先权相对于债权而言,体现了对物的支配,有其独立的发生与消灭原因,有其独立的保护方法,有其独立的立法价值,因此,优先权应界定为一种独立的权利。

其次,优先权是一项实体性权利。

肯定优先权为一项独立的民事权利之后,人们对优先权究竟是一项程序性权利还是一种实体性权利仍有不同看法。有人认为优先权仅仅是赋予某债权优先清偿的顺序利益,"本身也没有什么实质内容,它是以担保债权的实现为宗旨,是债权的'保护伞',即通过使特定债权'插队'的方法,实现

---

① 如郭明瑞、房绍坤合著的中国政法大学出版社 2012 年出版的《担保法》仍将优先权纳入担保物权体系;张义华、王海波在其发表于《河南财经政法大学学报》2014 年第 2 期的《论优先权性质的界定及其价值》一文中认为优先权既非物权又非债权而是一种程序性或技术性权。

② 刘保玉主编:《担保法疑难问题研究与立法完善》,法律出版社 2006 年版,第 79 页。

对该特定债权的保护,因而,优先权属于程序性的权利"①。

事实上,区分一项权利究竟为实体性权利还是程序性权利,关键需从权利设定效果方面来考察,即考察权利的设定是否对当事人之间法律关系的实质内容产生直接的影响。凡是能够直接对当事人之间的法律关系产生实质性影响的,为实体性权利;相反,权利的设定并不直接影响当事人之间的法律关系的实体内容,只是为了实体性权利行使的方便或公正而设定的权利,为程序性权利。② 前者如物权的设定,使权利人能够对标的物全面支配或者定限支配,任何不特定人即负有不得侵犯权利人对某项财产享有物权的义务,当事人之间的权利义务关系发生了实质性变化。后者如起诉权,其行使是为了救济实体性权利,并不会实质影响到当事人的实体权利与义务关系。就优先权而言,优先权所担保的是特种债权,一经成立,权利人与债务人之间的原有的债权债务关系即发生实质性影响,即权利人就债务人的财产保障所担保的特定债权得到优先受偿,此种优先性不仅可以对抗其他债权人,还可以对抗享有担保物权的债权人。而且,优先权及其所担保的特定债权的确定性是执行程序启动的前提,优先权并不产生于司法程序之中,也不随司法程序的终结而消失,司法程序仅仅是优先权的实现方式之一。基于上述分析,可以认定优先权为实体性权利。

最后,优先权是一项担保物权。

优先权是否为一项担保物权,关键看优先权是否具备担保物权的性质。关于担保物权的性质,学说上尚无一致的见解,主要有物权说、债权说和准物权说三种学说,其中以物权说为通说,一般认为担保物权除了既有物权的对世性、法定性、支配性、排他性、特定性、绝对性、公示性等特征外,还具有从属性、不可分性、物上代位性和变价受偿性等属性。学术界否认优先权为担保物权的主要理由是优先权并不完全具备担保物权的各项特性,主要表现在支配性不强、客体有时不特定性(一般优先权)、追及性不充分、没有公示性等。笔者认为:首先,优先权不是一项债权,而是物权。债权与物权最

---

① 参见陈小君:《我国他物权体系的构建》,载《法商研究》2002年第5期;胡卫东:《论我国优先权制度构建中的几个关键问题》,载《云南大学学报(法学版)》2009年第2期;张义华、王海波:《论优先权性质的界定及其价值》,载《河南财经政法大学学报》2014年第2期。

② 张义华、王海波:《论优先权性质的界定及其价值》,载《河南财经政法大学学报》2014年第2期。

主要的区别在于有无支配性。所谓支配性，并不严格体现为直接占有，而更多表现在权利的实现是否需要借助他人的行为。优先权不以直接对标的物的所有人请求给付（作为或不作为）为内容，权利人对标的物可以不需要债务人的行为而直接享受物的利益，故优先权属于物权。其次，优先权是一项支配标的物之交换价值的他物权。优先权的标的物是法律规定的债务人的财产，既可以是债务人的全部财产，也可以是债务人的特定财产，故优先权是一项他物权。不仅如此，优先权人对债务人的财产的支配，不在于支配其实体而获得使用价值，而是支配其交换价值，保障其特定债权得到优先受偿。这正是担保物权与用益物权的主要区别。最后，并非所有的担保物权均完全具备担保物权的全部特点。曾有学者以担保物权的主要属性对担保物权进行考察，发现每一种属性都会有一些担保物权不符合之处，由此断定按以上标准判断担保物权的物权性，犹有不够充分之处。[①] 例如就支配性而言，抵押权因抵押权人不占有抵押物而显得支配性不强；又如追及性，留置权因留置权人丧失对留置物的占有而消失。但是，这些并不能否认抵押权和留置权是一项担保物权，对于不具备担保物权的全部特性的优先权而言，同样如此。

三、优先权的要件和分类

优先权的要件是优先权成立的条件，与优先权的概念与性质密切相关。通过上文分析，笔者认为，优先权的要件大致包括以下方面：(1) 主体要件：优先权的主体主要是自然人，还可以为法人、个体工商户或农村承包经营户。国家在特定条件下，也可成为优先权的主体。(2) 客体要件：优先权的客体为债务人的财产，既可以是债务人的总财产，也可以是债务人的特定财产；既可以是动产，也可以是不动产。(3) 基础要件：优先权的权利主体与义务主体之间存在法律规定的某种特殊的债权债务关系，优先权从属于此种债权债务关系，并担保其优先实现。(4) 前提条件：须出现了法律规定的事由。优先权人的优先权的产生，必须是债务人行为对债权人某种特殊利益带来损害，对这种损害的救济在法律上给予优先考虑，使优先权人的利益

[①] 参见刘得宽：《民法诸问题与新展望》，中国政法大学出版社2006年版，第330—332页。

实现比其他债权要特殊些。

根据各国立法规定的情况,学界通常将优先权分为一般优先权与特别优先权,其中,特别优先权又因客体的不同而再分为动产优先权、不动产优先权以及知识产权优先权。

(一) 一般优先权

一般优先权,是指以债务人的一般财产为客体的优先权,优先权人得以债务人的不特定的一般财产优先受偿。关于一般优先权的种类,各国立法规定不一。如《日本民法典》规定的一般优先权有四种:共益费用的优先权、受雇人报酬的优先权、殡葬费用的优先权及日用品供给的优先权。《法国民法典》规定的一般优先权主要包括司法费用优先权、税捐优先权、工资和劳动报酬优先权、丧葬费用优先权、医疗费用优先权、生活费用优先权、共益费用优先权、劳工意外死伤补偿费优先权、被保险人对人寿保险公司的债权之优先权等。根据国外立法上并结合我国的立法情况,一般优先权主要包括以下四种:

(1) 为共益费用而设的优先权。所谓共益费用是指为全体债权人利益而发生的必要费用,如诉讼费用、保全费用、破产清算费用等,为上述公益费用而设的优先权应从债务人财产中优先受偿。如我国《企业破产法》第113条规定:破产费用和共益债务应当从破产财产中优先拨付。

(2) 为特定债权人利益而设的优先权。主要是关于雇工工资、劳工意外伤害之补偿费用及养老保险费用等的优先权。此项优先权是基于推行正义、保护弱者的目的而设,是优先权制度设立的基本价值追求之一。如《日本民法典》第308条就规定,受雇人报酬的先取特权,就债务人的受雇人应受的最后6个月报酬而存在。依我国《企业破产法》第113条的规定,破产人所欠职工的工资和医疗、伤残补助、抚恤费用,所欠的应当划入职工个人账户的基本养老保险、基本医疗保险费用,以及法律、行政法规规定应当支付给职工的补偿金,也处于优先受偿的顺序。

(3) 为特定债务人的利益而设的优先权。主要是关于殡葬费用、债务人及其家属的必要生活费用的优先保留,《法国民法典》还规定了债务人的医疗费用优先权。此项优先权主要是出于维护债务人及其受扶养人的基本生存权,体现了民法人道主义的关怀。我国立法上也有类似规定,如依《民事诉讼法》第119条和第220条的规定,人民法院为强制执行时,应当保留被执行人及其所扶养家属的生活必需品。

（4）为国家利益而设的国库税收优先权。此优先权是指基于国家利益而设的税收优先权与行政机关手续费优先权，各国立法几乎都有规定。如我国《企业破产法》第113条规定，破产企业所欠税款优先于一般债权而受清偿。另外，我国《担保法》第56条关于土地出让金优先权的规定也属于这种公法性质的国库优先权。

（二）动产优先权

动产优先权是指在债务人的特定动产上成立的优先权。动产优先权人得就债务人的特定动产的价值优先受偿其债权。根据国外立法上并结合我国的立法情况，动产优先权大致可分为以下几种：

（1）基于默示设定质权的理由而规定的优先权。如：旅店主人、承运人等营业主人对旅客（顾客）住宿、饮食等有关费用的清偿而就客人所携带的行李或其他物件、托运之货物等有优先受偿的权利；不动产出租人因租赁合同产生的债权就承租人置于该不动产中的动产有优先权；对提供保证金的公职人员因职务上的过失而发生的损害，受害人可对保证金及利息有优先受偿的权利；等等。

（2）基于债权人的劳务或财产投入而使债务人财产增值或增加的理由而规定的优先权。如：劳务提供人就其劳务工资而对所产生的制成品或孳息有优先受偿权；种子、肥料出卖人就买受人利用该种子、肥料所获得的收益有优先受偿权；耕地出租人就其租金而对承租人当年耕作之收获有优先受偿权；动产出卖人就其出卖财产的价金之受偿，对其出卖的动产有优先于其他债权人受偿的权利等。

（3）基于保存费用支出的理由而规定的优先权。如债权人对债务人的财产进行保存、修缮等而使债务人受有利益的，债权人就此费用开支对该财产有优先受偿权。

（4）基于正义的理由而规定的优先权。如受害人对于加害人因损害赔偿责任保险所得的保险金有优先受偿的权利。

需要指出的是，并非所有国家都规定了上述各种动产优先权。某些优先权如旅店等营业主人的优先权，有些国家规定为留置权，甚至在自助行为中作出规定。又如，基于债权人的劳务或财产投入而使债务人的财产增值或增加的理由而规定的优先权，在有些国家被规定为法定抵押权。就我国立法而言，动产优先权主要为船舶优先权、航空器优先权，分别在《海商法》及《民用航空法》中予以规定。而上述优先权中，有些规定为留置权，有些视为当事人的自助行为，有些甚至没有任何规定。王利明教授主编的《物权法草案建议稿》第535条至第540条曾设计了不动产租赁优先权、动产保存优先权、动产买卖优先权、责任保险金优先权四种动产优先权，但该设计方案并未被我国《物权法》吸收。

（三）不动产优先权

不动产优先权是指在债务人的特定的不动产上成立的优先权。不动产优先权人得以债务人的特定不动产的价值优先受偿其债权。各国立法上规定的不动产优先权主要有以下几种：

（1）购买不动产贷款的优先权。即贷与资金购买不动产的贷款人，就其贷款本息的受偿，对债务人购买的不动产有优先权。

（2）不动产出卖的优先权。即不动产的出卖人就其出卖不动产的价金及其利息之受偿，在其出卖的不动产上享有优先权。

（3）不动产施工的优先权。即工程师、建筑师、承揽人及施工工人就其因不动产施工而发生的债权，经法定程序在该不动产上成立有优先权，但仅限于因施工而出现不动产增值的情形，只就其施工导致的增加额上成立优先权。

（4）不动产保存的优先权。即不动产的保存人就不动产的保存费或实施不动产权利而支出的费用，在该不动产上成立优先权。

上述诸项不动产优先权，也并非各国立法均予承认，也有的被规定为法定抵押权、法定质权或特殊留置权。就我国而言，不动产优先权主要有两项：一是我国《合同法》第286条规定的建筑承包人施工费用的优先受偿权；二是根据有关国家政策在破产企业的土地使用权上成立的破产企业职工安置费用优先权。例如，国发[1997]10号文国务院《关于在若干城市试行国有企业兼并破产和职工再就业有关问题的补充通知》中规定："安置破产企业职工的费用，从破产企业依法取得的土地使用权转让所得中拨付。破产企业以土地使用权为抵押物的，其转让所得也应优先用于安置职工，不足以支付的，不足部分从处置无抵押财产、抵押财产所得中一次支付。"王利明教授主编的《物权法草案建议稿》主张设立不动产保存优先权和不动产买卖优先权，但该方案未被我国《物权法》采纳。

(四) 知识产权优先权

立法上对此类优先权少有明确规定。在我国物权立法过程中,有学者认为应当增列知识产权优先权,其具体种类包括[①]:

(1) 技术合同优先权。研究开发人或让与人因履行技术开发合同或技术转让合同而产生的对委托人或者受让人的债权,就委托人或受让人因合同取得的知识产权享有优先权。

(2) 著作权优先权。著作权人对因使用其作品而产生的债权,就债务人因使用作品而获得的著作财产权及相关的财产权利享有优先权。

(3) 商标权和商标使用权优先权。因履行商标转让合同或使用许可合同而发生的转让人或许可人对受让人或被许可人的债权,就受让人或被许可人其依合同取得的商标权和商标使用权享有优先权。

(4) 职务发明人和职务作品作者的优先权。该发明人或作者依法应得到的奖励或报酬,就其作出的智力成果享有优先权。

四、优先权制度的功能和立法价值

要深刻理解一项法律制度,不能满足于对其表面特征的理解,而必须探究该制度的立法本意、制度功能等深层次内容。优先权是法律为实现特定目的而赋予特定当事人优先于他人的一般债权甚至有担保的债权而受偿的权利,它体现了立法者对社会生活中各种利益冲突的衡量与多元价值观的取舍。具体而言,优先权制度的功能及其立法价值大致表现在:

1. 保障人权和稳定社会的功能

在现代社会,以人为本、人权至上的观念逐渐成为主流思潮。虽然人权的定义尚未形成统一认识,但是生存权作为"生命安全得到保障和基本生活需要得到满足的权利"[②],被认为是最首要的人权。优先权制度破除债权平等主义,对某些特殊债权予以特别保护,正是凸显了保障人权特别是弱势群体的生存权的价值观念。以各国立法普遍承认的职工工资优先权为例。这主要是考虑到"工资是劳力之对价,是劳工生活唯一之依赖,不具有优先于

[①] 王利明:《中国物权法草案建议稿及说明》,中国法制出版社 2001 年版,第 139—140 页。

[②] 罗隆基:《人权·法治·民主》,法律出版社 2013 年版,第 305 页。

抵押权之效力,实不足保护劳动者生存之基本权利"①,因此为了保障劳动者的生存权,工资债权"应优先于抵押权,纵有疑义,为保障矿工之生存权,亦应采肯定说"②。除工资优先权外,事故受害人及其继承人对保险人之保险金的优先权、丧葬费用优先权、债务人医疗费用和生活费用优先权等也体现了人权保障的功能。虽然这些特殊群体所享有的债权数额通常较少,但却直接关系到权利人之基本生存保障。如果与其他债权人(如银行)的巨额债权依债权平等原则受偿,无异于恶化了权利人最基本的生存条件,影响社会的稳定发展。因此,立法者通过设立优先权制度对这类债权也予以特别保护。

2. 保护公共利益和共同利益的功能

所谓公共利益是指社会或国家占绝对地位的集体利益而不是某个狭隘或专门行业的利益,公共利益表示构成一个政体的大多数人的共同利益,它基于这样一种思想,即公共政策应该最终提高大家的福利而不只是几个人的福利。③ 优先权制度的设立初衷就体现了对公共利益的优先保护。从罗马法时代开始,就有基于公共利益而设立优先权的传统。罗马法中国库对于纳税人税收优先权便是一例。这一传统被现代各国立法纷纷采纳,国家及地方政府享有的税收优先权、行政机关手续费用优先权等均基于公共利益而设。此外,优先权制度对共同利益的保障主要体现为共益费用的优先权。共益费用包括对债务人财产的保存费用,以及其他为部分或全体债权人利益而对债务人财产实行诉讼、清算、分配而支出的各种费用,等等。这些共益费用均是基于债权人共同利益而产生,为债权得以实现的前提。基于公平原则,共益费用理应得到优先受偿。

3. 促进效率

效率体现了成本与收益之间的比例关系,意味着以最少的资源消耗取得同样多的效果,或者以同样的资源消耗取得最大的社会效果,也就是经济学家所说的"以价值最大化的方式配置和使用资源"。优先权制度即体现了"价值最大化"、"成本最小化"的理念。首先,从资源配置角度来看。优先

---

① 王泽鉴:《民法学说与判例研究》(第四册),北京大学出版社2009年版,第337页。
② 王泽鉴:《民法学说与判例研究》(第一册),北京大学出版社2009年版,第483页。
③ 樊钉:《公共政策》,国家行政学院出版社2013年版,第23页。

权制度意味着国家对自由竞争的市场经济活动施加一定干预,对发生冲突的各项权利予以适度调整。立法者对不同权利的顺位进行选择的同时也在进行资源利用的选择,权利冲突调整的最终结果往往代表了对冲突各方背后的利益资源的重新配置。在各国立法上,优先权担保的特种债权几乎无一例外地属于民法体系中的重要权利,每一种权利的存在都有其赖以存在的经济基础。立法者对这类债权予以特别保护,旨在促进资源的优化分配。其次,优先权的效率价值还体现在降低成本费用方面。某些优先权的设定往往与权利人的特定财产已经形成直接占有有关。例如旅馆经营者对旅客存放物品的优先权、不动产施工的优先权等,如果不允许其享有优先权,一则危及交易安全,徒增交易成本;二则造成债权实现的麻烦,在法律上难以执行,并可能会造成对该财产的故意毁损,从而造成对社会财富的浪费。

4. 倡导实质正义

债权平等主义强调的是一种形式正义,而优先权强调的是一种实质正义。根据债权平等原则,对同一债务人的数个债权,只要已届清偿期,即可对债务人的一般责任财产实现平等受偿,不因成立先后而有效力上的优劣之别。但是,片面强调债权平等原则,对所有债权不分产生原因和利益基础而一视同仁地平等保护,实际上可能有违社会公平和正义理念。正如奥塔·魏因贝格尔所言,"仅仅从形式上的考虑为基础的正义理论是站不住脚的,这样一种理论还必须把实质性的正义理想考虑在内"①。优先权制度突破了债权平等原则,对某些特殊债权予以特殊保护,是因为该种债权人与债务人之间原本存在着某些特殊的社会关系,法律基于实质公平的理念认为对这些社会关系有加以特别保护的必要。事实上,在罗马法上就开始萌芽的优先权观念就是为矫正当时社会的不公平而创设,虽然优先权制度在其发展过程中,为保护特殊债权人的利益而破除了"债权平等"原则而备受抨击,但是这项制度能够发展到今天,源于立法者立足于不平等主体间的公平关系而对实质正义的不懈追求。对于优先权的社会作用,日本学者高岛平藏曾指出,先取特权由于基于政策目的而产生,因此它有利于对弱小债权人的保护、有利于维护社会的公平正义、有利于保护公共权利、公共事业、债权

---

① 〔英〕麦考密克、〔奥地利〕魏因贝格尔:《制度法论》,周叶谦译,中国政法大学出版社2004年版,第257页。

人的利益,从而促进投资活动。因此优先权制度是一项不但关心人们之间抽象平等,更关心人们之间具体平等的法律制度,是符合现代民法的发展趋势的。①

第二节 优先权与相关概念的辨析及其效力

一、优先权与法定抵押权、留置权的概念辨析

优先权与法定抵押权、留置权均系法定的担保物权,均具有物权性、担保性和价值性等担保物权的共性,都是根据法律的直接规定而设定,所担保的债权在受偿序位上有较之一般债权甚至约定担保的债权的优先性。正因为上述共性,从各国和地区立法例来看,有些国家和地区如德国、瑞士以及我国台湾地区等没有规定优先权制度,而是以法定抵押权、法定留置权取代。在规定优先权制度的国家,某些优先权的设计与法定抵押权、留置权有适用范围和内容上有一定的重合。如《法国民法典》第2102条第3项关于保存人为保存物件所支出的费用就该物件享有的优先权以及该条第6项关于运送人就运输费对运输物品的优先权,就属于留置权的内容。学术界有观点认为优先权除其成立无须当事人约定外,在其他方面类似于抵押权,故又可称之为法定抵押权。② 也有学者主张可用"法定留置权"来代替优先权。③

实际上,优先权与法定抵押权、留置权仍有明显差异,法定抵押权制度和留置权制度难以完全替代优先权制度。理由如下④:

第一,标的物的范围不同。优先权的标的物范围要大于法定抵押权和留置权。法定抵押权作为基于法律规定而生之抵押权,其标的物仅限于不

---

① 〔日〕高岛平藏:《物权法的世界》,转引自邓曾甲:《中日担保法律制度比较》,法律出版社1999年版,第76页。
② 李开国:《民法基本问题研究》,法律出版社1997年版,第371页。
③ 孙新强:《我国法律移植中的败笔——优先权》,载《中国法学》2011年第1期。
④ 以下观点参见孙东雅:《民事优先权研究》,中国政法大学2003年博士学位论文;崔建远主编:《我国物权立法疑难问题研究》,清华大学出版社2005年版,第237—239页。

动产,而且仅与不动产优先权中的某些种类相重合;而留置权的标的物仅限于动产,仅与动产优先权中的某些种类相重合,所担保的债权范围主要是运输合同、保管合同和承揽合同,比外国法上规定的优先权适用范围狭窄得多,远不能满足社会经济生活的需要。相比之下,优先权包括动产优先权和不动产优先权,其中又有很多不能为前两者所包容的优先权种类。

第二,成立条件不同。优先权成立时并不要求标的物特定,不以占有或登记为要件。而按照我国的留置权理论,留置权成立时留置物必须特定,而且留置权人必须占有留置物,对留置物的占有是留置权的成立要件和存续要件。

第三,效力不同。它们虽然都有权优先于一般债权人受偿,但是优先权的优先效力通常强于法定抵押权和留置权。单就优先权与一般抵押权(法定抵押权仅能与一般抵押权发生竞合)的受偿次序而言,不动产优先权原则上优先于一般抵押权受偿[1],而法定抵押权在实务上常依与一般抵押权成立时间的先后,来决定其受偿次序。在同时规定优先权与留置权的国家如日本,留置权的效力仅限于留置,留置权人并无优先受偿权[2]。

第四,是否具有物上代位性不同。优先权具有物上代位性,当优先权标的物被出卖、消灭、毁损时,优先权人对于债务人因此得到的金钱或其他替代物仍可行使优先权,这样有利于对债权人利益的保护。法定抵押权虽有物上代位性,但其适用范围极为狭窄。而留置权是针对动产的,留置权人一旦丧失对留置物的占有,留置权即消灭,无物上代位性。

第五,按照我国《民法通则》和《担保法》的规定,留置权人对留置物的占有必须是基于合同约定,否则不成立留置权。而优先权的成立则不受此等限制,它不以对标的物的占有为要件。在特别优先权中,优先权人对标的物的占有可以是基于合同的约定,也可以是基于无因管理(如为他人饲养牛而产生的饲养费用返还请求权就该小牛享有的优先权),甚至可以是一种事实上的牵连关系(如不动产出租人优先权),目的是为了充分地保护债权人的利益。由此可见,优先权所担保的债权范围远较留置权要广(仅就动产特

---

[1] 郑玉波主编:《民法物权论文选辑》(下),台湾五南图书出版公司1984年版,第937—938页。

[2] 参见〔日〕近江幸治:《担保物权法》,祝娅、王卫军、房兆融译,法律出版社2000年版,第15页。

别优先权而言),其调整的领域远非留置权所能涵盖和代替。

第六,法定程序不同。虽然三者均为法定担保物权,但是优先权的法定程度更强。不仅优先权的成立是法定的,其内容、顺位以及所担保的债权种类都是法定的,并且,通常不允许当事人约定排除适用。

另外,即使在设立法定抵押权制度而未建立独立的优先权制度的国家和地区,也在其他法律中规定有优先权的某些具体内容。如在我国台湾地区,除规定有法定抵押权外,还在其"海商法"第24条规定有船舶优先权,在"矿场法"第15条规定有矿工工资之优先权,在"强制执行法"第29条规定有强制执行费用及取得执行名义之优先权,等等。

综上,优先权与法定抵押权和法定留置权制度存在着明显差异。优先权旨在破除债权平等原则,赋予特殊债权人以优先于其他债权人而受清偿的权利,以保护那些具有特殊社会基础的债权人。可以说,"优先权……从开始就预想为了实现个别的、具体的目的而发挥作用"①。其调整范围之广泛,维护社会公平、正义作用之突出,远非法定抵押权制度和法定留置权制度所能及。因此,优先权并非其他担保物权所能替代。

二、优先权的效力

(一)优先权的优先受偿效力

优先权的核心效力,乃就标的物之价值优先受偿,对此,学术界并无疑义。具体而言,当债务人责任财产上存在多个债权时,无论优先权所担保的特殊债权的成立的时间是否先于普通债权,优先权所担保的特殊债权均优先于普通债权受偿。无论债务人财产是否足以清偿全部债务,无论一般债权人申请强制执行还是其他担保物权人为实行担保而进行拍卖的场合,优先权人均有权就其担保债权从卖得的价金中得到优先受偿。另一方面,在优先权内部,不同的优先权效力强弱不同,而且一般优先权和经过登记的不动产优先权,往往在效力上优先于包括抵押权在内的一般担保物权,被称为超级优先权(super priorty)或第一位的(first class)、神圣的(sacred)优先

---

① 徐同远:《担保物权论:体系构成与范畴变迁》,中国法制出版社2012年版,第177页。

权。足见优先权之优先性。①

（二）优先权之间的顺序

先成立的物权优先于后成立的物权,这是物权法的一般原则。但是,这一原则对优先权并不当然适用。同一标的物上存在数个优先权时,这些优先权是基于保护不同的特殊债权而成立的,它们实现的先后顺序不应拘泥于成立时间的先后,而应当考量其所保护的特殊债权及其所代表的价值理念的重要程度。优先权的顺序的确定,主要有以下三种情形：

1. 一般优先权之间的顺序

当债务人不特定的总财产上存在数个优先权时,何种优先权优先实现,这就是一般优先权之间的顺序问题。一般优先权的竞合并不难解决,因为各国立法大都对其予以明确规定。如《法国民法典》2101条规定动产一般优先权按以下顺位清偿：(1) 诉讼费用；(2) 丧葬费用；(3) 债务人最后疾病的任何费用；(4) 工资；(5) 为债务人及其家庭在前一年提供的生活资料；(6) 事故受害人或其继承人有关医疗、药品以及丧葬费用,以及由于暂时丧失劳动能力而应当取得的补偿金的债权；(7) 由社会保障机构、被认定的发放家庭补助金机构或由未参加此类机构的雇主应支付给工人及雇员的补助金；(8) 社会保障机构、被认定的发放家庭补助金的机构对于其成员为享受家庭补助金而应交纳的分摊额。《日本民法典》第306条规定一般优先权的清偿顺序为：(1) 共益费用优先权；(2) 受雇人报酬优先权；(3) 殡葬费用优先权；(4) 日用品供给优先权。若两个优先权在同一位次,则按各债权数额,依比例受偿。

我国现行法上对一般优先权的顺序尚未作出统一的规定,有些单行法如《企业破产法》、《公司法》、《保险法》等对此有所涉及。有学者认为我国立法宜对一般优先权的顺序作如下规定：(1) 共益费用；(2) 最近6个月的劳动工资、劳动报酬、劳动保险金；(3) 债务人及其家属的丧葬费用、生活费用、医疗费用；(4) 诉讼费用；(5) 税金。② 也有学者主张对一般优先权应分为两种,一是优先于所有债权人受偿的优先权,二是优先于普通债权人的优

---

① 郏立军：《优先权性质定位思考与我国立法选择》,载《华北电力大学学报(社会科学版)》2009年第1期。

② 崔建远主编：《我国物权立法难点问题研究》,清华大学出版社2005年版,第252页。

先权。对其顺序应分别规定:第一,为全体债权人利益而对债务人的财产实行保存、清偿、分配、诉讼等而发生的费用。第二,劳动保险费用及最近1年内的职工工资。以上两项优先权,优先于其他所有债权人(包括有其他担保物权担保的债权,法律另有特别规定的除外)。第三,债务人及受其抚养的人的必要的丧葬费用及最近6个月内的医疗费用。第四,供给债务人及受其抚养的人最近6个月生活必需品的费用。第五,上列第二项以外的职工工资和其他劳务费用。后三项优先权,仅优先于普通债权人。[①] 笔者认为,后一种方案更为合理。

2. 特别优先权之间的顺序

各国立法对特别优先权之间的顺序规定并不一致。如《日本民法典》第330条具体规定了特别动产优先权的顺位:(1)不动产租赁、旅客住宿及运送的优先权。(2)动产保存的优先权。有数个保存人时,后保存人优先于前保存人。(3)动产买卖、种苗肥料供给及农工业劳役的优先权。《法国民法典》第2096条规定:"优先权债权人为数人时,各债权人之间,依各自优先权的不同性质,确定优先受偿的顺位。"第2102条又规定了特别动产的优先权的顺位:(1)房屋与土地的租金的优先权;(2)动产质押的优先权(3)保存费用的优先权;(4)动产买卖的优先权;(5)旅客住宿的优先权;(6)因公务员渎职致损的优先权;(7)事故赔偿金的优先权;(8)应由家庭劳动者负责的领取薪金的助手基于劳务产生的优先权。

特别优先权的实现序位较为复杂,难以单凭债权的性质确定,但仍有一些规律可循。同种类的优先权之间的顺位一般按享有优先权的债权的成立时间决定,如基于默示设定质权之理由而创设的优先权,依其质权成立的先后次序决定其实现序位;基于债务人财产增值或增加之理由而创设的优先权发生竞合时,享有优先权的债权成立在先的,其实现的序位优先;而基于保存费用的理由而创设的优先权发生竞合时,则适用倒序原则,即按后成立的优先权优先受偿。不同种类优先权的顺位,一般依有无公示性或担保债权的性质决定其序位。通常现占有标的物的优先权应具有公示性而在实现顺位上优于曾占有标的物的优先权,保存费用的优先权优先于因债务人财

[①] 参见王利明主编:《中国物权法草案建议稿及说明》,中国法制出版社2001年版,第516—517页;刘保玉、吕文江:《债权担保制度研究》,中国法制出版社2000年版,第261页。

产增值或增加之理由而创设的优先权。

在我国物权立法中,有学者主张:(1)对于特别动产优先权的顺位,按以下顺序规定:不动产租赁优先权;动产保存优先权;动产买卖优先权。但第二顺位的优先权后于第一顺序的优先权发生的,则优先于第一顺序的优先权。(2)对于特定不动产优先权的顺位,应作如下排序:不动产保存优先权;不动产建设优先权;不动产买卖优先权。① 这一方案基本上体现了前文的规律,较为合理。

3. 一般优先权与特别优先权之间的顺序

理论上,一般优先权优先于特别优先权,因为一般优先权所保护的社会关系较之特别优先权更为重要。但是,并不是在任何情况下均遵照此理论。《法国民法典》第2105条明文规定了在没有动产用于清偿的情况下,对不动产享有一般优先权的债权人就该不动产的价款受偿的顺位先于其他对不动产有优先权的债权人。但法国最高法院为尽量免除公式化,而以债权的性质决定其优先受偿的位次,有判例认为某些特别优先权可优先于一般优先权受偿,如出租人的优先权的位次高于受雇人,其债权优先于受雇人受偿。②《日本民法典》第329条第2款中则明确规定特别(动产、不动产)的先取特权先于一般先取特权,但公益费用的先取特权,对于受其利益的全体债权人均有优先的效力。我们认为,当一般优先权与特别优先权竞合时,应原则上坚持一般优先权先于特别优先权受偿,但可以根据社会的需要作出一些例外规定,从而实现对某些法益的特别保护。

(三) 优先权与其他担保物权的效力关系

优先权与质权、抵押权和留置权同属于担保物权。由于优先权不以占有或登记作为要件,其客体可以是动产、不动产或者债务人的全部财产,所以优先权容易与其他担保物权发生竞合。在优先权与其他担保物权发生竞合时,应当如何确定它们之间的效力关系呢?以下将分别就抵押权、质权、留置权与优先权的竞合进行说明:

---

① 参见王利明主编:《中国物权法草案建议稿及说明》,中国法制出版社2001年版,第520—522页。
② 参见郑玉波主编:《民法物权论文选辑(下)》,台湾五南图书公司1984年版,第918页。

1. 优先权与抵押权竞合的效力

各国立法对抵押权的标的规定不一。有些规定抵押权的标的仅限于不动产,如法国、日本;有些则认为除了不动产,动产甚至用益物权均可成为抵押权的标的,如意大利。因此,抵押权与优先权发生竞合的情形主要有三种:一是一般优先权与抵押权的竞合,二是不动产优先权与抵押权的竞合,三是动产优先权与抵押权的竞合。下面就这三种情形分别论述。

(1) 一般优先权与抵押权竞合的效力

根据《日本民法典》第336条的规定,一般先取特权的效力与已登记的抵押权竞合时,一般先取特权中有登记时根据登记的先后确定顺位,没有时则抵押权优先。但一般先取特权无论登记与否,均可对抗未登记的抵押权。我国学界有观点认为应以登记与否区分一般优先权和抵押权的效力顺位,具体分三种情况:第一,二者都未登记时。此时有一般优先权优先说、依权利成立先后定之说、同一位次说三种学说,其中第一种说法为通说。第二,二者都已登记。此时有依登记先后定之说、抵押权优先说两种观点,一般采前说。第三,二者有一方登记而另一方未登记,则以登记一方为优先。即登记的一般优先权优先于未登记的抵押权,登记的抵押权优先于未登记的一般优先权。对此,有人主张共益费用优先权应除外,未登记的共益费用优先权也可优先于已登记的抵押权。[1]

笔者认为,当一般优先权与抵押权发生竞合时,单以登记作为处理两者关系的依据虽然体现了物权公示公信原则且有利于保护交易安全,但此方案要求一般优先权以登记维持其优先效力,与一般抵押权并无二致,不仅损害了一般优先权所保护的公共利益或共同利益,而且一般优先权在实践中也难以进行登记。鉴于此,宜根据一般优先权的种类区别对待,适当限制一般优先权的优先范围。一般优先权分为两种:优于所有债权人的一般优先权和优于普通债权人的一般优先权。一般优先权的效力强于未登记的抵押权,而已登记的抵押权的效力弱于优于所有债权人的一般优先权,但可对抗优于普通债权人的一般优先权。

---

[1] 参见郭明瑞、房绍坤、张平华:《担保法》(第三版),中国人民大学出版社2011年版,第206页。

(2) 不动产优先权与抵押权竞合的效力

各国立法就不动产优先权与抵押权效力关系的规定有所不同。日本法上往往视优先权的性质以及权利有无登记等对两者的效力顺位予以区别规定：第一，对于不动产保存的先取特权，如果保存行为一旦完结即立刻登记则优于抵押权；对于不动产工程的先取特权，如果在工程开始前即登记，则优于抵押权；第二，对不动产买卖的先取特权，一般原则是根据登记的前后来决定与抵押权的顺位。① 根据《阿尔及利亚法民法典》的规定②，在不动产特别优先权与抵押权竞合时，其顺位规则与不动产优先权之间竞合时的顺位规则相同。依债权成立之日或登记完成之日的先后确定其顺位，时间在先者顺位在先。而《法国民法典》规定优先权可优先于抵押权。除了第2104条规定的诉讼费用、工资薪金和第2103条所列举的房地产共有人联合会的债权外，其他优先权要想具有优先效力，也必须在法律规定的期限内通过在抵押权登记处进行优先权登记，从而进行公告之后，优先权才能对不动产产生效力。不过，确定优先权的顺位并不以登录日期作为确定的标准，只要在法律规定的期限内进行了登记，优先权的顺位就以行为成立或者引起该优先权产生的法律事实发生的日期为准，即使抵押权登记先于优先权也不能享有优先于优先权的效力。③

笔者认为，就不动产特别优先权与抵押权的竞存而言，宜根据不动产优先权的性质及有无登记分别处理。对于不动产保存优先权和不动产施工优先权，不问有无登记，一律优先于抵押权而受清偿，但优先的范围仅限于该不动产的增值部分。而不动产买卖的优先权、购买不动产贷款的优先权若没有进行登记，则不能优先于已经登记的抵押权；若已进行了登记，则按债权成立先后确定其效力序位。理由在于：不动产上的权利一般以登记为公示方式，若优先权也为公示，两者的顺位应以登记时间来确定。但是不动产保存优先权和不动产施工优先权往往基于增加或维持标的物的价值而产生，债务人的其他债权人包括抵押权人也从中受益，因此，这两类不动产优先权应优先于所有债权人受偿，其效力优于抵押权。

---

① 参见邓曾甲：《日本民法概论》，法律出版社1995年版，第226页。
② 参见尹田译：《阿尔及利亚民法典》，厦门大学出版社2013年版，第983、999、1000、1001条。
③ 参见罗结珍译：《法国民法典》，北京大学出版社2010年版，第2095、2106、2107、2113条。

（3）动产优先权与抵押权竞合的效力

这一类竞合在各国立法以及理论界均属少见,主要是因为动产上的担保物权主要为质权或留置权,动产很少作为抵押权的标的。对于船舶或航空器等特殊动产所形成的担保物权,因其一般与不动产一样适用登记公示制度,故与普通动产物权迥异,而与不动产物权类似。法国和日本民法没有对动产优先权与抵押权竞合时的顺位进行规定。《意大利民法典》仅在第2779条规定了机动车的优先权与抵押权竞合的情形,此时机动车上的抵押权在第2778条规定的前10项优先权之后而优先于其他所有的优先权,但对其他动产优先权与抵押权竞存时的顺位问题仍然未作规定。笔者认为,就动产特别优先权与抵押权的竞存而言,动产特别优先权具有很强的公益性且为法定担保物权,应当优先于体现私益的抵押权得到受偿。

2. 优先权与质权竞合的效力

（1）动产质权与动产优先权竞合的效力

根据《日本民法典》334条规定,在动产质权与优先权竞合的情况下,动产质权人与第一顺位的不动产租赁、旅店住宿及运送三项优先权有同一权利。有学者认为这一规定意味着,若动产质权人与不动产租赁、旅店住宿及运送三项优先权竞合时,按债权额比例平等受偿;若动产质权人与其他动产优先权竞合时,原则上先于其他动产优先权受偿。理由在于:第一顺位的三项优先权乃基于当事人意思推测的担保默示,与作为约定担保物权的质权具有相同的地位,所以不应有差别待遇。[①] 而动产保存、动产买卖、种苗肥料供给及农工业劳动等优先权人一般不占有标的物,根据"动产之善意占有人推定其为'适法之权利所有人'"的原则,对于动产物权,占有者效力优于未占有者,故动产质权的效力强于其他动产优先权。也有学者认为动产优先权的效力应当弱于不动产租赁、旅店住宿及运送三项优先权,但强于其他动产优先权。因为动产质权人往往是不动产出租人等优先权人的债务人,根据债务人的权利不得优于债权人的原则,不动产出租等优先权应优先于动产质权。[②] 笔者认为后一种观点更为可取。

[①] 参见郑玉波主编:《民法物权论文选辑(下)》,台湾五南图书出版公司1984年版,第927页。

[②] 申卫星:《论优先权与其他担保物权之区别与竞合》,载《法制与社会发展》2001年第3期。

（2）动产质权与一般优先权竞合的效力

有学者根据《日本民法典》的规定认为,除共益费用优先权外,动产质权原则上优先于一般优先权,其理由为:既然动产质权与第一位次的动产优先权有同一权利,动产优先权为特别优先权的一种,而特别优先权除了公益费用优先权外,先于一般优先权受清偿,那么动产债权除了对共益费用优先权不得优先受偿外,原则上应先于一般优先权受偿。① 也有学者认为,一般优先权在效力上应优先于动产质权。理由在于:一般优先权的行使应先就无担保、无优先权的财产进行,只有当这些财产不足以清偿全部债权时,才对有担保权或优先权的其他财产行使一般优先权。此时的一般优先权凌驾于担保物权和特别优先权之上。依此原则,一般优先权在效力上应优于动产质权。② 笔者认为,在动产质权与一般优先权发生竞合时,应衡量各种权利所保护的利益关系的重要程度,来决定其效力的高低。如前文所述,一般优先权分为两种:优于所有债权人的优先权和优于普通债权人的优先权。前者应优先于动产质权,后者的效力应当弱于动产质权。

（3）权利质权与优先权竞合的效力

权利质权的标的物为可让与的债权及其他财产性权利,此标的物有可能成为一般优先权、知识产权优先权的客体,故权利质权与一般优先权、知识产权优先权可能发生竞合。如何处理权利质权与一般优先权的关系,学术界有两种学说:一是依权利发生说。该说认为法律既然没有明文规定其位次的优劣,则应依物权优先效力的一般原则,根据权利发生之先后确定其位次,但共益费用优先权应优先于其利益之权利质权。二是准用动产质权说。该说认为除了依照法律对权利质权的专门规定之外,权利质权还可准用动产质权的规定,那么权利质权的效力序位与动产质权相当。笔者认为,第二种学说更为可取。当权利质权与知识产权优先权竞合时,何者效力优先? 有学者认为,因知识产权上的担保权原则上须办理登记,故与权利质权并存的,其相互间的顺位依登记的先后顺序确定。③ 此观点较为可行。

---

① 参见郑玉波主编:《民法物权论文选辑(下)》,台湾五南图书出版公司1984年版,第931页。
② 申卫星、傅穹、李建华:《物权法》,吉林大学出版社1999年版,第427页。
③ 王利明主编:《中国物权法草案建议稿及说明》,中国法制出版社2001年版,第525页。

3. 优先权与留置权竞合的效力

各国民事立法关于留置权的定位不尽一致。例如,在日本法上,留置权虽属于担保物权,但因为没有优先受偿权,理论上不存在与优先权的竞合问题。但是,在不动产的先取特权人在拍卖了不动产的情况下,其买受人必须偿还留置权的债权,关于动产,也因为没有留置权人承诺的话不能开始,事实上得到优先受偿。① 而在法国法上,留置权仅为债权上的抗辩权,不是一种独立的担保物权。我国则视留置权为一项法定的担保物权,具有优先受偿性。

当且仅当留置权作为一项有优先受偿性的担保物权时,才可能与优先权或优先权产生竞合。此时,何者效力优先? 对此问题,主要有以下处理模式: 一是留置权优先。该模式认为当留置权与动产优先权发生竞合时,标的物为留置权人占有,若留置权所担保的债权未受清偿,任何债权人均不能就留置物主张拍卖而优先受偿,所以留置权在事实上优先于就该留置物上存在的动产优先权。② 我国《企业破产法》将允许留置权人就留置标的物优先受偿,留置物价值的剩余部分才可以纳入破产财产用于清偿优先权,实质上也是体现了留置权优于一般优先权。二是留置权与土地出租人优先权同一处理。③ 该模式视优先权的不同种类加以区别对待。针对留置物之孳息,留置权与动产者优先权、供给种苗肥料者优先权或者土地出租人优先权竞合时,应由动产者优先权、供给种苗肥料者优先权优先于留置权受清偿,而土地出租人的优先权与留置权则为同一位次,应依债权额比例受偿。理由是动产者优先权、供给种苗肥料者优先权关系国家农业政策,应当予以特别保护;而土地出租人则为资本家,资力雄厚,故应当使其与留置权同一位次。日本法采纳该模式。三是优先权优先。该模式认为优先权基于保护特殊利益而创设,应当先于留置权受偿。如我国的《海商法》第 25 条规定"船舶优先权先于船舶留置权受偿,船舶抵押权后于船舶留置权受偿"。

基于优先权的立法目的和制度意旨,同时考虑到留置权是一项法定的

---

① 〔日〕近江幸治:《担保物权法》,祝娅、王卫军、房兆融译,法律出版社 2000 年版,第 61 页。

② 郭明瑞、房绍坤、张平华:《担保法》(第三版),中国人民大学出版社 2011 年版,第 199 页。

③ 参见郑玉波主编:《民法物权论文选辑(下)》,台湾五南图书出版公司 1984 年版,第 935 页。

担保物权且留置权人占有留置物,故对优先权与留置权的效力关系应视债权的性质及标的物区别对待。笔者认为,优于所有债权人的一般优先权应当优先于留置权,但该一般优先权应就无留置权的财产清偿,不足部分才可就留置权的标的物优先受偿。留置权不能对抗船舶、航空器等特殊动产的优先权,但可以对抗优于普通债权人的一般优先权和其他动产优先权。

相关案例介绍与评析

【案例】 原告张××等51名船员、原告吴××诉秦皇岛市航运公司拖欠工资以及秦皇岛市华海船务工程有限公司申请债权登记案。①

原告张××等51名船员。

原告吴××,男,"远征"轮船员。

被告秦皇岛市航运公司。

第一债权人秦皇岛市华海船务工程有限公司。

第二债权人秦皇岛市新秦船务工程有限公司。

第三债权人江阴市申酉船舶工程有限公司。

第四债权人天津新港船厂。

第五债权人三联船务工程有限公司。

第六债权人北京市海通律师事务所。

第七债权人中国船级社。

在原告张××等52名船员诉被告秦皇岛市航运公司船员劳务合同纠纷共计52案的审理过程中,依照《中华人民共和国海事诉讼特别程序法》的有关规定,根据上述原告的申请,本院于2002年7月30日公开拍卖了被告所属的圣文森特籍"远征"轮,保留船舶价款800万元。

天津海事法院已经以(2002)海商初字第147—149号民事判决书、151—160号民事判决书、162—167号民事判决书、169—174号民事判决书、178—183号民事判决书、185—189号民事判决书、191号民事判决书、194—195号

---

① 来源:中国涉外商事海事审判网,http://www.ccmt.org.cn/shownews.php?id=3558,2014年4月28日访问。

民事判决书、197—205号民事判决书、207—208号民事判决书、211号民事判决书和210号民事调解书确定被告应向52名原告支付在"远征"轮工作期间拖欠的陆地工资、海上工资、自修奖、开关舱费、扫舱费、航贴费、伙食费、加薪费、劳务费、取暖费、福利费、人身伤亡赔偿金共计4,934,466.08元。上述判决书、调解书已发生法律效力。

在债权登记期间,上述七家债权人就与"远征"轮有关的债权分别向本院申请债权登记并提起诉讼,本院作出的(2002)海商初字第339号、第406号、第475号、第469号、第486号、第492号、第500号民事调解书均已发生法律效力。

(2002)海商初字第339号民事调解书确认,由被告秦皇岛市航运公司给付原告秦皇岛市华海船务工程有限公司修船款1,851,236元、滞纳金86,000元,诉讼费21,716元由被告负担。

(2002)海商初字第406号民事调解书确认,由被告秦皇岛市航运公司给付原告秦皇岛市新秦船务工程有限公司修船款205,000元,诉讼费5,585元由被告负担。

(2002)海商初字第475号民事调解书确认,由被告秦皇岛市航运公司给付原告江阴市申酉船舶工程有限公司修船款200,000元,诉讼费5,510元由被告负担。

(2002)海商初字第469号民事调解书确认,由被告秦皇岛市航运公司给付原告天津新港船厂修船款174,305元,诉讼费4,996元由被告负担。

(2002)海商初字第486号民事调解书确认,由被告秦皇岛市航运公司给付原告三联船务工程有限公司船舶配件款29,415.24美元、利息2,612.87美元,诉讼费6,449元由被告负担。

(2002)海商初字第492号民事调解书确认,由被告秦皇岛市航运公司给付原告北京市海通律师事务所法律服务费140,000元,诉讼费4,310元由被告负担。

(2002)海商初字第500号民事调解书确认,由被告秦皇岛市航运公司给付原告中国船级社船舶检验费24,737美元、8,600港元、38,550元人民币,诉讼费6,624元由被告负担。

2002年10月25日,法院就"远征"轮船舶价款分配事宜,依法召开了全体债权人会议,52名原告、上列申请人及被申请人均出席了会议,原告和各债权人经协商未达成"远征"轮拍卖款分配协议。

合议庭认为:对"远征"轮拍卖款的债权分配,应当适用《中华人民共和国海商法》及《中华人民共和国海事诉讼特别程序法》的规定。依照上述法律规定,在债权清偿之前,因在本院诉讼应由被告承担的诉讼费用、为保存、拍卖船舶和分配船舶价款产生的费用,以及为海事请求人的共同利益支付的其他费用共计 1,319,425.95 元,应当从拍卖"远征"轮的价款中优先拨付,剩余船舶价款 6,680,574.05 元可供债权人分配。

船舶优先权是以船舶作为担保的债权,它是设置于船舶之上的法定权利,其主要特点是在有数宗债权请求的情况下,该船舶优先权所担保的债权优先于其他债权受偿。《中华人民共和国海商法》第 22 条规定下列各项海事请求具有船舶优先权:(1) 船长、船员和在船上工作的其他在编人员根据劳动法律、行政法规或者劳动合同所产生的工资、其他劳动报酬、船员遣返费用和社会保险费用的给付请求;(2) 在船舶营运中发生的人身伤亡的赔偿请求;(3) 船舶吨税、引航费、港务费和其他港口规费的缴付请求;(4) 海难救助的救助款项的给付请求;(5) 船舶在营运中因侵权行为产生的财产赔偿请求。就本案而言,原告张××等 52 名船员向被告主张的在"远征"轮工作期间的工资、人身伤亡赔偿金等项费用属船舶优先权性质,且在优先权产生之日起一年内原告申请法院扣押了产生该优先权的"远征"轮,原告行使船舶优先权的程序也符合法律规定,因此,原告张××等 52 名船员的工资、人身伤亡赔偿金等项费用构成船舶优先权,依法应优先受偿。

依据我国交通部和财政部发布关于《港务费收支管理规定》的通知《(90)交财字 566 号》的规定,船舶检验收入属港务费收入,因此债权人中国船级社请求的"远征"轮检验费也属船舶优先权性质。债权人中国船级社的债权共计 24,737 美元、8,600 港元、38,550 元人民币,其中 19,347 美元、8,600 港元、38,550 元人民币因该债权人未在一年内行使权利而沦为普通债权不应优先受偿,2001 年 9 月产生的检验费 5,390 美元未超过一年期间,构成船舶优先权,应优先受偿。

债权人秦皇岛市华海船务工程有限公司的债权,系因该债权人修理"远征"轮产生的,修理完毕后,该债权人将"远征"轮留置于自己的修船码头上,并向被告发布了留置声明,其行为符合《中华人民共和国海商法》第 25 条第 2 款"船舶留置权是指造船人、修船人在合同另一方未履行合同时,可以留置所占有的船舶,以保证造船费用或者修船费用得以偿还的权利……"的规定,该债权人依法留置船舶以保证修船费用得以实现的行为应受到法律保护。《中华人民共和国海商法》第25条第1款还规定"船舶优先权先于船舶留置权受偿,船舶抵押权后于船舶留置权受偿"。因此该债权人因该轮产生的船舶修理费应作为船舶留置权列第二顺序受偿。

其他债权属普通债权。

处理结果:

依据《中华人民共和国海商法》第21条、第22条第1款、第24条、第25条、第29条第1款第1项和《中华人民共和国海事诉讼特别程序法》第118条第3款的规定,裁定如下:

(1) 原告张××等52船员的债权4,934,466.08元、债权人中国船级社的债权44,575.3元列第一顺序从"远征"轮拍卖款中优先受偿。

(2) 债权人秦皇岛市华海船务工程有限公司的债权列第二顺序受偿,可分配1,701,532.67元,该债权人剩余债权235,703.33元因无款项可供分配,本次不再清偿。

(3) 其他债权列第三顺序受偿,因无款项可供分配,本次不再清偿。

【评析】

普通债权具有平等性,不因成立先后而在清偿顺序上有所差别。本案涉及七宗债权,因其性质不同,其清偿顺序并不一致。其中,原告张××等52船员主张的工资、人身伤亡赔偿金等项费用属于《中华人民共和国海商法》第22条规定的船舶优先权。该优先权以船舶为标的,根据法律规定而直接产生,无须当事人预设,也无须以占有或登记的方式为公示。无论其成立先后,均能优先于普通债权而受偿。债权人秦皇岛市华海船务工程有限公司因该轮产生的船舶修理费产生的债权本属于普通债权,不具有优先受偿性,但因其依法行使船舶留置权使该债权获得了担保,从而在清偿顺序上优先于普通债权。船舶留置权与船舶优先权存在诸多相同之处,如均属法定权利、均以船舶为标的、均设于作为债务人的船舶所有人的船舶之上、均从属于一定的海事债权、均具有优先于普通债权的优先受偿权,等等。但两者在适用范围、成立要件、效力以及有无物上代位性等方面仍有不同。船舶优先权与船舶留置权发生竞合时,根据《中华人民共和国海商法》第25条第1款的规定,船舶优先权先于船舶留置权受偿。因此,本案的处理结果是正确的。

第二章　优先权制度的产生及各国相关规定

第一节　优先权制度的产生及各国规定

一、优先权制度的起源：罗马法

优先权起源于罗马法,最初设立的优先权有妻之嫁资返还优先权和受监护人优先权。其设立的目的在于保护弱者、维护公平正义和应事实的需要。① 优先权制度自在罗马法确立以来,逐渐演进成为一个较为完整的法定担保物权体系。

罗马婚姻实行嫁资制度。所谓嫁资,系指妇女在出嫁时自己带到丈夫家的一笔财产或特有产。②"一个姑娘没有得到嫁资,这在罗马是不常见的,也是不体面的。名誉和礼仪的要求使得人们必须为女儿和姐妹准备嫁资,家庭共同体的古老习惯也要求门客必须为庇主的女儿准备嫁资。"③嫁资最初是女方对男方的赠与,其所有权属于丈夫,他可以自由处分,也不负返还之义务。④ 即便在离婚时,妻子不能索回嫁资。罗马共和初期制定的《十二表法》第4表第4条的规定中就体现了这一制度。不过,当时离婚是很罕见的,"偶有发生,依习惯、宗教成规,亲属会议的意见或具体情况,丈夫

---

① 申卫星：《优先权性质初论》,载《法制与社会发展》1997年第4期。
② 〔意〕彼德罗·彭梵得：《罗马法教科书》(2005年修订版),黄风译,中国政法大学出版社2005年版,第151页。
③ 同上书,第152页。
④ 周枏：《罗马法原论》,商务印书馆1994年版,第190页。

要付一笔生活费,以维持妻子离婚后的生计,后来又有监察官的干预"。①淳朴的民风以及习惯上的上述补救措施很大程度上避免了丈夫享有嫁资的所有权引发的社会问题。随着离婚现象在共和国后期的增长,世风日下引发了早期嫁资制度的弊端,"丈夫休妻,每每不顾亲属会议的意见而徇个人的私欲,仅允许妻子携带日常衣鞋和用具,不再另给生活费。此种行为,自受监察官干预,但最多只限于'丧廉耻'的宣告,且其职务第5年只行使1次,其期间为18个月。在监察职务停止期间,妇女仍多受任意休妻之苦,且自经济发达,财富增加以后,嫁资数额有多至数万阿司的,一些人甚至借婚姻骗取妇女的财物"②,于是,遭休弃的妻子所蒙受的损失和丈夫的获利的正当性问题引起了社会关注。嫁资开始被用来为婚姻破裂情况下的妻子提供生活保障。③ 妻子追索嫁资主要通过以下两种方式:一是"要式口约"之诉(action ex stiPulatu)。即人们以要式口约的形式达成私人协议,保证在离婚情况下归还嫁资,而在离婚情况下由嫁资设立人提起的诉讼。④ 不过这一方式局限性很明显。如事前未订立返还嫁资的契约,"要式口约"之诉就无法提起。再者,丈夫有多个债权人的情况下对"要式口约"之诉裁判拒绝执行时,妻子的利益也很难得到保障,因为嫁资的返还只是一种普通债权。二是"妻物之诉"(actio rai uxoriae)。即只要婚姻关系因离婚或者丈夫死亡而终结,妻子就可以通过这种诉讼追索嫁资,无须事前达成任何协议。而且,此时返还嫁资的权利属于优先债权,它优于普通债权,但后于抵押债权。这就意味着,即便在丈夫无清偿能力的情况下,妻子亦能相对于其他无担保债权人得到优先受偿。而且,对嫁资小的意大利土地,因其不能为抵押权的标的,故丈夫即使得到妻子的同意而设定抵押,也就是说,由于其设定是无效的,故妻子可不受其约束而主张优先权。⑤ "要式口约"之诉和"妻物之诉"一直通行至帝政后期。优士丁尼对嫁资返还制度又相继进行了改革,规定妻子对于丈夫的所有债权人来说享有索要优先权(Privilegium exigendi),以

---

① 周枏:《罗马法原论》,商务印书馆1994年版,第193页。
② 同上书,第130页。
③ 参见〔英〕巴里·尼古拉斯:《罗马法概论》,黄风译,法律出版社2010年版,第94页。
④ 〔意〕彼德罗·彭梵得:《罗马法教科书》(2005年修订版),黄风译,中国政法大学出版社2005年版,第152页。
⑤ 周枏:《罗马法原论》,商务印书馆1994年版,第198页。

确保妻子在婚姻解除后能够收回嫁资。

受监护人优先权则是体现了对居于弱势地位的受监护人利益的保护。罗马法认为监护制度"应当真正有助于受监护人的利益",所以特别强调"监护人所承担的妥善管理义务和对受监护人的保护义务,并且随着国家介入的不断加强和逐渐发展,每一种保护也在自己的范围内扩展"[1]。罗马法规定监护人对因故意和过失造成监护人财产损坏的,应负赔偿责任。但是若监护终了时监护人无力清偿,以致被监护人须与普通债权人按比例受偿的,此时被监护人因年幼而无法像普通债权人那样随时了解债务人的情况并及时采取适当措施,因此,为了化解受监护人求偿权在监护终了时因监护人无力清偿而被削弱的风险,立法允许受监护人就监护人的财产享有"索要优先权",从而使得受监护人的求偿权能够优先于监护人的其他债权人受清偿。不过,此项优先权不能对抗抵押权。

以上两项便是后世优先权的雏形。从此以后,罗马法还逐步设立了国库对于纳税人的税收优先权、丧葬费用优先权等就债务人的总财产上存在的一般优先权,另外还出现了诸如受监护人对任何人用他的钱购买的物享有的优先权;受遗赠或遗产信托受益人对继承人或其他受托人通过继承取得的财物享有的优先权;城市土地的出租人对承租人以稳定方式带入的物品享有的优先权;乡村土地的出租人对土地的孳息享有的优先权;还有贷款人对用贷款盖成的建筑物享有的优先权等就债务人的特定动产与不动产上存在的特别优先权等[2],从而使得优先权制度逐渐丰富,日趋完善。

通过梳理优先权在罗马法上的演变过程,我们可以发现,优先权制度能在罗马法中占有一席之地,是顺应了公平与正义的理念并适应了罗马当时社会生活的需要。优先权制度有为人而创设者,也有为事而创设者;有为债权人利益而创设者,也有为债务人利益而创设者。凡此种种,无不突破债权平等主义,以此开了基于法律规定债权未必平等受偿之先河。这一举措,对后世产生了深远影响。

---

[1] 〔意〕彼德罗·彭梵得:《罗马法教科书》(2005年修订版),黄风译,中国政法大学出版社2005年版,第170页。

[2] 张义华、王海波:《论优先权性质的界定及其价值》,载《河南财经政法大学学报》2014年第2期。

二、优先权制度在各国的演变

(一) 大陆法系国家的优先权制度

优先权自在罗马法确立以来,大陆法系各国民法对其继受程度也是各不相同,从而形成了不同的立法制度。

优先权观念虽孕育于罗马法,但完整而系统的优先权制度却确立于开近代民法先河的 1804 年《法国民法典》。不过,从罗马法上的"优先权"到《法国民法典》中的"优先权",在法国民法的发展过程中经历了一个法律"角色"的演变。"罗马法上的'优先权'不是物的担保,只是允许某些债权优先于其他债权受清偿。在法国旧法上逐渐出现了把财产拨归清偿某些债权的概念,从而把优先权从债权人间的分类规则转变为物的担保。"[①] 由此可知,优先权作为一种物的担保的法律角色到了法国民法时期才得到了明确。不仅如此,《法国民法典》在第 2095 条首次明确了优先权的概念,规定:"优先权,为按债务的性质,而给予某一债权人先于其他债权人,甚至抵押权人而受清偿的权利。"在具体制度设计上,罗马法上的"优先权观念"对《法国民法典》的起草者有着极大的影响。《法国民法典》将优先权分为对动产的优先权(第 2100—2102 条)和对不动产的优先权(第 2103—2105 条)。其中,对动产的优先权又可分为对一般动产的优先权和对特定动产的特别优先权,前者主要设定于债务人的全部动产,在债权人对债务人享有法律规定的债权时可就其全部动产优先受偿,这些法定债权包括诉讼费用、丧葬费用、雇员工资与补贴等等;后者设定于债务人的特定动产,对特定动产有优先权的债权人包括不动产出租人、质权债权人、保管人、动产出卖人、保险赔付款与受损害的第三人等。对不动产的优先权也可分为对不动产的特别优先权和对不动产的一般优先权,前者如不动产买卖优先权、不动产施工优先权、不动产共同继承的优先权等,后者如诉讼费用优先权、薪金雇员与学徒最近六个月的薪金报酬优先权等。

以《法国民法典》为蓝本的国家,形成法国法系,其民法法典的具体制度受《法国民法典》影响颇深,但关于优先权制度却没有完全沿袭《法国民法

[①] 沈达明:《法国、德国担保法》,中国法制出版社 2000 年版,第 91 页。

典》的规定,而是根据本国的实际需要加以不同程度的修改。具体立法例如下①:

《比利时民法典》基本仿效法国,将抵押权与优先权列为一章予以规定,而且其增加了两种不动产特别优先权:一是赠与人对于受赠人因赠与负担所发生的债权,就所赠与的不动产上存在的优先权;二是共有人对于共有不动产分割所发生的补偿金债权,对所分割的不动产所享有的优先权。其中,前项优先权,《法国民法典》未曾规定。后项优先权,是由法国的判例所创设。

《荷兰民法典》也规定了优先权制度,但与法国法系不同。按照《荷兰民法典》第1180条第2项的规定,除有明确相反的规定外,质权及抵押权均优先于优先权。动产出售人对于其所出售的动产有优先权,而不动产出售人对于其所出售的不动产没有优先权(第1190条)。分割人或赠与人对于分割或赠与的不动产也没有优先权。一般优先权,均优先于特别优先权(第1184条)。

《魁北克民法典》第六编"优先权和抵押权",第二题"优先权(第2650条至第2659条)",内容包括一般规定、优先权的适用范围、优先权的效力。优先权的适用范围为共益费用;动产出卖人之权利;动产保存之权利;国税;教育机构、市政当局基于法律规定对应征税的不动产和动产所享有的权利。第三题"抵押权",第三节"法定抵押权",规范的内容包括赋税、社会团体的费用、不动产建设及修缮之人的费用、共有人及企业的联合组织的组成者的权利、裁判赋予的权利。

《意大利民法典》也规定了完整的优先权制度,其特点是一般优先权设于动产上,在不动产上仅有例外的规定,并仅对于一般债权人有优先权(第2776条)。出卖人、分割人、工程师及承揽人的优先权,1865年民法典未曾采用,但出卖人和分割人的优先权,在1942年修改民法典时,规定为法定抵押权(第2817条)。特别不动产优先权,仅国家的某些特定债权可以享有(第2770—2775条)并无须登记。关于司法费用的优先权,优先于其他优先权及抵押权(第2777条)。一般动产出卖人并无优先受偿的权利,但出卖机

---

① 参见郑玉波主编:《民法物权论文选辑》(下),台湾五南图书出版公司1984年版,第903—905页。

器人而其价金在3万里拉以上的,有优先权,只需将买卖契约及价额登记(第2762条)。其他特别动产优先权与法国制度相同(第2755—2768条)。

《葡萄牙民法法典》虽没有关于一般不动产优先权的规定,但有不动产特别优先权的规定(第879条)。关于不动产优先权分为三类:不动产上三年内赋税的优先权,不动产上三年内保存费用的优先权及司法费用的优先权(第887条)。优先权无须登记(第1006条)。关于一般及特别动产优先权的规定,与《法国民法典》大致相同。

《阿根廷民法典》的优先权制度大半采用《法国民法典》的规定。例如关于不动产的优先权,和《法国民法典》对于出卖人、继承人及分割人、工程师及承揽人对于不动产有优先权的规定相同。《阿根廷民法典》加入了赠与人的优先权(第3957条)。

《巴西民法典》对于优先权的效力限制很严,虽然对于动产和不动产,有优先受偿的债权人,但是,效力仅能优先于一般债权人。对于有质权或抵押权的债权人,没有优先权。

《智利民法典》扬弃了优先权的观念,将具优先受偿性质的债权合并规定,分为四类:一是司法费用、丧葬费用、最后医疗费用、国库税款等之债权;二是质押债权、旅社及运输费用之债权;三是抵押债权;四是妻对夫,子女、未成年人及禁治产人对于其父、监护人或保佐人等之债权(第2471—2472条、第2474条、第2477条、第2481条)。其中,第一类和第四类债权人对债务人全部财产有优先受偿权,但前者不能对抗不动产的抵押权(第2478条),后者在第三人占有债务人财产的情况下无追及权,且位次居于前三类债权人之后。第二类及第三类债权人仅对特定财产享有优先受偿权。可以看出,《智利民法典》中的优先权制度与《法国民法典》相差甚远,特别是第二类和第三类债权虽有"优先权"之名,但无《法国民法典》界定的"优先权"之实。

1888年《西班牙民法典》上的优先权同样偏离了《法国民法典》所界定的优先权的内涵,可能受《智利民法典》的影响,仅按债权优先受偿的位次进行排列。优先权仅存于某些动产或某些不动产上(第1922—1924条)。关于享有优先权的特定债权,如国库一年内赋税之债权、保险人的债权、抵押质权人的债权、曾经查封、扣押或执行而已登记于土地簿册之债权,以及修理费用之债权(第1923条)。

与《法国民法典》迥异的是,同样承继罗马法的《德国民法典》对优先权制度并没有专门规定,而设计了其他一些制度以满足社会对某些利益优先保护的需要。如《德国民法典》第559至563条规定出租人对承租人置于出租物上的物享有法定质权,第647条规定承揽人的法定质权,第704条规定了店主对旅客随身携带的动产享有法定质权等。除此之外,《德国商法典》第464条规定了承运人的法定质权,第475条规定了仓储人的法定质权。1949年1月19日德国颁布了《为确保肥料与种子的供给的法律》规定:为了确保基于肥料和一定的种子的供给请求权,就土地的果实(包括未由土地分离的果实)享有不伴有占有的法定质权。上述关于法定质权的规定与动产的特别优先权是有异曲同工之效,只不过其适用范围有限且其效力与约定动产质押权相同,难以完全等同于动产的特别优先权。

受《德国民法典》的影响,德国法系的民法典通常对优先权未作专门规定。如我国台湾地区的"民法典"没有规定统一的优先权制度,不过其规定的担保物权中却有与优先权作用相同的类似制度存在,如在抵押权中有法定抵押权,质权中也规定有法定质权,而其留置权本身就是法定担保物权。法定抵押权、法定质权和留置权能够部分替代优先权对特定债权人的特定债权进行保护。① 此外,在特别法中设立了具体的优先权制度。例如,台湾"海商法"第24条规定的船舶优先权;"矿场法"第15条规定的矿工工资优先权;"强制执行法"第29条规定的强制执行费用优先权;"实施都市平均地权条例"第32条规定的土地增值税优先权②;"保险法"第124条规定的人寿保险要保人、被保险人、受益人对于保险人之保单价值准备金有先受偿权等。

值得注意的是,《日本民法典》虽大部分仿效《德国民法典》,但关于优先权制度,却受《法国民法典》影响颇深。《日本民法典》称优先权为先取特权,因其对先取特权制度的规定颇为详尽,立法技术较《法国民法典》更为先进,故不少学者视其为优先权制度的进一步完善的版本。《日本民法典》将先取特权视为一种法定的担保物权,连同留置权、质权和抵押权组成一个完

---

① 温世扬、丁文:《优先权制度与中国物权法》,载《法学评论》2004年第6期。
② 参见郑玉波主编:《民法物权论文选辑》(下),台湾五南图书出版公司1984年版,第901页。

整的担保物权体系。其第二编第八章分为四节(第 303—341 条),分别对先取特权的内容、种类、顺位及效力作了极为详尽的规定。根据《日本民法典》的规定,先取特权是法律所规定的特殊债权人,可以以债务人的一定财产得到优先偿还的法定担保物权,是根据法律当然发生的"特权";先取特权分为一般先取特权、动产先取特权和不动产先取特权三种。其中,一般先取特权包括共益费用、受雇人的报酬、殡葬费用、日用品的供给。动产先取特权包括不动产的租赁、旅客的宿泊、旅客或货物的运送、公职人员职务上的过失、动产的保存、动产的买卖、种苗或肥料的供给、农工业的劳役。不动产先取特权包括不动产的保存、不动产的公示、不动产的买卖。

(二) 英美法系国家的优先权制度

英美法系国家的法律传统不同于大陆法系国家,盛行判例法制度而少有成文民法典。英美法中没有物权的概念,因此也没有统一的优先权制度的规定,只是有一些具体优先权的类型,主要表现在两个方面:一是留置权中包含着优先权的内容。英美法上留置权的内容比较广泛,它包括普通法上留置权(又称占有留置权)、衡平法上留置权、海事留置权和制定法上留置权(又称法定留置权)。如法定留置权中的土地所有者就租金债权对承租人物品的留置权(landlord's statutory lien)和建筑施工承包人、劳动者和提供材料人对修建物享有的留买权(mechanic's lien),特别是衡平法上的留置权(equitable lien),它不需债权人实际占有留置物即可产生,其标的通常为不动产,而且在留置财产破转让的情况下,留置权人有权对一切知悉该项财产设为担保的受让人主张其留置权。[1] 显然以上特征已经远远超出了大陆法系留置权的内涵,具有了优先权的特点。还有一种衡平法留置权产生于土地的买卖,即有效买卖契约的出卖人对出卖的不动产有一种默示的留置权,数额以未偿付的买价为限,若买受人违约,出卖人可直接把财产另行出售,并用出售所得来抵偿买价。二是遗产管理法、破产法等法律中通过对特殊债权以及司法费用等优先清偿顺位的规定,确立了一些优先权的具体类型,如在破产程序中存在破产费用的优先权、雇员福利的优先权和拖欠工资的

---

[1] Roger A. Cunningham William B. Stoebuck Dale A. Whitman, *The Law of Property*, West Publishing Co., 1984, pp. 369—370.

优先权等。在美国的司法实务中,这类优先权还包括环境污染的清理费用。①

三、小结

纵观优先权制度的发展历程,我们发现:

(1)罗马法基于当时的法律规定对社会事实的漠视所导致的不公平,为体现对妇女和被监护人等特殊群体的保护,萌发了优先权(privilege)观念,以破除"债权平等原则",乃至对抗抵押权的效力。但罗马法上的优先权并非一项独立而完整的制度。直至1804年《法国民法典》才确立了完整而系统的优先权制度。

(2)尽管世界各国(地区)对优先权制度的继受程度有所不同且立法内容不一,但各国在其法律制度中均规定了优先权的具体内容,这反映了优先权制度在社会实际生活中的不可或缺性。而且,不管是何种立法模式,其优先权的立法基础都大同小异,要么出于法律调整社会生活的实际需要,要么为了维护社会正义和保障人权及其他社会价值观念,要么是为保护公共利益和社会经济秩序。

(3)承继罗马法的大陆法系国家虽然接受了"优先权"观念,但基于对优先权性质、种类和效力的不同理解,形成了不同的立法例。大陆法系国家对优先权制度的立法模式主要有以下几种:一是以法国、日本为代表的模式。该模式将优先权视为法定担保物权,在民法典中系统而完整地建立起了担保物权体系。二是以德国为代表的模式。该模式将优先权视为特种债权的一种特殊效力而非一种独立性权利,民法典中没有专门规定优先权,而设立了一些的替代制度,只有一些特别法中才有优先权的踪迹。三是以意大利为代表的模式。该模式将优先权视为一种广义上的优于普通债权人的权利而非一种独立的担保物权,优先权的法定原因有先取特权、质权、抵押权等。

(4)随着社会的发展,优先权制度并未呈衰微之势,相反在世界各国立

---

① Daniel Kleman, "Earth First, CERCLA Reimbursement Claims and Bankruptcy", *The University of Chicago L. Rev. Y.* 58. (1991); Grant Gilmore & Chares L. Black, *The Law of Admiralty*, second edition, The Foundation Press Inc., 1975, pp.586—589.

法中不断完善,蓬勃发展。首先,优先权制度在世界大多数国家立法中均有不同程度的规定,其中以专门章节对优先权制度进行详尽而系统规定的法国模式在世界范围内影响颇为深远且有强大生命力,20世纪末相继颁布的《荷兰民法典》和《魁北克民法典》关于优先权制度的规定就足以为证。其次,为满足社会需要,优先权的种类不断扩大,使得优先权制度体系日趋丰富。就一般动产优先权而言,以《法国民法典》为例,1804年仅有诉讼费用、丧葬费用两种优先权,1892年增加了关于最后一次生病费用的债权优先权,1898年增加了事故受害人等就医疗费、药费债权享有的一般优先权,而在1979—1989年先后共增加了9种优先权。而且其种类突破了私法领域进入了公法领域,如税收优先权。最后,各国立法参照他国模式确立优先权制度的同时,根据本国实际情况,对优先权制度的一些缺陷予以不同程度的完善,此举无疑有利于优先权制度的进一步发展。以优先权缺乏公示性为例。德国模式为了维护交易安全,在其民法典中断然舍弃优先权的专门规定,通过设置具有相似功能的法定质权、在特别法中规定优先权制度以及通过程序法中规定清偿顺序或保护措施来调整有关优先权制度所规范的社会关系。而其他一些国家采取了更为积极的举措,如法国和日本的民法典对一般优先权的行使予以适当限制,对于不动产优先权要求采取优先权保存方法,在一定期限内进行优先权登记。不登记只能对抗一般债权人,不能对抗有担保的债权人。对于动产特别优先权,规定当动产被合法让渡给善意第三人时,无追及效力,以此缓和与物权公示制度的冲突。

第二节 我国的优先权制度

一、我国优先权制度的历史渊源

据学者考证[①],我国古代优先权主要有两种:一是优先受偿权,二是与身份有关的优先承买权。

---

① 刘云生、宋宗宇:《中国古代优先权论略——概念·源流·种类》,载《重庆大学学报(社会科学版)》2002年第3期。

第二章 优先权制度的产生及各国相关规定

优先受偿权基本上可以分为三类:一是基于债的担保行为而引致的债权人优先权,比较常见的有抵押、典当、留置、质举之类;如唐宋至明清诸朝之动产质权有"质"、"当"、"典"、"解"、"押"诸多名称,原理大致相同,即债权人占有债务人一定财产,当其不能履行债务时得以其占有物优先受偿。若约定有期限,逾期不赎,则当主得"下架"亦即"流当",由此取得当物之所有权,但当之变卖所当之物不敷清偿母利者,或当物已然贬值或灭失,则无权请求追偿母利或追加担保。① 二是由于赊买而引致的特殊债权人的优先权,主要是指赊买契约,即出卖人就其所售货物之价金优位于其他债权人享有优先受偿权。三是由古代的一些民事法律、司法审判实践或一些惯例所确定的特殊债权的优先权,最突出表现是官债优于私债、无息之债优于有息之债。如唐《杂令》规定:"诸公私以财物出举者,任依私契,官不为理。"②这无疑以官方法律之强制力将无息借贷债权人之请求权置于有息借贷债权人之上,赋予了某些特种债权(无息借贷之债权)优于普通债权(有息借贷的债权)的优先权。

优先承受权依主体不同可分为八类:(1)亲族优先权。主要是指亲族相互间就相关亲族财产所享有的优先权利。该权利主要适用于犯罪之人远流服刑或绝嗣之家或因债务拖累等情形,这些人遗留下来的房产田地,充作公用,但如该公田授予百姓使用或出卖,以亲邻之人优先获得。考诸唐代各种契约,可知亲族、邻佑之优先权至迟于唐代已趋成熟,并于宋代终成定式。③ (2)邻业优先权。主要表现为不动产物业之买卖、放典、租赁、招佃均得尊重邻业业主之现实权利,即使卖主故意不予告知,虽卖出多日,其近族仍得以原价赎回,俗称"刁买"。(3)上手业主优先权。此一般是流传于民间的习俗,如晚清至民国,湖南常德旧习,不动产买卖必须先尽上手业主,次及亲房。(4)典权优先权。业主欲出典不动产,必先尽亲族邻业,是承典优先权;亲族人还享有优先回赎权。(5)承佃人优先权。官府出卖官有田业时,赋予承佃人(见佃人)先买权。(6)共产业主优先权。该类优先权可细分为家庭、家族共有财产优先权、合伙共有优先权以及公产、祖业共有人优

---

① 参见孔庆明、胡留元、孙季平主编:《中国民法史》,吉林人民出版社 1996 年版。
② 《宋刑统》卷 26,《杂律·受寄财物辄费用门》引唐《杂令》。
③ 刘云生:《中国古代契约法》,西南师范大学出版社 2000 年版,第 238 页。

先权三种。(7)承租人优先权,主要是指承租人对不动产物业之优先承租权和承租人对业主出卖出典其物业时的优先购买承典权。(8)信用买卖特殊债权人优先权。即预买契约债权人享有优先于第三人的优先购买权。①

通过上述分析可以看出,我国古代优先权有以下特征:

一是民间立法特色突出。我国古代优先权多以民间习俗为表现,在官方法律文件中明确规定者少,而在民间习惯法中体现者多。这是因为中国古代重视礼教、轻视法治的思想指导下,民事法律制度普遍不发达。数千年中国民法发展史,实际上是官方法律文化对民间习惯法认同、抑制的互相循环发展过程,认同者多而抑制者少。自优先权诞生以来至民国时期乃至现代乡村社会中,优先权并非只以官方成文法为唯一行使根据,习惯法在更多场合支配着优先权之产生与行使。②

二是与罗马法的优先权相比,不仅内涵有别,而且种类较少。上文所描述的我国古代优先权是一种广义上的优先权,泛指权利冲突中行使顺位在先的民事权利。而罗马法中确立的优先权是某种特定债权人享有的就债务人的财产优先于其他债权人受偿的权利。客观而论,前文列举的我国古代优先权中只有小部分权利种类属于罗马法的优先权。如赊买契约中的债权人优先权颇有一些"动产买卖优先权"的意味。又如,以官方法律之强制力将无息借贷债权人之请求权置于有息借贷债权人之上,就是赋予了某些特种债权(无息借贷之债权)优于普通债权(有息借贷的债权)。

三是受身份约束明显。前文列举的优先权中有些须以特定的身份如亲族近邻为前提,这是因为,身份是传统中国之社会性符号,在宗法制度下,身份本身就意味着权利和义务。就优先权而言,具备了某一身份,才可行使相应的权利。否则即为"妄执亲邻",不仅为习惯法所不容,而且受官府严惩。

二、我国优先权制度的立法现状

目前,我国民法尚没有设立统一的优先权制度,而是通过特别法和程序法中零散的规定来实现对某些特殊社会关系的保护。主要包括:

---

① 刘云生、宋宗宇:《中国古代优先权论略——概念·源流·种类》,载《重庆大学学报(社会科学版)》2002年第3期。

② 同上。

（一）我国现行立法上的一般优先权

（1）共益费用优先权和职工工资、劳动保险费用优先权。《企业破产法》第113条规定："破产财产在优先清偿破产费用和共益债务后，依照下列顺序清偿：（一）破产人所欠职工的工资和医疗、伤残补助、抚恤费用，所欠的应当划入职工个人账户的基本养老保险、基本医疗保险费用，以及法律、行政法规规定应当支付给职工的补偿金；（二）破产人欠缴的除前项规定以外的社会保险费用和破产人所欠税款；（三）普通破产债权。破产财产不足以清偿同一顺序的清偿要求的，按照比例分配。破产企业的董事、监事和高级管理人员的工资按照该企业职工的平均工资计算。"另外，《公司法》第187条第2款、《商业银行法》第71条第2款、《保险法》第91条第1款、《合伙企业法》第89条和《个人独资企业法》第92条也有类似规定。

（2）赔偿或者给付保险金优先权。《保险法》第91条第1款规定："破产财产在优先清偿破产费用和共益债务后，按照下列顺序清偿：（一）所欠职工工资和医疗、伤残补助、抚恤费用，所欠应当划入职工个人账户的基本养老保险、基本医疗保险费用，以及法律、行政法规规定应当支付给职工的补偿金；（二）赔偿或者给付保险金；（三）保险公司欠缴的除第（一）项规定以外的社会保险费用和所欠税款；（四）普通破产债权。"可见，赔偿或者给付保险金优先权的序位先于税款优先权，而在共益费用优先权和职工工资、劳动保险费用优先权之后。

（3）个人储蓄存款的本金和利息优先权。《商业银行法》第71条第2款规定："商业银行破产清算时，在支付清算费用、所欠职工工资和劳动保险费用后，应当优先支付个人储蓄存款的本金和利息。"

（4）税收优先权。《税收征收管理法》第45条规定："税务机关征收税款，税收优先于无担保债权，法律另有规定的除外；纳税人欠缴的税款发生在纳税人以其财产设定抵押、质押或者纳税人的财产被留置之前的，税收应当先于抵押权、质权、留置权执行。"另外，在《企业破产法》第113条、《公司法》第187条第2款、《保险法》第91条第1款、《合伙企业法》第89条和《个人独资企业法》第92条也有类似规定。

（5）为债务人利益而设的优先权。《民事诉讼法》第243条规定："被执行人未按执行通知履行法律文书确定的义务，人民法院有权扣留、提取被执行人应当履行义务部分的收入。但应当保留被执行人及其所扶养家属的生活必需费用。人民法院扣留、提取收入时,应当作出裁定,并发出协助执行通知书,被执行人所在单位、银行、信用合作社和其他有储蓄业务的单位必须办理。"第244条第1款又规定"被执行人未按执行通知履行法律文书确定的义务,人民法院有权查封、扣押、冻结、拍卖、变卖被执行人应当履行义务部分的财产。但应当保留被执行人及其所扶养家属的生活必需品。采取前款措施,人民法院应当作出裁定"。被执行人及其扶养家属的生活必需品和必需费用,要从被执行人的财产中优先提取,实际上是一种保护债务人及其扶养家属生活而设立的优先权。此类优先权在刑法中也有规定。《刑法》第59条第1款规定"没收全部财产的,应当对犯罪分子个人及其扶养的家属保留必需的生活费用"。

(二) 我国现行立法上的特别优先权

1. 船舶优先权

我国《海商法》第二章第三节规定了船舶优先权的有关内容。这是我国立法上有关优先权制度最早、最明确、最系统的规定。船舶优先权"是指海事请求人依照本法第二十二条的规定,向船舶所有人、光船承租人、船舶经营人提出海事请求,对产生该海事请求的船舶具有优先受偿的权利"(《海商法》第21条)。第22条列举了5项具有船舶优先权的海事请求,分别为:船长、船员和在船上工作的其他在编人员根据劳动法律、行政法规或者劳动合同所产生的工资、其他劳动报酬、船员遣返费用和社会保险费用的给付请求;在船舶营运中发生的人身伤亡的赔偿请求;船舶吨税、引航费、港务费和其他港口规费的缴付请求;海难救助的救助款项的给付请求;船舶在营运中因侵权行为产生的财产赔偿请求。第25条第1款规定了船舶优先权与其他担保物权的关系,即:"船舶优先权先于船舶留置权受偿,船舶抵押权后于船舶留置权受偿。"

2. 民用航空器优先权

我国《民用航空法》第三章第三节规定了民用航空器优先权。民用航空器优先权"是指债权人依照本法第十九条规定,向民用航空器所有人、承租人提出赔偿请求,对产生该赔偿请求的民用航空器具有优先受偿的权利"(《民用航空法》第18条)。《民用航空法》第19条列举了两项具有民用航空器优先权的债权:援救该民用航空器的报酬;保管维护该民用航空器的必需费用。并且规定该两项债权的受偿序位。第22条规定了民用航空器优先权与抵押权的关系,即"民用航空器优先权先于民用航空器抵押权受偿"。

3. 土地出让金优先权

我国《担保法》第 56 条规定:"拍卖划拨的国有土地使用权所得的价款,在依法缴纳相当于应缴纳的土地使用权出让金的款额后,抵押权人有优先受偿权。"该条明确规定了土地出让金优先于抵押权受偿。

4. 建设工程优先权

我国《合同法》第 286 条规定:"发包人未按照约定支付价款的,承包人可以催告发包人在合理期限内支付价款。发包人逾期不支付,除按照建设工程的性质不宜折价、拍卖的以外,承包人可以与发包人协议将该工程折价,也可以申请人民法院将该工程依法拍卖。建设工程的价款就该工程折价或者拍卖的价款优先受偿。"该条规定了被拖欠工程款的承包人就该工程折价或者拍卖的价款优先受偿。

5. 信托事务优先权

我国《信托法》第 37 条规定:"受托人因处理信托事务所支出的费用、对第三人所负债务,以信托财产承担。受托人以其固有财产先行支付的,对信托财产享有优先受偿的权利。"

通过梳理我国优先权规定,可以发现呈现出以下立法特点:

一是零星杂乱。我国关于优先权的规定散见于单行法上,既有实体法的规定又有程序法的规定,而且由于没有统一的优先权规定,导致各单行法规定比较混乱甚至相互矛盾,权利冲突时无法协调。如《企业破产法》规定税收优先权不能对抗担保物权,而《税收征收管理法》规定税收应当先于抵押权、质权、留置权执行。

二是性质定位混乱。优先权的性质在我国已经历了从"非权利"到"权利"的转变,但是,现有的优先权规定既有程序性权利又有实体性权利,既有债权性权利又有物权性权利。一方面,在理论上导致对特别法所规定的某些"优先受偿"权利性质争论不已,达不成一致共识。另一方面导致司法实践中处理优先权与其他权利关系时操作混乱。

三是具体制度设计不成熟,对优先权的保护力度不够。首先,一般优先权效力低。根据我国《企业破产法》《公司法》等的规定,共益费用优先权和职工工资、劳动保险费用优先权以及税收等优先权可优先于普通债权受偿,但无法对抗一般担保物权,其效力弱于享有别除权的债权。尤其是我国目前破产实践中零破产现象的大量存在,工资和税收等受偿后往往又得不到实现,这极不利于破产费用、工资、劳保费用、税款等具有公益性和共益性的特殊债权的保护。其次,特别优先权种类欠缺。我国现行法仅规定了五种特别优先权,许多应受特别优先权保护的社会关系暴露于法律保护之外,从而构成法律漏洞。

可以看出,相对于优先权立法较为成熟的法国、日本等国而言,我国现行法关于优先权制度的个别而分散的规定,既欠缺理论上的成熟研究,又缺乏实践上的充分探索,总体上看是应急立法的产物。这一局面的形成,与我国缺少统一的优先权的制度传统、长期的计划经济模式偏重国家政策调整特殊社会关系而压抑了对优先权制度的法律需求等不无关系。

在当前的我国,经济的演变正牵动着社会生活发生深刻的变化。利益的冲突、权利的激荡,打破了旧有经济体制下整齐划一的秩序,新的问题、新的矛盾不断出现。例如,在国有企业和其他企业破产案件日益增多的社会现实生活中,如何切实保护破产企业职工的工资和社会保险费用,将成为关系到弱势群体生存和社会稳定的严重社会问题。建筑工程款拖欠问题也成为影响我国建筑业健康发展的最棘手的问题。现实生活中,有人因筹措不到急需的医疗费用或生活费用以致无法生存。承租人拒不支付租金,出租人如何才能有效地保护其合法权益等。作为社会关系调整器的法律,面对这些社会物质生活条件的强烈需求不能熟视无睹。

三、优先权制度在我国的取舍

对优先权制度的取舍,早在我国《物权法》制定过程中就形成了肯定说和否定说两种截然相反的观点。否定说主张在我国不应将优先权列为专门的担保物权,对于破产费用、工资和劳动保险费用、税款等支付保护不力的问题,可通过允许有关的劳动立法、税收立法等单行法规定工资、税款等的优先性,使之不仅优先于一般债权,也优先于担保物权,以此来弥补现行程序法规定之不足。典型代表是梁慧星教授主编的《中国物权法草案建议稿条文、说明、理由与参考立法例》中,其所设计的担保物权体系并不包括优先权,且在"抵押权"一章中并未明确法定抵押权和约定抵押权的区分。与之相反,肯定说的观点则认为,各国立法对优先权的态度不一。但是无论在哪个国家的法律上都有优先权的规定,不过在实体法上规定优先权的国家,在程序法上一般不再规定;而在实体法上未规定优先权的国家,一般在程序法上有关于优先权的规定。就同一债权的优先受偿问题,有的是从优先权角度规定,有的则将债权人的优先受偿权规定为法定抵押权、法定质权或特别留置权。在实体法上规定有优先权,以其法定性与抵押权、质权等相区分,更有利于担保物权系统的逻辑性。因此,我国物权法应规定统一的优先权制度。王利明教授是该观点的典型代表者。在他主持的《中国物权法草案建议稿》中,就设有系统的优先权制度。2007年最终出台的《物权法》规定的担保物权体系为抵押权、质权和留置权,并没有将优先权纳入其中。但是,《物权法》的出台并没有平息学术界对优先权制度取舍的争论。相当多学者仍然坚持主张在未来的民法典中建立起符合我国国情的优先权制度。[①]

我们认为,优先权制度在我国未来民法典中应占一席之地。主要基于以下考虑:

第一,设立统一的优先权制度是立法的趋势。从前文论述可知,优先权制度呈蓬勃发展之势,被很多国家特别是大陆法系国家的立法认可。尽管各国设立优先权的形式不同,但都在各自的法律中落实了具体的优先权内容。"法的关系正像国家的形式一样,既不能从它们本身来理解,也不能从所谓人类精神的一般发展来理解,相反,它们根源于物质的生活关系。"[②]可见,优先权的立法基础来源于它赖以存在的社会物质生活条件。不论是一般优先权所调整的特定债权债务关系,还是特别优先权所规范的特别债权债务关系,作为一个客观事实无论在哪个国家都存在。对此,有学者指出,随着现代化经济的发展,为了特定的民事主体的利益能够得到特别的保护,优先权制度的设立,似为现代民法发展的一般趋势。[③] 我国同样存在维护社会公共利益、保障公民基本生活权益等社会需求,确有必要引入统一的优先

[①] 代表性观点可参见蔡远涛、叶知年:《民事优先权的物权性与物权公示主义的矛盾及解决》,载《重庆交通大学学报》(社会科学版)2013年第3期;刘道云:《优先权制度在我国构建的争论与设想》,载《行政与法》2011年第8期;胡卫东:《论优先权的含义及其立法安排》,载《北京政法职业学院学报》2009年第1期;胡卫东:《论我国优先权制度构建中的几个关键问题》,载《云南大学学报(法学版)》2009年第2期。

[②] 马克思、恩格斯:《马克思恩格斯选集》(第2卷),人民出版社1972年版,第82页。

[③] 徐涤宇:《现代中国民法的知识转型》,湖南大学出版社2012年版,第306页。

权制度。

第二，优先权制度不能被其他担保物权所取代，有其独立存在空间。优先权与质权、抵押权、留置权等其他担保物权的最根本区别在于优先权是为特殊债权而设，而其他担保物权是为担保一般债权，并无特别的理由。学术界有观点主张用法定抵押权或留置权取代优先权，但实际上，优先权与法定抵押权、留置权仍有较大的不同，法定抵押权制度和留置权制度难以完全替代优先权制度。这一点在前文已有论及。

第三，优先权制度保护的社会关系相当广泛，有必要在民法典中进行统一规定。优先权所保护的债权不仅仅局限于常见的共益费用、雇员工资、国家税收等，还包括一般优先权保护的其他债权如殡葬费用优先权、治疗费用优先权、日用品供给优先权等，以及存在于债务人特定动产或不动产上的特别优先权所保护的特殊债权。针对上述债权，仅有《企业破产法》《公司法》《保险法》等程序性规定将优先权作为特殊债权的优先清偿顺序加以规定，远远不能满足社会生活的需要，即便通过完善有关的劳动法、破产法、税收立法等单行法规定工资、税款等特殊债权对一般债权和担保物权的优先性，仍无法彻底解决这一问题。原因在于[①]：一是缺乏有力的理论基础来支持，且法律的权威性不够，令人难以信服；二是随着我国市场经济的发展，新问题层出不穷。如随着我国政府职能转换和国有企业的改革，国有企业和其他企业破产案件会日益增多，如何切实保护破产企业职工的工资以及弱小债权人的利益，将日益成为严重的社会问题。又如建设工程的工程款拖欠问题已成为困扰我国建筑企业健康发展的最棘手的问题，并严重影响了我国正常的市场秩序。此类种种问题，迫切需要通过基本法对优先权制度进行统一的调整，从而使问题的解决有相当的权威性。

第四，优先权制度对在我国未来的《民法典》中较为系统地引入优先权制度具有重要的理论和实践意义。主要体现在：倡导实质正义，为建设和谐社会提供制度保障；完善担保制度，维护债权安全；合理配置社会资源，促进社会主义市场经济的有序发展。

在我们建立的统一的优先权制度中，要注意体现以下几个方面的立法

---

① 参见郭明瑞、仲相：《我国未来民法典中应当设立优先权制度》，载《中国法学》2004年第4期。

原则①：

(1) 维护公共利益原则。优先权制度是一项实践法律对人的终极关怀价值的制度。尽管从根本上个人利益未必与社会公共利益有冲突,但具体而言,冲突在一定范围内现实存在。比如国家税收,其最终目的是加快经济建设,发展生产,提高全社会物质文化生活水平,它是公民享受国家保护和关怀的前提条件,也是实现个人利益的物质保障。从这一方面来讲,税收作为公益,与个人利益是不冲突的。但具体到某个债务人,将其一般财产优先清偿税收债权,必然会影响该债务人其他债权人的个人利益的完全实现。而当这种具体冲突出现时,立法只能以优先保护公益为原则,尤其是我国现阶段经济、社会建设对财政需求量极大,因而对税收予以特别保护至关重要。

(2) 保障弱势群体生存利益的原则。由于市场经济优胜劣汰机制的作用,必然导致社会各类群体经济实力产生一定分化,甚至是严重的两极分化,拥有强大经济实力的一方,其地位总是要高于经济条件差的一方,这在企业与劳动者之间的关系上表现得最为明显,如何保障劳动者的生存利益已成为不可回避的现实问题。我国《宪法》在第 44 条、第 45 条分别规定了职工的退休制度及公民在年老、疾病或丧失劳动能力时有从国家和社会获得物质帮助的权利,同时,我国政府在论述人权状况时也明确提出人权首先是生存权的概念。可见,我国立法已将生存权的保障提到相当高的地位。但宪法权利基本上是抽象性权利,优先权作为一项法律技术手段,则能够赋予生存权以现实的意义。对弱者生存权予以优先照顾和保护,是市场经济公平、公正理念在民法上所作的必然选择,也是现代民法追求实质正义的鲜明体现。

(3) 公平与效率兼顾原则。公平和效率是社会、法律共同追求的两大目标,但它们又往往是相冲突的。这是因为,社会效率的一个基本要求是能够为每个人充分利用自己的投资和努力劳作提供充足的动力或激励,这种激励一般来源于这样一种制度安排:即使每个投资者和劳作者能够收获其决策或劳作成果或对之有一个稳定的预期,如果最终结果是平等的,那么就

---

① 李阳春、李智良:《论我国优先权立法之完善》,载《湘潭工学院学报(社会科学版)》2003 年第 3 期。

没有人愿意冒经济风险决策(从事投资和交易活动)和辛勤劳作。① 优先权就其价值角度而言,存在着公平与效率的冲突问题。法律赋予某些特殊债权以优先权,是因为这些特殊债权的债权人与债务人之间原本存在着某些特殊的社会关系,法律认为,为实现实质性的公平与平等,对这类特殊的社会关系有加以特别保护的必要。但优先权毕竟是一项特权,其实现是以牺牲其他债权的实现为代价。不可否认,优先权在一定程度上妨碍交易安全和资金融通,甚至危及市场经济体制本身。因此,立法上应注意协调优先权在实际公平与效率目的之间的冲突,贯彻二者兼顾原则。一方面,优先权的种类必须法定且种类不能过多,只能对确有特殊保护必要的债权而设。另一方面,优先权的行使方式应受到法定的限制,须与其他担保物权制度保持协调。

在制度设计上,既要将优先权制度科学合理地融入既有的和将来完善了的担保法体系当中,又要保证优先权制度体系内部的统一均衡,通盘考虑,科学设置,实现立法的统一和协调。具体来说,就前一要求而言,宜将优先权与我国现有担保物权体系中的抵押权、留置权和质权相并存。虽然优先权制度与法定抵押权、法定质权和留置权有一定范围的重合,但若以优先权吸收留置权,将打破我国现有的担保物权体系,变动成本太大,不易操作。故将抵押权、质权、留置权、优先权并存,既能保持优先权制度的统一性、独立性,又可以将优先权制度与现有的担保物权体系相协调,立法操作也较易行,只需在优先权制度具体内容的设计上注意与现有担保物权的内容相协调和互补,以避免重复立法。② 就后一要求而言,宜将优先权分为一般优先权和特别优先权,特别优先权进一步分为动产优先权和不动产优先权,在特别法(相关单行法)和基本法(《物权法》)中分别加以规定。在基本法中要规定优先权的总则性的内容,如优先权的定义、性质、特征、效力及法律适用等,并以列举式和概括式相结合的方式规定各种一般优先权和特别优先权。"整合不同性质、不同类型的优先权,使其在效力上,结构上,权力的行使方式、期限及法律后果等方面,在同一权利体系内实现统一。"③

---

① 高富平:《物权法原论》,中国法制出版社 2001 年版,第 86 页。
② 申卫星:《我国优先权制度立法研究》,载《法学评论》1997 年第 6 期。
③ 郎萍:《论建筑工程优先受偿权》,吉林大学 2010 年硕士毕业论文。

相关案例介绍与评析

【案例】 个体工商户甲为扭转经营不善状况,向乙分期借贷10万元,乙要求甲以一房屋抵押。经协商,双方同意在10万元全部到账后办理抵押登记,并到登记机关办理了抵押权预告登记。其间,甲偷税3万元。甲到期未能还款,乙要求行使抵押权,税务机关发现甲偷税后,决定行使税收优先权。乙诉至法院要求依法判决。

在本案处理过程中出现了两种意见。第一种意见认为,根据《中华人民共和国税收征收管理法》第45条规定,纳税人欠缴的税款发生在纳税人以其财产设定抵押、质押或者纳税人的财产被留置之前的,税收应当先于抵押权、质权、留置权执行。《中华人民共和国税收征收管理法》是特别法,应当适用第45条之规定,判决驳回乙的诉讼请求。第二种意见认为,根据《中华人民共和国物权法》第20条规定,当事人签订买卖房屋或者其他不动产物权的协议,为保障将来实现物权,按照约定可以向登记机构申请预告登记。预告登记后,未经预告登记的权利人同意,处分该不动产的,不发生物权效力。《中华人民共和国物权法》是新法,故应适用第20条之规定,乙的诉讼请求应予支持。①

【评析】

本案争议的焦点是税收优先权与抵押权的效力先后问题。我国现行法关于优先权制度的规定大都散见于一些程序法及特别法,这些个别规定并非相互衔接,加之缺乏统一的规定协调,互相冲突的情形时有出现。目前,理论界与实务界在处理优先权与其他权利的竞合时,存在诸多争议。就本案来看,我们认为税收优先权的效力优于抵押权。理由在于:第一,税收优先权属于担保物权的一种,理应适用物权法。但其作为一种特别的担保物权,规定于《中华人民共和国税收征收管理法》。根据《中华人民共和国物

---

① 来源:http://gzzy.chinacourt.org/public/detail.php?id=12339,2014年4月28日访问。

权法》第 8 条的规定,"其他相关法律对物权有特别规定的,依照其规定"。因此,根据特别法优于普通法的原理,本案的税收优先权应适用《中华人民共和国税收征收管理法》的规定。第二,税收优先权具有公益性,是一种法定权利,而抵押权是一种约定权利,根据法定权利优先于约定权利的原理,税收优先权应优先于抵押权。本案中,法院应当驳回乙的诉讼请求。

第三章 建设工程优先权制度概述

第一节 各国和地区有关建设工程优先权规定之考察

建设工程优先权是指承包人在发包人拖欠的工程价款的情况下,依法享有的就该工程折价或者拍卖的价款优先受偿的权利。自罗马法以来,建设工程承包人的债权在各国立法上得到不同程度的特殊保护和优先救济,其法理依据,主要有以下几点[①]:第一,承包人因劳动所享有的工程价款债权与该建设工程有一种天然的联系,而其他债权人之债权的产生与该建设工程缺乏这种天然联系,那么有牵连债权比无牵连债权在受偿时处于更加优越的地位,已成为各国的通例。第二,承包人的劳动是建设工程产生的前提,而其他债权人的债权请求权是以该建设工程的存在为基础。换言之,承包人的劳动增加了标的物的价值,使债务人的全体债权人受益。第三,在法律上赋予承包人优先受偿的权利,能够调动承包人从事此项事业的积极性,最终能够促进建筑行业的蓬勃发展。第四,就承包人建设工程价款的构成来看,其主要包括承包人应得的材料款和建筑工人的劳动工资两大部分。这一构成特点表明,如果承包人的债权得不到实现,不仅影响承包人的工程所得,而且还影响建筑工人的劳动工资债权的实现,而后者常常是建筑工人的主要生活来源。从这个意义上讲,建设工程优先权还带有一定的社会保障功能。由于历史传统、社会背景、立法技术和立法意图等多方面的不同,各国关于建设工程优先权的规定不尽相同。

---

① 董慧凝:《建设工程优先权立法基础与立法构想》,载《北京工商大学学报(社会科学版)》2005年第3期。

一、大陆法系国家和地区相关制度之规定

1. 法国

在《法国民法典》中，优先权是一项独立的担保物权，与留置权、质权（动产质权与不动产质权）和抵押权一起组成完整的担保物权体系。根据《法国民法典》的规定，合法的优先受偿权利的原因为优先权和抵押权（第2094条）。其中，优先权为依债务的性质而给予债权人先于其他债权人甚至抵押权人而受清偿的权利（第2095条）。优先权得对动产或不动产设立（第2099条）。动产的优先权，包括动产的一般优先权和对特定动产的优先权。动产的一般优先权由法典第2101条及其他特别规定，诸如诉讼费用、丧葬费用、雇工报酬等；对特定动产的优先权由法典第2102条规定，主要是基于明示或默示的质权而设定。创设于不动产之上的优先权分为对不动产的一般优先权和对不动产的特别优先权。前者包括诉讼费用、薪金雇员与学徒最近6个月的薪金报酬、劳动补偿金等（第2104条）；后者由民法典第2103条规定，一共有七项不动产特别优先权，建设工程优先权即为其一。该条第4款规定："建筑师、承包人、瓦工与其他受雇于建筑、重建或修理楼房水渠或其他任何工程施工的工人，只要有楼房、建筑所在辖区内的大审法院依职权任命的鉴定专家事先作成的笔录，确认与所有权人宣告拟建的工程有关的场地的状况，并且工程完工后最迟6个月内已由同样的依职权任命的鉴定专家的验收，即对该工程有优先权；但是，此种优先权的数额，不得超过第二份笔录所确认的价值，并且以转让不动产时已经进行的工程的增值为限。"

可以看出，建设工程优先权设定在修建的不动产之上，但仅限于建筑工程为该不动产增加的价值部分且须为尚存的部分。此种优先权属于任何工程的施工人，包括建筑师、承揽人以及工人。根据该法第2110条的规定，施工人要保持优先权必须进行两次登记，一是确认现场状况笔录的登记，二是工程验收笔录的登记。两次登记都必须根据楼房、建筑所在管辖区内的初审法院依职权任命的鉴定专家的笔录进行，但为完成后一个笔录的工程验收必须在工程完工后最迟6个月内进行。只有在进行了上述两次笔录的登记，并从而进行公告之后，建设工程优先权才能对不动产产生效力。只要进行了上述两次登记，则建筑师和承揽人的优先权就属于第一顺位，优先于抵

押权而受到清偿。如未登记,则丧失优先权,但不停止其保有抵押权,只是不能对抗第三人,因为抵押权自登记之日起成立(第2113条)。

2. 德国

《德国民法典》虽然也继受罗马法,但并没有规定优先权制度,而是通过设立法定质权等一些替代性制度和特别法的规定来满足社会对优先权的需求。德国的担保物权体系包括:(1)抵押权;(2)土地债务;(3)定期金土地债务;(4)动产质押权;(5)权利质押权;(6)所有权保留;(7)让与担保。其中前五种系由《德国民法典》所规定,被称为典型的担保物权,后两种则被称为非典型的担保物权。① 对于建设工程价款所生的债权,《德国民法典》在不损及公示原则的前提下,以保全抵押制度予以保护。

《德国民法典》第648第1款规定:"建筑工作物或建筑工作物的各部分的承揽人,为其因合同所产生的债权,可以请求给予定作人的建筑地上的保全抵押权。工作尚未完成的,承揽人可以对相当于已提供的劳动部分报酬以及为不包含在报酬中的垫款,请求给予保全抵押权。"同时根据该法典第94条第1款的规定,"土地的必要组成部分为固定于土地的物,特别是建筑物以及与土地尚未分离的土地出产物"。因此,该法典第648条第1款的"土地"应理解为土地及其建筑物两部分,承揽人对建筑物的优先受偿权在此被规定为一种保全抵押权。所谓保全抵押,指的是抵押权的内容按照其所担保的债权的内容决定的抵押。在一般抵押转移中,抵押权的附随性常常会被异议抗辩破坏,债权人的利益得不到强力保障。②《德国民法典》第1184条第1款规定:"设定保全抵押时,债权人根据抵押权所享有之权利,仅依债权之内容决定之,并且债权人关于债权之证明,亦不得援用登记。"保全抵押被认为是特种抵押之一种,其立法意义在于强化抵押对债权的附随性,债权人根据自己的债权而不是不动产登记簿的记载即可主张抵押权,从而排除其他有关登记的内容对之构成妨碍。③

3. 日本

《日本民法典》上担保物权体系由留置权、先取特权、质权和抵押权构

---

① 陈卫佐:《德国民法典》(第3版),法律出版社2010年版,第345页。
② 同上书,第374页。
③ 同上。

成,其中留置权与先取特权属于法定担保物权,质权与抵押权属于约定担保物权。

根据《日本民法典》第303条规定,先取特权是指法律所规定的特殊的债权人就其债务人的财产,有先于其他债权人受自己债权清偿的权利。先取特权分为三种:一般先取特权、动产先取特权和不动产先取特权。其中,不动产先取特权分为不动产保存的先取特权、不动产工事的先取特权和不动产买卖的先取特权。不动产工事的先取特权即为我们所要探讨的建筑承包人优先受偿权。《日本民法典》第327条规定:"(一)不动产工事的先取特权,就工匠、工程师及承揽人对债务人不动产所进行的工事的费用,存在于该不动产上。(二)前款先取特权,以不动产因工事而产生的增价现存情形为限,只就该增价额存在。"第338条规定:"(一)不动产工事的先取特权,因于工事开始前登记其费用预算额而保存其效力。但是,工事费用超过预算额时,先取特权不就其超额存在。(二)关于因工事而产生的不动产增价额,于先取特权人参加分配时,应由法院选任的鉴定人予以估价。"第339条规定:"依前二条规定登记的先取特权,可以先于抵押权而行使。"①可见,在该项优先权的取得上,日本民法和法国一样,规定必须进行登记才能保有优先权,没有登记的不持有优先权。规定工程前必须登记费用的预算额,但实际的工程费用超过预算额时,其超过部分,先取特权不存在。在工程方面产生的不动产的增加额,可以享有先取特权,但在加入分配时必须由法院选任的鉴定人进行评估。当建筑工程款优先权与抵押权相竞合发生冲突时,经过登记的建设工程款先取特权优先于抵押权。

4. 瑞士及我国台湾地区

《瑞士民法典》没有设立统一的优先权制度,其个别优先权散见于民法典的其他条文中。对于建设工程价款所生的债权,《瑞士民法典》将其纳入法定抵押制度中予以保护。《瑞士民法典》上的法定抵押权分两种:一种为无须登记的抵押权(公法上的抵押权),即基于公法或其他对土地所有人有普遍约束力的并由各州法规定的不动产抵押权,无须登记也能产生效力(第836条);另一种为须登记的法定抵押权(私法上的抵押权),第837条第1款列举了三种享有法定抵押权的债权,其中第三项"为在土地上的建筑或其

---

① 《日本民法典》,王书江译,中国人民公安大学出版社1999年版,第52—59页。

他工程提供材料及劳务或单纯提供劳务的职工或承包人,对该土地的债权"就是我们讨论的承包人的建设工程价款债权。《瑞士民法典》第839条规定了这一类法定抵押权的登记方法:"(1)职工及承包人的法定抵押权,自发生给付劳务义务之时起,在不动产登记簿上登记。(2)前款情形,法定抵押权最迟须在劳务义务终止之后的3个月内登记。(3)登记仅在债权为所有人承认或法院确定后,始得进行。但所有人以申请登记的债权已提供充分担保的,不在此限。"第840条规定:"职工及承包人的若干法定抵押权均已登记的,即使其登记日期不同,其对抵押物仍有受同等清偿的权利。"可见,虽然将建设工程款规定为法定抵押权,但它只有经过登记才有优先效力。

与《瑞士民法典》相同,我国台湾地区也没有统一的优先权制度,将承包人对建设工程价款的优先受偿权规定为法定抵押权。我国台湾地区"民法"第513条规定:"承揽人之作为建筑物或其他土地上的工作物,或为此等工作物之重大修缮者,承揽人得就该承揽关系报酬额,对于其工作所附之定作人之不动产,请求定作人为抵押权之登记或对于将来完成之定作人之不动产,请求预为抵押权之登记。前项请求,承揽人于开始工作前亦得为之。前二项之抵押权登记,如承揽契约已经公证者,承揽人得单独申请之。第一项及第二项就修缮报酬所登记之抵押权,于工作物因修缮所增加之价值度内,优先于成立在先的抵押权。"由此可见,与《瑞士民法典》规定不同的是,我国台湾地区规定的建设工程优先权并不以登记为条件,而是基于法律的规定直接产生优先效力。

二、英美法系国家相关制度之规定

英美法系没有物权概念,也没有相对应的优先权制度,却同样存在着对某些债权利益特殊保护的现实需要。这主要通过留置权制度来实现的。英美法中的留置权分为三种,即普通法上的留置权——占有留置权;衡平法上的留置权;海事法上的留置权和制定法上的留置权——法定留置权。[①] 英美法系的留置权制度隐含了大陆法系的一些担保物权制度,如法定留置权中的土地所有者就租金债权对承租人物品的留置权(landlord's statutory lien)和建筑施工中承包人、劳动者和提供材料人对建筑物享有的留置权

---

① 王利明主编:《物权法专题研究》(下),吉林人民出版社2001年版,第1419页。

(mechanic's lien),特别是衡平法上的留置权,它不需对留置财产的实际占有即可产生,其标的通常为不动产,而且留置财产在转让的情况下,留置权人有权对一切知悉该项财产设为担保的受让人主张其留置权。显然以上特征已经远远超过了大陆法系留置权的内涵,与大陆法系中的特别优先权、法定抵押权制度类似。

建设者留置权制度(mechanic's lien)是英美法为实现对建设工程施工中的承包人、劳动者及材料提供者的利益的特殊保护而设。该制度有效解决了业主不支付工程款的问题,保障了承包商和劳务工人的利益。在美国绝大多数州,根据法律的明确规定,建造房屋或其他建筑物的施工人员和材料提供人或安装人员享有留置权,债务清偿时对所建造的房屋以及或多或少对于建筑物依附的土地有优先受偿权。美国建设者留置权的权利人可以是企业和工人个人。例如,美国马里兰州规定的建设者留置权的权利人范围就很广泛,除了与业主有直接合同关系的总包商、与总包商有合同关系的分包商以外,还包括那些实际提供劳动或者材料的人,比如从事出租设备、打井、栽花、种树等工作的那些人。在美国,主要形成了两种有代表性的规则,一种要求主张留置权的权利人需要与业主具有某种直接或者衍生出的合同关系,雇员与雇主之间的合同给了雇员分包人的地位,因此可以主张留置权。另外一种规则要求即使与业主或者总包商没有直接合同,即使雇员没有与雇主签订书面合同,都承认他们享有留置权。可见,留置权产生的核心在于为留置权标的物付出的劳动,并且这些劳动已经物化在留置权标的物之上。在美国,无论是已经竣工的工程,还是在建工程,建设者都可以随时主张留置权,只要他们提供了劳动或者材料,未在约定时间获得对价。例如马里兰州法律规定主张权利的时间限制是承包商提供劳务或者材料后的120天之内。①

三、小结

通过上述对各国立法的比较,不难看出,各国对于建设工程承揽人债权的保护存在一些区别。就英美法系与大陆法系而言,英美法系更强调实用

---

① 参见张蕊、邓晓梅:《我国工程款优先受偿权与美国建设者留置权的对比研究》,载《建筑经济》2005年第8期。

性,而大陆法系国家和地区则比较强调体系性,通过构建完整的担保物权体系实现对这一特殊债权的保护。就大陆法系内部而言,不同的国家和地区也存在相当的差异,存在不同的立法模式:一是优先权模式,赋予建设工程承揽人就工程价款债权享有法定优先权,不仅可以对抗普通债权人,还可对抗其他担保物权。如日本、法国。二是抵押权模式。该模式为建设工程承揽人设定法定抵押或保全抵押制度,保障其债权优先受偿的地位。前者如瑞士、我国台湾地区,后者如德国。虽然在具体制度的内容和法律概念上存在差别,但是,就制度功能和目标的角度来看,上述各国对建设工程承揽人债权保护的规定显然具有共性,即都赋予承揽人就建筑工程或土地成立法定担保物权,均有优先受偿的效力。这些具体内容上的共同点已经足以实现共同的立法政策和目标,即担保承揽人的债权实现。由此可见,英美法系的法定留置权、法国的优先权、日本的先取特权、德国的保全抵押权、瑞士和我国台湾地区的法定抵押权无疑具有异曲同工的效果。

第二节 我国建设工程优先受偿权的产生及其意义

一、我国建设工程优先权的立法背景

自上世纪 90 年代以来,我国的经济像一列高速火车一样前进,而房地产业及建筑业则可以视为推动我国经济向前发展的火车头,可谓支撑我国GDP 快速增长的一大柱石。然而在房地产开发的热潮中,出现了一个不容忽视的社会现象,那就是建设单位普遍拖欠承揽人的工程款。建设单位在工程建设过程中,自有资金严重不足,正常的融资手段又十分有限,缓解建设资金需求压力的手段就常常表现为强迫承揽人垫资施工,而承揽人迫于建筑行业的僧多粥少的竞争压力而不得不接受这种不合理的要求。在建设工程竣工后,建设单位的资金短缺问题往往仍然存在,承揽人的垫资及劳务报酬依然没有着落。当人们眼花缭乱于全国各处拔地而起的楼宇广厦之际,我们也将为累年积欠的巨额工程款所惊心。如不能妥善解决普遍存在的工程款拖欠问题,不仅影响到作为国民经济一个重要行业的建筑业的持续发展,也危及建筑工人的生存权保障,进而影响到社会生产生活秩序的稳

定和社会的和谐发展。

理论上,建设工程承包人的工程款债权可以依据合同的约定及法律上关于债的效力的一般规定来解决。例如,建设工程承包合同作为双务合同,当事人双方都负有同时履行合同的义务,承包人交付工程与发包人(定作人)支付报酬或费用应当同时履行,如果发包人不支付报酬或费用,承包人可以留置工程或拒绝交付来抗辩。[①] 双务合同的一方当事人通过行使抗辩权利来对抗另一方当事人不履行相应义务的行为,这有利于实现合同双方当事人之间的利益均衡,防止对方不履行合同而给自己造成的不合理的损失。然而,在建设工程合同中,此种留置或抗辩手段的作用是非常有限的,且经常不能发挥作用。这是因为[②]:第一,建设工程合同不同于一般的双务合同,承包人的义务除了提供劳务,特殊情况下还包括垫付资金或材料,而且其资金的垫付和劳务的提供往往在对方"同时履行"之前,实际上已经先予履行。而且在现实生活中,承包人在建设过程中并非牢牢掌握工程的控制权,通常除了"交钥匙工程"外,一般工程的建设往往由双方各派人员管理工程,换言之,工程本身一直处于建设方的控制管理之中,在工程竣工时,仅存在理论上的交付而不存在实际上的交付。如果对方不履行支付劳务报酬及垫付费用的义务,承包人难以依靠留置工程、拒绝交付的手段实现债权。第二,即便可以就工程进行留置,承包人不但需要预先支付留置费用(工人的工资),还需要承担管理工程的巨大危险,并就发生的风险如火灾等造成的工程损失向对方负赔偿责任,因此,留置不但不能直接实现承包人的债权,反而会进一步增加其资金负担及风险责任负担。这对于没有得到工程款的承包人来说,无疑是雪上加霜。从发包人来讲,留置将直接影响到发包人对建筑工程的行使和销售,经济利益上无疑受到重大打击,反过来影响到其债务清偿能力;而从社会财富和资源的利用上讲,建筑工程不仅仅是发包人个人的财产,也是社会财富,承包人留置,即造成社会财富和资源的浪费。由此可见,双务合同同时履行的抗辩或留置并不能保障承包人的债权的实

---

① 国家工商行政管理局、建设部于1991年联合制定的《建设工程施工合同条例》第28条规定:"由于甲方(发包人)违反有关规定和约定,经办银行不能支付工程款,乙方(承包人)可留置部分或全部工程,并予以妥善保护,由甲方承担保护费用。"

② 参见刘武元:《论建设工程承包人的优先受偿权的性质——兼评最高人民法院的司法解释》,载《西南民族大学学报(人文社科版)》2003年第5期。

现,反而对承包人、发包人双方的利益及社会利益均构成重大损害。第三,在我国现行合同法施行之前,建设工程承包人的债权还面临着彻底落空的法律风险。作为一种融资手段,工程往往在建设过程中就以在建工程抵押的形式被建设单位抵押给银行或其他机构。这样一来,在工程竣工时,发包人不仅拖欠承包人的工程款,还可能拖欠了银行的贷款。① 银行的贷款债权因设立了抵押权而具有优先受偿性,因此,如果工程价值变现的结果仅限于满足银行的贷款债权,承包人的工程款债权人将面临彻底落空的风险。

基于以上分析,笔者认为,工程建设承包人的债权应当得到优先保护,立法者有必要借鉴其他国家的规定并结合我国的实际情况,在现行法律框架内设置相应的制度保障承包人就工程建设价款可优先于其他普通债权人甚至担保物权人受清偿的权利。

二、我国对建设工程优先权的相关规定及其意义

为了帮助建设工程合同中的承包方实现其债权,我国1999年3月15日颁布的《合同法》特别设置了一个新的条文——第286条,该条作出如下规定:"发包方未按照约定支付价款的,承包人可以催告发包人在合理期限内支付价款。发包人逾期不支付的,除按照建设工程的性质不宜折价、拍卖的以外,承包人可以与发包人协议将工程折价,也可以申请人民法院将该工程依法拍卖。建设工程的价款就该工程折价或拍卖的价款优先受偿。"这一规定强化了对承包人债权的保护,使其从一般债权上升级为具有物权担保效力的特殊债权,在解决拖欠工程款、保障承包人债权、保护社会弱势群体等问题上实现了一个伟大的突破,为解决建设工程价款的拖欠问题创造了一个较好的法律环境。但是,由于该项制度是我国《合同法》的新规定,以往法律、法规中没有类似的规定,加之法条过于概括模糊,不仅理论界对该建设工程优先权的权利属性也存在诸多分歧,司法实践中各地法院也对其理

---

① 最高人民法院《关于适用〈中华人民共和国担保法〉若干问题的解释》第47条规定:"以依法获准尚未建造的或者正在建造中的房屋或者其他建筑物抵押的,当事人办理了抵押物登记,人民法院可以认定抵押有效。"建设部《城市房地产抵押管理办法》第3条规定:"在建工程抵押,指抵押人为取得在建工程继续建造资金的贷款,以其合法方式取得的土地使用权连同在建工程的投入资产,以不移转占有的方式抵押给贷款银行作为偿还贷款履行担保的行为。"

解不一，操作中出现了许多亟待解决的问题，因此《合同法》实施以来，现实生活中工程款拖欠现象仍难凭此得以缓解，《合同法》第286条也被认为是中看不中用的"休眠条款"。[①]

有鉴于此，最高人民法院于2002年6月20日在答复上海市高级人民法院《关于合同法第286条理解与适用问题的请示》中作出批复（法释[2002]16号），其中就优先受偿权与其他抵押权和债权的优先效力、预售商品房购买人的权利、建筑工程价款构成、行使优先权的期限等问题作出明确规定。该批复第1条规定："人民法院在审理房地产纠纷案件和办理执行案件中，应当依照《中华人民共和国合同法》第二百八十六条的规定，认定建筑工程的承包人的优先受偿权优于抵押权和其他债权"，从而明确了建筑工程优先受权的优先效力。第2条规定了预售商品房购买人的权利，也即是对建设工程承包人行使优先受偿权的限制，即："消费者交付购买商品房的全部或者大部分款项后，承包人就该商品房享有的工程价款优先受偿权不得对抗买受人。"第3条规定了建设工程承包人优先受偿权的范围，即："建筑工程价款包括承包人为建设工程应当支付的工作人员报酬、材料款等实际支出的费用，不包括承包人因发包人违约所造成的损失。"第4条则规定了建设工程承包人优先受偿权行使的期限及成立的时间，即："建设工程承包人行使优先权的期限为六个月，自建设工程竣工之日起或者建设工程合同约定的竣工之日起计算。"不难看出，该批复事实上确立了两大原则：一是建设工程承包人的优先受偿权优于抵押权和其他债权的原则；二是生存权优于经营权的原则。但是，在适用《合同法》第286条的审判实践过程中，所遇到的许多困惑，远非批复所能穷尽，有的甚至对批复本身又提出了新的挑战。

为了应对不断出现的新情况、新问题，同时，为了贯彻执行《民法通则》《合同法》《招标投标法》等法律规定，最高人民法院又于2004年10月25日发布了《解释》，并于2005年1月1日起施行。最高人民法院之所以作出这一司法解释，主要是基于两个方面的考虑：一是为了给国家关于清理工程拖欠款和农民工工资重大部署的实施提供司法保障；二是弥补某些法律规定

---

① 刘莉：《论我国建设工程价款优先受偿权制度的完善》，载《湖北警官学院学报》2012年第4期。

比较原则、操作性不强的缺陷,以保障司法实践操作中的统一。该司法解释对建设工程施工合同效力的认定原则、合同解除条件、质量不合格工程、未完工程的工程价款结算问题、工程质量缺陷的责任、工程欠款利息的起算时间等均作出比较明确具体的规定。

建设工程合同中承包人优先受偿权的设立,旨在破除形式上的债权平等原则,实现债权人之间的实质平等。传统民法倡导自由平等的法人格,对一切人作抽象的对待,因此在多种法律关系中,造成了社会的经济强者对经济弱者的支配,反过来动摇了民法的根基。① 承包人优先受偿权则既关心民事主体之间的抽象平等,又关心民事主体之间的具体平等,符合现代民法的发展趋势。从微观上看,这一制度是为了维护建筑工程承包人和建筑工人的利益;而从宏观上看,建筑产业的增长,则可以对国民经济产生巨大的乘数效应。保护这一领域的交易安全,具有公益性,是一项社会效益的法律制度。

三、我国《合同法》第286条的时间效力

根据我国《合同法》第428条的规定,《合同法》自1999年10月1日起施行,之前颁布的《经济合同法》《涉外经济合同法》和《技术合同法》同时废止。为了进一步明确《合同法》的时间效力,最高人民法院于1999年12月颁布了《关于适用〈中华人民共和国合同法〉若干问题的解释(一)》,其中第1条、第2条和第5条专门规定了《合同法》实施前后的合同纠纷的法律适用问题。根据该司法解释,合同法实施以后成立的合同发生纠纷起诉到人民法院的,适用合同法的规定;合同法实施以前成立的合同发生纠纷起诉到人民法院的,除本解释另有规定的以外,适用当时的法律规定,当时没有法律规定的,可以适用合同法的有关规定(第1条)。合同成立于合同法实施之前,但合同约定的履行期限跨越合同法实施之日或者履行期限在合同法实施之后,因履行合同发生的纠纷,适用合同法第四章的有关规定(第2条)。但是,人民法院对合同法实施以前已经作出终审裁决的案件进行再审,不适用合同法(第5条)。

毫无疑问,我国《合同法》第286条的时间效力取决于《合同法》的时间

---

① 申卫星:《我国优先权制度立法研究》,载《法律评论》1997年第6期。

效力,但学术界对上述条文的理解存在分歧,就第286条的时间效力问题形成了不同的观点。

观点一认为判断是否享有建设工程优先权,应以建设工程合同生效的时间为标准:凡是建设工程合同在1999年10月1日之前生效的,承包人不能享有建设工程优先权;建设工程合同在1999年10月1日之后生效的,承包人才享有建设工程优先权。① 其理由在于:第一,如果认为建设工程合同生效在《合同法》施行之前也享有建设工程优先权,则违背了法律不溯及既往的原则,而且对发包人的其他债权人(如贷款给发包人的银行、供给建材的供货商等)实有不公,因为让他们承受了当时难以预见的法律风险。第二,根据最高人民法院《关于适用〈中华人民共和国合同法〉若干问题的解释(一)》第1条的规定,《合同法》施行以前生效的建设工程合同发生纠纷起诉至法院的,因当时的《经济合同法》《建设工程勘查设计合同》和《建筑、安装工程承包条例》等合同法律、法规已经对建设工程合同作了相应的规定,但这些规定没有为工程款债权设定优先受偿权,故应当适用当时的法律规定,在审判和执行中不得确认承包人享有建设工程优先权。第三,工程款债权依建设工程合同的生效、履行而产生,建设工程优先权的产生当然也应以该合同为根据。因此,应以合同的生效时间为标准来衡量承包人是否享有建设工程优先权。

观点二认为如果建设工程于1999年10月1日之前已竣工或停工,1999年10月1日之后人民法院对这类案件还没有审结的,不应适用《合同法》第286条。如果建设工程施工于1999年10月1日之前,竣工或者停工于1999年10月1日之后,承包人的工程价款是否享有优先权,应分别不同的情况进行处理:在1999年10月1日之前,该工程上没有设定抵押权的,承包人的工程价款享有优先权;该工程上设有抵押权的,承包人就工程价款享有的优先权不得对抗已设定的抵押权;承包人的工程价款不能对抗在1999年10月1日之前已交纳大部分或者全部购房款的购房者的请求权。如果建设工程施工于1999年10月1日之后,人民法院审理这类案件时应

---

① 雷运龙、黄锋:《建设工程优先权若干问题辨析》,载《法律适用》2005年第10期。

严格适用《合同法》第286条的规定。① 该观点并不简单以建设工程合同生效时间为标准判断是否享有建设工程优先权,还综合考虑建设工程竣工或停工时间、建设工程有无设定抵押权等因素,认为在特定情况下,即使合同成立在《合同法》施行之前也享有优先权。

笔者认为,关于建设工程合同是否受《合同法》第286条调整,可分以下四种情况讨论:第一,建设工程合同成立于《合同法》施行之后的;第二,建设工程合同成立于《合同法》实施之前,但该工程合同在1999年10月1日尚未履行完毕的;第三,建设工程合同在《合同法》施行之前竣工或停工,但《合同法》施行之后当事人发生纠纷起诉到法院,且法院尚未作出终审裁判的。第四,建设工程合同纠纷已由法院在《合同法》施行之前作出终审裁判,《合同法》施行之后启动再审程序的。

上述四种情况,第一种和第二种应属于第286条调整范围,第四种不能适用第286条,这都有司法解释的明确规定,无须争议。最有争议的是第三种情况,这也是司法实践中常见的难题。各地法院操作不一,形成了肯定说与否定说两种观点。肯定说认为根据《最高人民法院关于适用《中华人民共和国合同法》若干问题的解释(一)》第1条的规定,合同法实施以前成立的合同发生纠纷起诉到人民法院,"当时没有法律规定的,可以适用《合同法》的有关规定"。而"建筑工程价款的优先受偿权、法定抵押权的概念和规定,在《合同法》之前,我国法律并无涉及过,属于法律的新规定"②,因此,这一类合同纠纷也应当适用第286条。否定说坚持法不溯及既往原则,认为应以合同成立的时间在合同法实施之后为标准判断是否适用第286条,否则对建设工程其他债权人不公平,因为其他债权人不应为订约时无法预测的法律风险负责。更何况,在《合同法》实施之前已有大量的法律、法规、规章调整建筑工程承发包合同,按照这些规定,建筑工程承包人的债权属于普通债权,因此,不能援引"当时没有法律规定的,可以适用《合同法》的有关规定"而适用第286条。"否定说"为目前通说。

客观而论,肯定说与否定说都有一定的合理性。《合同法》将承包人对

---

① 杨永清:《建设工程价款优先受偿权的理解与适用——兼谈与该权利有关的几个问题》,载《判解研究》2002年第3辑,人民法院出版社2002年版,第14页。

② 朱树英:《从司法实践中的执行情况看合同法第286条的操作性》,载《中国律师》2001年第10期。

建设工程价款的债权由一般债权升级为优先权保护的特殊债权,打破了原来的利益格局。若坚持从旧原则,则不利于保护承包人的特殊利益和建筑工人的生存权,与第286条的立法初衷相悖。若坚持从新原则,则可能损害建设工程其他债权人如贷款的银行的利益。正因为涉及利益衡量,最高人民法院《关于适用《中华人民共和国合同法》若干问题的解释(一)》第1条没有断然采用从旧原则或从新原则,而是规定"可以适用《合同法》的有关规定",也就是说,当时没有法律规定的,可以适用《合同法》的有关规定,也可以不适用《合同法》的有关规定,而仍适用当时的法律规定。究竟什么情况下适用《合同法》,什么情况下适用当时的法律,应具体问题具体分析,针对建设工程所设权利综合衡量取舍。笔者认为,根据生存权优先于经营权的原则,若《合同法》实施之前已经竣工或停工的建设工程已经设定抵押权或存在材料供应商等其他经营性债权,则承包人的债权可根据第286条的规定优先受偿;若该建设工程已经出卖给消费者,则适用从旧原则,即承包人不得援引第286主张优先受偿。

相关案例介绍与评析

【案例1】 佛山市顺德区恒乐建筑工程有限公司与顺德市杰红织造有限公司、钟××、刘××建设工程合同上诉案。①

原抗诉机关佛山市人民检察院。

上诉人(原审原告)佛山市顺德区恒乐建筑工程有限公司(原名称为顺德市恒乐建筑工程有限公司,下简称恒乐公司)。住所:佛山市顺德区乐从镇新马路2号。

法定代表人何××,总经理。

委托代理人卢××,男,1978年×月×日出生,汉族,住所:佛山市顺德区大良街道××号。

委托代理人何××,广东海顺律师事务所律师。

---

① 来源:http://www.zfwlxt.c0m/html/2007-8/2007871139181.htm,2014年4月21日访问。

被上诉人(原审被告)顺德市杰红织造有限公司(下简称杰红公司),住所:佛山市顺德区乐从镇道教工业区。

法定代表人钟××,董事长。

被上诉人(原审被告)钟××,男,1950年×月×日出生,汉族,住所:佛山市顺德区乐从镇××号。

被上诉人(原审被告)刘××,女,1949年×月×日出生,汉族,住所:佛山市顺德区乐从镇××号。

三被上诉人委托代理人冯××,广东伦教律师事务所律师。

原审第三人何××,男,1959年×月×日出生,汉族,住所:佛山市顺德区乐从镇××号。

原审第三人黄××,女,1958年×月×日出生,汉族,住所:佛山市顺德区乐从镇××号。

两原审第三人委托代理人吴××、孔××,广东古今来律师事务所律师。

上诉人恒乐公司因建设工程合同纠纷一案不服广东省佛山市顺德区人民法院(2003)顺法审监民二再字第3号民事判决,向佛山市中级人民法院提出上诉。

原审法院查明:原审被告钟××、刘××属夫妻关系,两人是原审被告杰红公司的股东。1998年5月10日原审被告杰红公司与原审原告恒乐公司签订《工程承包合同》,约定由原审原告以包工包料的形式为原审被告杰红公司承建位于佛山市顺德区乐从镇第二工业区11号地的车间(一)工程,总造价300万元,施工期间从1998年5月10日起至同年12月10日止。之后,原审原告恒乐公司进场施工,后因原审被告杰红公司未能依约支付工程款,工程于1999年1月停工。其间,原审原告恒乐公司只完成了基础及主体结构部分的工程并经质监部门验收合格,此外,还对建筑物首、二层的大部分天花及梁柱进行了批荡。2000年5月7日经双方对已施工部分的工程进行结算,原审被告杰红公司的法定代表人原审被告钟××立据确认欠原审原告260万元工程款,还承诺对所欠款项从2000年7月起按月息1分计付利息,并在2000年底前全部清还。2000年2月2日、2001年8月20日第三人何××、黄××与原审被告杰红公司分别订立了《土地转让协议》及《土地转让补充协议》,向该司购买讼争的坐落在佛山市顺德区乐从镇第二工业区 11 号地块的土地使用权及在建的地上建筑物（两层框架厂房）的所有权,2001 年 2 月 14 日佛山市顺德区规划国土局向第三人何××与黄××颁发了《国有土地使用证》。因两名第三人就讼争的土地及地上建筑物归属问题向佛山市顺德区规划国土局咨询,该局于 2003 年 1 月 3 日作出《关于在建工程产权归属问题的答复》,认为讼争的土地及在建的地上建筑物的产权归两名第三人所有。由于三方当事人就上述转让协议的效力、第三人对讼争土地及地上建筑物行使权能的问题产生争议,两名第三人遂向佛山市中级人民法院提起诉讼,佛山市中级人民法院经审理作出(2002)佛中法民一初字第 36 号民事判决且已生效,确认讼争的地上建筑物的所有权及土地使用权属两名第三人所有。

  广东省佛山市顺德区人民法院认为:两名第三人作为讼争土地及地上建筑物的产权人,在原审原告对地上建筑物主张优先权的情况下,本案的处理结果与其有利害关系,故其具备作为具有独立请求权第三人的主体资格。讼争的建设工程合同约定的履行期间是从 1998 年 5 月 10 日起至同年 12 月 10 日,而实际的履行期间也至 1999 年 1 月止,依照法不溯及既往的原则,原审原、被告就讼争合同引起的纠纷不适用《中华人民共和国合同法》调整,故原审原告主张对讼争的地上建筑物享有建设工程优先权缺乏法律依据,其提出《中华人民共和国合同法》实施前没有相关法律可对讼争合同关系予以调整的抗辩主张也与事实不符,故不予采纳。综上,原审没有追加两第三人参加诉讼,违反法定程序,原判作出原审原告对原审被告杰红公司所欠工程可就讼争地上建筑物折价或拍卖所得款项优先受偿的该项判决缺乏事实与法律依据,确属错误,依法应予纠正。依照《中华人民共和国民事诉讼法》第 184 条第 1 款、第 186 条,《最高人民法院关于适用〈民事诉讼法〉若干问题的意见》第 201 条、《中华人民共和国民法通则》第 106 条的规定,判决:(1) 维持(2002)顺法经初字第 3339 号民事判决的第一项,即原审被告杰红公司、钟××、刘××应在判决发生法律效力后 10 日内,向原审原告恒乐公司支付工程款 260 万元及利息 40 万元;(2) 撤销(2002)顺法经一初字第 3339 号民事判决的第二项,即原审原告恒乐公司对原审被告杰红公司欠其工程款可就佛山市顺德区乐从镇第二工业区 11 号地杰红公司车间(一)建筑物折价或拍卖的价款优先受偿。(3) 现改判内容:驳回原审原告恒乐公司的其他诉讼请求。本案受理费 25010 元,财产保全费 15520 元,两项合共 40530 元,由原审被告杰红公司、钟××、刘××负担。

广东省佛山市顺德区恒乐建筑工程有限公司上诉称:(1)原审认定事实不清。主要表现在对讼争之 11 号地上建筑物真正的完工时间认定不清,本案讼争之 11 号地车间(一)工程确实是于 2001 年 1 月停工。原审一方面承认了上诉人在 1999 年 1 月停工后又对建筑物首、二层大部分天花及梁柱进行了批荡,但另一方面又认定双方的履行期到 1999 年 1 月止,这是自相矛盾。其次,原审未对杰红公司与何××、黄××之间非法转让土地及地上建筑物行为进行认定,其实,他们之间的转让行为既构成了转移财产逃避债务,又损害原有债权人(原告)的合法权益。(2)原审适用法律错误。本案可适用《中华人民共和国合同法》调整。即本案应依《合同法》有关"优先权"的规定作出判决认定上诉人有"优先权"。但原审却简单笼统地以法不溯及既往的原则,否定了《合同法》在本案的适用。上诉请求:(1)撤销(2003)顺法审监民二再字第 3 号民事判决第二、三项判决;(2)维持(2003)顺法经初字第 3339 号民事判决;(3)确认上诉人对本案讼争之乐从镇第二工业区 11 号地杰红公司车间(一)建筑物折价或拍卖的价款有优先受偿权;(4)本案一、二审诉讼费由被上诉人承担。

被上诉人杰红公司、钟××、刘××答辩称:对原审判决没有意见。

原审第三人何××、黄××答辩称:我方认为原审法院认定事实清楚,适用法律正确。判决合理。(1)上诉人是 1999 年 1 月停工,对于停工时间,在所涉及的单位验收报告上等都有一系列的证据证明,我方认为原审对此时间的认定是正确的。(2)讼争的建筑施工合同是无效的,本案是邓××以上诉人的名义与杰红公司签订的,按照有关规定合同是无效的。(3)建筑物的所有权已经转移给原审第三人,这有土地证和国土局的说明和佛山市中级人民法院的判决来说明,上诉人不享有《中华人民共和国合同法》第 286 条规定的优先权,因此上诉人的上诉理由是不成立的。综上,请求二审法院维持原判。

佛山市中级人民法院经审查,对原审判决查明的事实予以确认。另查明:二审期间,上诉人名称由顺德市恒乐建筑工程有限公司变更为佛山市顺德区恒乐建筑工程有限公司。

佛山市中级人民法院认为:本案争议焦点问题是上诉人的建设工程施工期是否跨越 1999 年 10 月 1 日而引起的不同法律适用问题。从被上诉人提供的证据分析,上诉人与被上诉人已于1999年1月对因不能支付工程款而停工的讼争工程交由质监部门进行了验收,虽然被上诉人直至2000年5月才确认讼争工程的工程款,但讼争工程自1999年1月停工及验收后,被上诉人并无另行委托上诉人继续进行施工或支付另行施工的工程款,上诉人认为讼争的建筑工程于2000年1月停工没有合理依据,也未能提供充足的证据证实,因此上诉人该观点依据不足,本院不予采纳。由于该建筑工程施工期间没有跨越1999年10月1日,不能适用《中华人民共和国合同法》第286条有关建设工程优先权的规定,上诉人认为本案应适用《中华人民共和国合同法》没有法律依据,本院不予支持。至于上诉人上诉提出的被上诉人杰红公司与原审第三人何××、黄××之间转让土地使用权和地上建筑物所有权的行为是否合法,已有生效判决予以确认,不予另行审查。上诉人上诉请求依据不足,应予驳回。原审判决认定事实清楚,处理正确,应予维持。依照《中华人民共和国民事诉讼法》第153条第1款第1项的规定,判决如下:

驳回上诉,维持原判。

本案二审案件受理费25010元,由上诉人佛山市顺德区恒乐建筑工程有限公司承担。

【评析】

本案系建筑工程合同纠纷,争议的焦点是上诉人佛山市顺德区恒乐建筑工程有限公司是否享有建设工程优先权。在我国,建设工程优先权始创于1999年《合同法》,之前的《民法通则》《经济合同法》对该权利均无规定。因此,建筑工程合同的承包人是否享有建设工程优先权,前提条件之一是该建设工程合同纠纷是否适用《合同法》。

关于《合同法》的适用范围,《最高人民法院关于适用〈中华人民共和国合同法〉若干问题的解释(一)》第1条规定"合同法实施以后成立的合同发生纠纷起诉到人民法院的,适用合同法的规定;合同法实施以前成立的合同发生纠纷起诉到人民法院的,除本解释另有规定的以外,适用当时的法律规定,当时没有法律规定的,可以适用合同法的有关规定"。该司法解释第2条又规定,"合同成立于合同法实施之前,但合同约定的履行期限跨越合同法实施之日或者履行期限在合同法实施之后,因履行合同发生的纠纷,适用合同法第四章的有关规定"。《合同法》于1999年10月1日实施,本案的建筑工程合同纠纷成立于1998年5月10日,所涉工程自1999年1月停工及验收,也即该合同在合同法实施之前成立且履行完毕。那么承包人能否根据上述《司法解释》第1条之规定"当时法律没有规定的,可以适用合同法的规定"而享有第286条赋予的优先受偿权呢?依司法实践的通说,在《合同法》实施之前已有大量的法律、法规、规章调整建筑工程承发包合同,按照这些规定,建筑工程承包人的债权属于普通债权,因此,本案的建筑工程合同承包人不能依据《合同法》第286条享有建设工程优先权。

【案例2】 广州市住宅建设发展有限公司诉广州天汇房地产发展有限公司建设工程施工合同纠纷案。①

原告:广州市住宅建设发展有限公司。

法定代表人:崔××,职务:董事长。

委托代理人:黄××,广东广开律师事务所律师。

委托代理人:陈××,广东广开律师事务所律师。

被告:广州天汇房地产发展有限公司。

法定代表人:崔××,职务:董事长。

原告广州市住宅建设发展有限公司诉被告广州天汇房地产发展有限公司建设工程施工合同纠纷一案,本院受理后,依法组成合议庭,公开开庭进行了审理。原告广州市住宅建设发展有限公司的委托代理人律师黄××到庭参加诉讼。被告广州天汇房地产发展有限公司经本院合法传唤无正当理由拒不到庭。本案现已审理终结。

原告广州市住宅建设发展有限公司诉称,1994年11月15日,原、被告双方签订了《广州市建筑安装工程承发包专用合同》,合同约定:原告承建被告开发的天汇大厦的全部土建工程,市内外水电、专业设备安装工程及红线范围内的道路、建筑小品等工程。该工程于1997年12月18日通过竣工验收,原告在1998年后陆续送交被告结算报告,但被告以工程结算存有分歧为由长期拖延不予整体结算。2002年11月25日,原告向被告发出《关于限期确认工程价款的函》,要求被告确认工程结算款并主张原告对所欠的工程款依据《合同法》第286条的规定享有优先受偿权。但除了水电安装工程、

---

① 广东省广州市中级人民法院民事判决书(2004)穗中法民四初字第138号。

多层水电安装工程、土石方工程、打凿旧基础等附属工程外,其他工程结算款被告仍不予确认。2003年1月被告支付了200万后也未再支付欠款。经原告核算天汇大厦工程结算款为103553821.50元,被告已支付了84400869.16元,尚有19152952.34元未支付,故请求:(1)判令被告向原告支付所欠工程结算款人民币19152952.34元;(2)判令原告对被告天汇大厦未出售房产拍卖或折价所得价款享有优先受偿权;(3)判令被告支付逾期支付工程结算款的违约金(从2004年9月14日至付清为止,按银行逾期贷款利率标准计算,暂计一个月为120663元);(4)本案的诉讼费由被告承担。

原告广州市住宅建设发展有限公司提交了以下主要证据:

(1)《广州市建筑安装工程承发包专用合同》,用以证明原、被告之间关于天汇大厦工程项目的承发包关系。

(2)《施工许可证》《施工企业资质等级证书》《建设工程规划许可证》,用以证明原告具有合法的施工资质,天汇大厦工程施工合法。

(3)《单位工程开工报告》,用以证明天汇大厦工程的开工时间。

(4)《单位工程竣工验收证明》,用以证明天汇大厦于1997年12月18日经竣工验收,原告交付给被告使用。

(5)《关于限期确认工程价款的函》及国内特快专递邮件详情单,用以证明原告于2002年11月25日以特快专递邮件方式发函要求被告确认结算款、支付所欠工程款,并提出了工程款优先受偿权的主张。

(6)原告编制的《天汇大厦结算明细表》及相关工程结算书和被告签收单,用以证明原告将自行编制的工程结算书报送给被告,但被告未予确认。

被告广州天汇房地产发展有限公司没有答辩及提交证据。

本院经审理查明:被告广州天汇房地产发展有限公司(以下简称天汇公司)是由原告广州市住宅建设发展有限公司(以下简称住建公司)与香港国汇发展有限公司于1993年5月31日合作成立的中外合作企业(港资),经营范围:在江南大道中南坑地段开发、建设、销售、出租及管理自建的商住楼宇即天汇大厦;经营期限:自1993年5月31日至2004年5月31日。1994年11月,广州市国土局核发南园新村13号大院《建设用地批准书》(穗国土建用字[1994]第737号)给被告天汇公司(住建公司、国汇公司),核准建设项目:商住楼。广州市城市规划局也于1995年1月25日核发了上址《建设工程规划许可证》(穗城规南片建字[1994]第126号),核准建设规模:二十八层(部分九层)。1997年7月23日,广州市人民政府还核发了《国有土地使用证》(穗府国用[1997]字第特013号)给被告天汇公司。原告住建公司具有房屋建筑工程施工总承包一级资质。

1994年11月15日,天汇公司(甲方)与广州市住宅建设发展有限公司(乙方)签订了《广州市建筑安装工程承发包专用合同》,约定:根据1992年11月17日双方签订的合作开发协议,甲方委托乙方承建天汇大厦的全部土建工程、室内外水电、专业设备安装工程及红线范围内的道路、建筑小品等工程。承包方式:(1)乙方包工、包料、包工期、包质量、包安全的形式承包本工程;(2)按甲方提供的施工图纸、补充技术资料、会审记录和经甲方审定的施工方案,根据广州地区《一九九一年建筑工程预算价格表》、广州地区《一九八八年安装工程常用项目预算基价》及市建委穗建定(95)11号文通知和有关文件编制预算,乙方收费标准为建安—(甲)级,预算包干费为2%;(3)工程竣工后,根据市建委各时期有关文件进行材料价差及计费调整,并按设计修改、现场签证等增减变更进行工程结算。工程造价及造价计算标准:暂定为人民币11502.20万(暂定土建±0.00以下2500元/平方米、±0.00以上1500元/平方米、室内水电安装320元/平方米),待预算审定后再进行调整。甲方派许××、郑××、谭××为驻工地代表,对工程进度、工程质量进行监督,验收隐蔽工程,办理中间交工工程验收签证手续,负责签证、解决应由甲方解决的问题以及其他事宜。工程所需材料、设备全部由乙方负责,其价格按市建委各时期有关文件规定结算,市建委无规定价格的,按实际价格经甲方审定后结算。工程款支付:甲方分两次付款人民币共1000万元给乙方作工程启动金。进度款按乙方每月完成进度及工程量经甲方审核后支付。工程进度款按进度付至预算造价(含1000万元启动金在内)的95%止,留下尾数待审定结算后付3%,全部竣工资料交付档案馆验收后再付1%,余款1%留作保修金。工程结算:乙方应在全部工程竣工验收合格后60天内提出竣工结算,送甲方和经办银行审核,甲方应在接到结算之日起30天内提出意见,逾期视作同意,结算尾数。双方对竣工结算确认后15天内,应进行退补结算。工程交工验收:工程交工验收应以施工图及说明书、图纸会审记录、有关变更的书面文件、国家颁发的施工验收规范和质量检验标准为依据。工程竣工前10天由乙方通知甲方组织有关单位进行验收,并提交合符主管部门要求的竣工资料,验收工作在工程竣工后7天内进行,并应按期验收完毕。工程质量及工程内容符合要求的,验收各方在《竣工工程验收证明书》上签章,同时乙方将全部符合要求的技术档案资料向甲方移交。工程竣工后,按市有关规定编制竣工资料和绘制竣工图,经甲方审查后交市质监、档案部门验收和甲方存档。违约责任:一方逾期结清或退回工程尾款者,从逾期当天次日起,按应结清或退回数额,比照银行有关延期付款的规定,向对方偿付逾期违约金。其他事项:本工程的高低压变配电源、污水处理、电讯、电视、煤气、电梯、环保、防盗监控、消防监控、防火防爆门、与市网相接的水电管线和道路等工程,为便于协调配合,由乙方分包给市专业主管部门指定、推荐和甲方同意的单位施工,甲方代表参与发包委托,施工安装协议或合同的谈判和签约。双方还约定了奖励等内容。合同签订后,原告住建公司于1995年1月1日开工,并于同年2月9日取得《施工许可证》。广州地区建设工程质量安全监督站于1997年12月18日出具的《单位工程竣工验收证明书》记载原告已于1997年12月18日按合同、施工图纸及设计变更通知全部完成天汇大厦承建项目,工程质量经承建单位、设计单位及建设单位评定为优良,质监站同意验收。随后广州市城市规划局于1999年6月21日核发了上述工程的《建设工程规划验收合格证》(穗规验证字[1999]第410号),现被告天汇公司已实际使用天汇大厦,并已取得该大厦的《广州市房地产权属证明书》。原告住建公司完成天汇大厦工程建设后,陆续送交被告工程结算报告,被告签收后除已确认水电安装工程造价13585615.59元、多层水电安装工程造价729172.64元、土石方工程、打凿旧基础等附属工程造价5828000元外,对其他工程结算造价一直未予确认。另原告住建公司本案承认至2003年1月止已收被告天汇大厦款项合计84400869.16元,其中工程款83989990.23元,返还天汇大厦商住楼业主电费代垫款410878.93元。2002年11月27日,原告住建公司以EMS特快专递向被告天汇公司邮寄《关于限期确认工程价款的函》,其中称:根据我国《合同法》第286条规定,我方正式函告贵单位,请于2002年11月30日之前确认工程价款,逾期我方将通过司法途径确认价款;请在价款确认后10天内酌情偿还部分工程欠款,如贵单位无力清偿,我方同意以竣工工程偿还工程款,具体办法贵方可与我方协商确定。由于被告天汇公司至今未全部结算原告住建公司已完成的工程造价,双方为此发生纠纷,并诉至本院。

在本案审理期间,原告住建公司向本院申请鉴定被告尚未确认的天汇大厦以下已完工程造价:(1)天汇大厦±0.00以上的结构工程;(2)与天汇大厦相邻的穗南大厦的旧围墙拆除工程;(3)1998年7月结修—1(2KL4-2)砼梁修复工程;(4)天汇大厦砖石、脚手架等工程;(5)天汇大厦门窗、楼地面、装饰工程;(6)天汇大厦附设工程配合管理费;以及原告代天汇大厦商住楼业主交水电费的代垫款。后鉴定单位表示原告申请鉴定的水电费代垫款因属审计范畴无法进行鉴定,原告遂撤回该项申请鉴定内容。

本院根据原告住建公司的申请,经摇珠委托广州市粤国房地产评估有限公司对上述原告已完成的被告尚未确认的天汇大厦工程造价进行了鉴定。广州市粤国房地产评估有限公司于2004年6月25日出具《广州市天汇大厦工程造价咨询报告书(初稿)》,原告住建公司就该报告的初稿提出以下意见:(1)位于天汇大厦与穗南大厦之间围墙重建是事实,并且现场仍存在实物,要求按实物工程量补计。(2)按承包合同条款规定,天汇大厦附设工程应由我司分包给各专业单位施工,因此,在承包合同中没有约定我司应收取的管理费率。但在实际施工过程中,天汇公司未经我司同意就直接发包出去,故此我司应向天汇公司计收管理费,按行业常规管理费的费率是3%—5%,现我司要求按天汇公司提供附设工程的总造价(或按各单项当时的市场概算总价)的3%计收,以弥补我司对该项目发生的管理和配合费用的支出。(3)按合同规定铝合金门窗、幕墙是住建公司承包,不存在共同分包,我司与分包方(金圣安装公司)签订分包的制定单价中所含的综合费只是该产品厂家的综合费用,而承包方的综合费用是按定额规定的入直接费才可以计收,我司认为正确的计算方法应是:按定额有关规定,套用定额制按单价入直接费,将定额制定单价与分包合同单价对比的差额入独立费。如双方仍有争议,我司建议由广州市粤国房地产评估有限公司专题报告给广州市定额站,计法以定额站批复为准,而报告书只计8%管理费不合理。(4)按合同规定硬木门、防火门是我司承包,应按定额计算,签证单价差作价差计算,防水项目应套算定额相应防水子目后,将定额单价与签证单价对比的差额入独立费,而报告书不按合同条款约定的定额计算,另计8%管理费不合理。(5)地下室伐板砼保温、测温措施及搭设保温棚属质量技术措施必然要做,有施工方案,并得到双方同意,见(1995年3月23日会议纪要),当时对工程量虽未再签证,但可根据施工方案及施工图纸计算,单价按定额。后广州市粤国房地产评估有限公司针对原告提出的意见作出书面答复,并于2006年3月3日出具正式的《广州市天汇大厦工程造价咨询报告书》,鉴定结论:由原告住建公司承建的天汇大厦土建工程(不含安装工程)造价为75102855.23元;其中说明:本工程造价咨询工程量计算以当事人提供经法院质证后的施工图纸、设计变更、会审记录、现场签证单及其他有关的经济函件为依据,套用《广州地区一九九一年建筑工程预算价格表》及补充项目、《广州地区一九九五年建筑工程预拌混凝土主要项目补充换算价格表》,取费按施工期各年度的标准建安一级(甲),预算包干费按2%计算,材料价差及计费按广州市建委各时期有关文件进行调整;对于建设单位已经确定价格的部分(指定分包项目),其中铝合金门窗及幕墙项目按分部工程造价8%计取另计算总包费用,其他项目按5%计算总包费用。上述鉴定报告经开庭质证,原告坚持认为鉴定单位漏计该司上述书面意见所列项目合计130万元,但没有提交新的证据,对鉴定报告其他内容没有异议。广州市粤国房地产评估有限公司认为原告所提异议均不成立,理由如下:(1)我司到现场看过,天汇大厦和穗南大厦之间确实有围墙,但原告没有任何证据证明该围墙是其司施工的。原告提供的一份签证单只证明围墙拆除事实,既没有重建的图纸和方案,也没有被告认可的证据。(2)天汇大厦附设的高低压更变配电源、污水处理等工程,合同虽约定由原告总包,但这些专业工程的施工并不是原告完成的,且合同也没有约定原告应就专业工程的分包收取任何的费用,故我司认为原告是放弃这部分专业工程的分包管理费。(3)关于铝合金门窗、幕墙是原告分包给第三方的,该分包的价格原告已定价,为综合单价(已包含管理费、利润、税金),我司在计价根据1991年和1999年定额的文件的相关规定,按8%计算综合费用是有依据的。(4)由于硬木门、防火门虽是原告的承包范围,但硬木门、防火门是由第三方完成的,而被告已批准了分包单价,被告提出价格已计入工程总造价,故我司额外计付原告5%的管理费也是根据1991年定额文件的相关规定。(5)地下室底板混凝土保温、测温措施及搭设保温棚的质量技术措施本来就是原告的责任,虽有施工方案,但没有原告主张费用的证据,原告经签证增加的工程量我司已计算了。最后,原告提出的代被告交纳天汇大厦商住楼电费一项不属工程造价的一部分,不能计入工程造价中。

另查明，原广州市住宅建设公司于 1994 年 2 月 16 日经工商行政部门批准名称变更为广州市住宅建设发展公司，后于 1998 年 8 月 7 日经批准改制为本案原告广州市住宅建设发展有限公司。在本案审理期间，原告住建公司和住建公司一分公司共同向本院作出了《关于住建公司与住建公司一分公司关系的情况说明》，称：住建公司一分公司是住建公司设立的分支机构。住建公司基于工作安排，指派一分公司具体管理及实施天汇大厦的建设及施工，一分公司本身不直接与天汇公司发生权利义务关系，有关住建公司与天汇公司之间合同关系中的全部权利义务均由住建公司享有及承担，同时，住建公司与天汇公司之间所产生的一切合同纠纷及诉讼均由住建公司处理。

本院认为，被告天汇公司是在广州市江南大道中南坑地段天汇大厦的合法用地单位，原告住建公司具有相应的施工承包资质，原告住建公司与被告天汇公司就天汇大厦的全部土建、安装等工程建设自愿签订的《广州市建筑安装工程承发包专用合同》，意思表示真实，内容没有违反法律法规的强制性规定，为有效合同。合同签订后，原告住建公司已依约全部完成天汇大厦工程承包项目，已完工程并于 1997 年 12 月 18 日通过建设单位、设计单位及质监部门的验收，现被告天汇公司实际使用天汇大厦，且已取得《广州市房地产权属证明书》。但被告天汇公司在签收原告住建公司送交的工程造价结算报告后除已确认水电安装工程造价 13585615.59 元、多层水电安装工程造价 729172.64 元、土石方工程、打凿旧基础等附属工程造价 5828000 元外，对其他工程结算造价一直未予确认，已构成违约，应承担相应的法律责任。在本案审理期间，经原告申请，本院委托广州市粤国房地产评估有限公司对原告已完成的被告尚未确认的天汇大厦 ±0.00 以上结构等工程造价进行了鉴定，鉴定的工程造价为 75102855.23 元。综合被告天汇公司已确认的工程造价和鉴定的工程造价，本院确定原告住建公司已完成的天汇大厦工程项目总造价为 95245643.46 元。鉴于被告天汇公司经本院合法传唤没有到庭应诉，原告住建公司本案承认至 2003 年 1 月止已收被告天汇大厦工程款合计 83989990.23 元并提交了相关付款凭证，故本院依法予以认定。综上，被告天汇公司应付工程款扣减已付款项，尚欠原告住建公司工程款合计 11255653.23 元。被告天汇公司应将拖欠的该工程结算款支付给原告。又由于被告天汇公司未依约及时办理工程结算手续，故原告住建公司诉请被告按银行逾期贷款利率标准计付从起诉之日,即2004年9月14日起至付清时止的逾期支付工程结算款的违约金,符合双方合同约定,本院予以支持。关于原告住建公司对鉴定报告所提的异议。经审查,在原告对广州市粤国房地产评估有限公司出具的天汇大厦工程造价咨询报告书初稿提出意见后,鉴定单位已对该意见进行了核实和答复,在此基础上出具正式的工程造价鉴定报告,该鉴定报告符合双方合同约定和有关计价取费文件的规定,本院予以采纳,可作为本案定案依据。原告住建公司虽坚持原意见,但未能提交新的证据予以充分证明,故原告住建公司对鉴定报告所提异议均不成立,本院不予采纳。至于原告住建公司认为在工程竣工后该司最后撤场前,为被告天汇公司代垫部分已经收楼的业主装修或入住使用施工用电的水电费,鉴定单位已明确不属于工程造价的一部分,不应计入工程造价。原告住建公司也已撤回该鉴定申请。故原告要求被告一并返还上述代交的水电费,属另一法律关系,本案不予调处,原告住建公司可另循途径解决。

关于原告住建公司对被告所涉工程天汇大厦请求行使优先受偿权问题。依据《中华人民共和国合同法》第286条、第428条,《最高人民法院关于适用中华人民共和国合同法若干问题的解释(一)》第1条的规定,建设工程优先权是《中华人民共和国合同法》第286条创设的物权,根据物权法定原则,工程价款优先受偿权这种法定物权是1999年10月1日《中华人民共和国合同法》生效后才有,而原、被告签订建设工程承发包合同成立于合同法实施前,且涉案工程也早在1999年10月1日之前,已于1997年12月18日竣工。综上,因原告住建公司施工和工程竣工均在合同法实施前,对被告所涉工程天汇大厦依法不享有优先受偿权,故对原告主张工程优先受偿权的诉讼请求,本院不予支持。综上所述,依照《中华人民共和国合同法》第286条、第428条,《中华人民共和国民法通则》第106条,参照《最高人民法院关于适用〈中华人民共和国合同法〉若干问题的解释(一)》第1条之规定,判决如下:

(1)被告广州天汇房地产发展有限公司应于本判决生效之日起1个月内,将尚欠原告广州市住宅建设发展有限公司的工程结算款11255653.23元及逾期付款违约金(以未付的工程结算款11255653.23元,按中国人民银行同期逾期贷款利率标准计付从2004年9月14日起至实际付清时止)支

付给原告;

(2) 驳回原告广州市住宅建设发展有限公司的其他诉讼请求。

本案受理费106378元(原告已预付),由原告住建公司负担39381元,被告天汇公司负担66997元;诉讼保全费27820元(原告已预付),由被告天汇公司负担;鉴定费30万元(原告已预付),由原、被告各负担一半。原告多付的244817元,本院不予退还,由被告天汇公司在本判决生效之日直接迳付给原告。

如不服本判决,可在判决书送达之日起15日内,向本院递交上诉状,并按对方当事人的人数提出副本,上诉于广东省高级人民法院。当事人上诉的,应在递交上诉状次日起7日内按本案判决确定的一审案件受理费同等金额向广东省高级人民法院预交上诉案件受理费。逾期不交的,按自动撤回上诉处理。

【评析】

建设工程优先权乃是《中华人民共和国合同法》第286条新创的对承包人工程价款债权实施特殊保护的担保物权。根据该项权利,承包人对工程价款可就其所承建建设工程折价或拍卖的价款主张优先受偿。本案争议的焦点之一是实施之前已经竣工或停工的建设工程合同是否可以适用《中华人民共和国合同法》第286条规定。司法实践中的通说是坚持法不溯及既往原则,《中华人民共和国合同法》实施之前已经竣工或停工的建设工程合同适用旧法规定,承包人不能享有第286条规定的建设工程优先权。本案中,原告广州市住宅建设发展有限公司与被告广州天汇房地产发展有限公司签订建设工程承发包合同的成立时间与竣工时间均在合同法实施前,故不能适用第286条之规定,原告就所涉工程天汇大厦主张优先权的诉讼请求无法得到法院的支持。

【案例3】 李××与广东省三水市芦苞水泥厂等建设工程施工合同纠纷执行复议案。[①]

复议申请人(申请执行人)李××。

委托代理人谢××、谢××,广东禅正律师事务所律师。

---

① 广东省佛山市中级人民法院执行裁定书(2008)佛中法执复议字第12号。

被执行人广东省三水市芦苞水泥厂。

法定代表人陈××,厂长。

被执行人三水市芦苞镇经济发展总公司。

法定代表人张××,总经理。

以上被执行人的委托代理人郑××,佛山市三水区芦苞镇人民政府工作人员。

关于广东省佛山市三水区人民法院(下称原执行法院)执行李××与广东省三水市芦苞水泥厂(下称芦苞水泥厂)、三水市芦苞镇经济发展总公司(下称芦苞经济发展公司)建设工程施工合同纠纷一案,李××认为该院作出的(2001)三法执壹字第714、715号民事裁定错误,向本院提出复议,请求本院予以纠正。本院受理后,依法组成合议庭公开进行了听证。复议申请人李××及其委托代理人谢××,被执行人芦苞水泥厂、芦苞经济发展公司的委托代理人郑××到庭参加了听证。本案现已审查终结。

原执行法院审查查明:原执行法院于2001年7月2日作出的(2001)三法经壹初字第166、167号民事判决判令被执行人芦苞水泥厂、芦苞经济发展公司连带偿还欠李××的工程款2474121.86元、利息3816054.57元、诉讼费用51471元,但判决中并没有确认上述款项的优先受偿权,也没有明确是因建造哪些建设项目而产生上述工程款。另外,上述两案的诉讼卷宗中也没有关于李××承建哪些具体工程的资料。经原执行法院向佛山市三水区建设局、佛山市规划局三水分局、三水区芦苞镇人民政府调查,上述单位均称没有芦苞水泥厂的报建资料。原执行法院根据三水区建设局的建议,向佛山市三水区芦苞建筑工程有限公司(下称芦苞建筑公司)调查,该司出具《说明》,认为其(原广东省三水市芦苞建筑工程队)原是芦苞镇镇属公有企业,原三水市芦苞镇的水泥厂的厂房工程都是由包工头挂靠其公司承建。其中,三水市特种水泥厂、芦苞水泥厂的厂房主要由莫××、林××、刘××、李××及其他几个小包工头承建,但并没有明显地固定区分哪一间厂由哪一个包工头承建。芦苞建筑公司并提供了七份施工合同,其中四份是芦苞建筑队与李××之间的工程承包合同,三份是芦苞水泥厂与李××之间的施工合同。

原执行法院经审理认为:原执行法院判决并没有直接确认所欠李××的工程款是因建造芦苞水泥厂哪些工程项目而产生,而承建芦苞水泥厂工程的不止一个工程建造商,李××仅提供佛山市三水区芦苞工业总公司出具的证明,不足以证明芦苞水泥厂的哪些建筑物系由其承建。经调查,各相关行政部门均没有芦苞水泥厂的报建资料。芦苞建筑公司作为企业,其出具的《说明》的证明力有限,该《说明》虽然认为李××确实承建了芦苞水泥厂的部分工程,但是不能明确所建工程的范围,且其提供的合同既有芦苞建筑队与李××之间的工程承包合同,也有芦苞水泥厂与李××之间的施工合同,与其《说明》中关于原三水市芦苞镇的水泥厂的厂房工程都是由包工头挂靠其公司承建的陈述不符。综合上述材料,法院认为不能明确芦苞水泥厂的哪些工程款是李××所建,也就更不可能算出所建工程欠款多少,李××主张工程款优先受偿权缺乏事实依据。还有,工程款的优先受偿权还涉及合同的效力问题,不适宜在执行程序中解决。综上所述,法院对李××的异议应予驳回。依照《民事诉讼法》第140条第1款第11项和第202条之规定,裁定:驳回李××提出的异议。

　　复议申请人李××不服上述裁定,向本院提出复议:(1)复议申请人对芦苞水泥厂的建设工程款2474121.86元依法成立,应得到执行。在1994年间,复议申请人挂靠芦苞建筑公司承建芦苞水泥厂被拖欠上述工程款(未含利息)的事实已经原执行法院(2001)三法经壹初字第166、167号民事判决确定为合法有效,不存在裁定认为合同效力的问题,故应得到全部执行。(2)复议申请人承建芦苞水泥厂建筑物事实清楚,范围明确,证据充分。其一,复议申请人于1994年间完成的建筑工程已被上述两份判决确认,债权性质为建筑工程款。其二,在长达7年的执行过程中,没有人对建筑工程款的性质及承建范围提出异议,也没有证据否认建筑工程范围。其三,芦苞水泥厂的主管部门芦苞工业公司出具的证明证实复议申请人挂靠芦苞建筑公司参与承建芦苞水泥厂的土建工程共36项。其四,原执行法院向芦苞建筑公司所作的调查证实复议申请人于1994年间完成的36项建筑物是挂靠该司期间所承建的。因此,裁定认为复议申请人主张工程款优先受偿权缺乏事实依据的认定明显错误。(3)复议申请人主张建筑工程款债权优先受偿的事实清楚,证据充分,法律依据充足,应得到支持。复议申请人对芦苞水泥厂的债权性质为建筑工程款,根据《合同法》第286条、最高人民法院《批复》第1条和第3条、最高人民法院(2004)执监字第62—1号批复以及(2007)执他字第11号函的相关规定,应优先受偿。综上,裁定认为复议申请人申请优先受偿缺乏事实依据错误,请求上级法院予以撤销,确认复议申请人对上述两份判决确认的合法建筑工程债权共2474121.86元对芦苞水泥厂被拍卖房产享有优先受偿权。

被执行人芦苞水泥厂、芦苞经济发展公司答辩:对原执行法院作出的裁定没有异议。

本院经审查查明:复议申请人诉芦苞水泥厂、芦苞经济发展公司建设工程施工合同纠纷一案,原执行法院于2001年7月2日作出(2001)三法经壹初字第166、167号民事判决认定:双方约定芦苞水泥厂的生料磨房、粘土煤库等工程发包给复议申请人承建的行为合法有效,应受法律保护。复议申请人按要求完成相应的工程任务,并经芦苞水泥厂验收合格后投入使用至今。芦苞水泥厂欠复议申请人工程款及利息的事实清楚,证据充分,判令芦苞水泥厂、芦苞经济发展公司连带清偿复议申请人工程款本金1174121.86元、利息1616054.57元、诉讼费用23961元以及本金130万元、利息220万元、诉讼费用27510元。因芦苞水泥厂、芦苞经济发展公司未履行上述生效判决确定的义务,复议申请人向原执行法院申请强制执行。在执行过程中,原执行法院整体拍卖芦苞水泥厂的财产,复议申请人主张对工程款享有优先受偿权,并申请优先分配。原执行法院作出(2001)三法执壹字第714、715号答复函,认为上述两份判决没有确认对工程款享有优先受偿权,对复议申请人的申请不予采纳。复议申请人认为答复不当,提出书面异议。在原执行法院听证过程中,被执行人芦苞水泥厂、芦苞经济发展公司及其他债权人均不认可李××的优先受偿权申请。

另查明:对芦苞水泥厂享有债权的有中国农业银行佛山三水支行等抵押权人及南海市樱花电缆厂等普通债权人。

本院经审查认为:原执行法院作出的已发生法律效力的(2001)三法经壹初字第166、167号民事判决判令被执行人芦苞水泥厂欠复议申请人工程款1174121.86元和1300000元,虽未直接确认复议申请人对该建筑工程款享有优先受偿权,但根据最高人民法院(2004)执监字第62—1号批复,本案建设工程发生于合同法实施之前,当时法律没有规定工程款优先受偿制度,依据《最高人民法院关于适用〈中华人民共和国合同法〉若干问题的解释(一)》第1条的规定,可以适用合同法的有关规定。又根据最高人民法院(2007)执他字第11号批复,建设工程款优先受偿权是一种法定优先权,无须当事人另外予以明示。据此,复议申请人对本案工程款享有优先受偿权。因本案工程款纠纷已进入执行程序,复议申请人请求确认对工程款享有优先受偿权,根据《批复》第1条的规定,可在执行程序中办理,无须另行提出确权之诉。

至于复议申请人承建芦苞水泥厂工程范围及建设工程效力的问题,原执行法院作出的上述两份民事判决认定复议申请人以包工包料的形式为芦苞水泥厂承建生料磨房、粘土煤库等工程,合法有效,受法律保护,芦苞水泥厂欠复议申请人工程款共2474121.86元,该判决已发生法律效力,根据《最高人民法院关于适用〈中华人民共和国民事诉讼法〉若干问题的意见》第75条第4项"已为人民法院发生法律效力的裁判所确定的事实,当事人无须举证"的规定,复议申请人对承建芦苞水泥厂的工程范围无须再举证。因此,复议申请人对承建芦苞水泥厂的建设工程款2474121.86元就该工程拍卖的价款优先受偿,该优先受偿权优于抵押权和其他债权。

综上,复议申请人提出的复议请求理由成立,本院予以支持。原执行法院驳回复议申请人对建设工程款享有优先受偿权不当,本院予以纠正。依照《民事诉讼法》第140条第1款第11项、第202条以及上述司法解释的规定,裁定如下:

(1)撤销广东省佛山市三水区人民法院(2001)三法执壹字第714、715号民事裁定;

(2)李××对承建广东省三水市芦苞水泥厂的建设工程款2474121.86元就该工程拍卖的价款优先受偿,该优先受偿权优于抵押权和其他债权。

本裁定为终局裁定。

【评析】

本案的争议焦点之一是本案建设工程在《中华人民共和国合同法》实施之前已经履行完毕,能否适用《中华人民共和国合同法》第286条之规定。关于这个问题,有否定说和肯定说两种观点,司法实践中的通说是否定说。否定说的理由是《合同法》之前的法律、部门规章等将建设工程合同规定为普通债权,为了不损害其他债权人的利益,根据法不溯及既往的原则,承包人不得依286条的规定享有优先权。肯定说的理由是承包人的优先权乃《中华人民共和国合同法》第286条首创,《中华人民共和国合同法》之前的法律虽然对建设工程合同有调整,但并未规定建设工程合同的优先权制度。

因此，根据《最高人民法院关于适用〈中华人民共和国合同法〉若干问题的解释(一)》第 1 条的规定，"当时没有法律规定的，可以适用合同法的有关规定"。也即，可以适用《中华人民共和国合同法》第 286 条。本案中，复议申请人李××与芦苞水泥厂、芦苞经济发展公司之间建设工程施工合同于 1994 年履行完毕，后因工程价款纠纷诉至法院并由法院于 2001 年做出两份生效判决，即(2001)三法经壹初字第 166、167 号民事判决。在执行程序中，对芦苞水泥厂享有债权的有中国农业银行佛山三水支行等抵押权人及南海市樱花电缆厂等普通债权人。本案执行法院采用肯定说，根据《中华人民共和国合同法》第 286 条优先保护复议申请人的工程价款债权，并确认该债权就该工程拍卖的价款优于抵押权和其他债权受偿。应该说，该裁定体现了生存权优于经营权的原则，对贯彻《中华人民共和国合同法》的立法意图和解决拖欠工程价款纠纷中弱势群体的利益保护问题均有着积极的意义。

第四章 建设工程优先权的权利属性

第一节 关于建设工程优先权属性的不同学说

关于建设工程优先权的权利属性即其性质问题，世界各国立法规定不一，主要有优先权、法定抵押权、法定留置权、保全抵押权等不同界定。就我国而言，学界通说认为《合同法》第286条规定的建设工程承包人享有的优先受偿权为法定担保物权，但是，该权利到底属于何种性质的担保物权，理论和实务界的争议却很大。大致说来，主要有以下三种观点：

一、不动产留置权说

该说认为，建设工程合同类似于承揽合同。根据我国《担保法》第84条的规定，承揽人对占有物享有留置权。不过，《担保法》将留置权的客体规定为动产，债权人不能对诸如房屋等不动产行使留置权。这显然不利于保护债权人的利益，尤其不利于保护建设工程施工合同中承包人的利益，因此，我国《合同法》扩大了留置标的物的范围，承包人作为建设工程合同的债权人，对不动产可以行使留置权。[①] 其依据主要包括：一是建设工程施工合同在性质上属于承揽合同，应适用承揽合同的相关规则。因此，建设工程施工合同中的承包人对其承建的工程也享有留置权。虽然《担保法》第82条规定留置权的客体限于动产，但我国《担保法》第84条第2款也规定了"法律规定可以留置的其他合同，适用前款规定"，故而《合同法》第286条正是新

---

① 参见江平主编：《中华人民共和国合同法精解》，中国政法大学出版社1999年版，第223页。

增加的关于承包人行使不动产留置权的规定。二是根据我国《合同法》第279条的规定,发包人在建设工程竣工后,应当根据施工图纸及说明书、国家颁发的施工验收规范和质量检验标准及时进行验收。验收合格的,发包人应当按照约定支付价款,并接收该建设工程。发包人若未按约定支付价款,则无权要求接收建设工程。承包人有权拒绝移交工程并行使留置权。而承包人根据《合同法》第286条规定行使优先受偿权时,也是未向发包人移交工程而实际占有工程。可以看出,承包人行使优先受偿权的法律后果与承包人直接要求行使留置权的法律后果实际上是一致的。

该学说为我国学者所独创,且有相应的法律法规作为直接依据。国家工商行政管理局、建设部于1991年联合制定的《建设工程施工合同条例》第28条规定:"由于甲方(发包人)违反有关规定和约定,经办银行不能支付工程价款,乙方(承包人)可留置部分或全部工程,并予以妥善保护,由甲方承担保护费用。"也就是说,在建设工程中,承包人在未收到发包人的工程款时,对其所承建的工程享有控制权。例如,不向发包人交付竣工图纸(依相关规定,承包人按施工图纸施工后,必须制作交付留存档案的竣工图纸,而施工图纸不存档);不申报工程竣工验收;不交付建筑工程钥匙,甚至派人占据、占有建筑物;等等。承包人的这种控制行为实际上是对建筑物这一不动产行使特殊的留置权。

笔者认为,不动产留置权说的观点确实有一定的依据,其依据大致包括:第一,我国《合同法》第286条规定的承包人行使其优先受偿权的条件以"发包人迟延——承包人催告——发包人再迟延"为必要条件,与留置权的行使条件相当类似。第二,大陆法系一些国家如日本、德国的民法中并不乏不动产也可成为留置对象的立法例。第三,上述所提到的《建设工程施工合同条例》第28条的规定实际上成为了实践中承包人以发包人未付清工程款为由而拒绝交付已完工工程的主要依据。另外,从我国立法关于留置权与其他担保物权的受偿顺序来看,但留置权和其他担保物权发生竞合是,留置权具有优先性。因此,将承包人享有的优先受偿权规定为留置权对保障承包人的合法利益确有一定的积极意义。但经仔细分析却不难发现,该学说与传统的担保物权理论相违背,存在着理论缺陷。承包人的优先受偿权与留置权存在着明显的差异,主要表现在:

(1)客体不同。根据我国《担保法》和《物权法》的相关规定,留置权的客体仅限于动产。而建设工程承包人的优先受偿权的客体为建筑工程,即不动产。

(2) 成立和存续的条件不同。留置权是以占有留置物为成立和存续要件,一旦留置权人丧失对留置物的占有,留置权则消灭。而承包人的优先受偿权在建设工程竣工并交给发包人验收后,发包人未在合理期限内支付价款时才发生。无论承包人此时是否占有建设工程,对承包人的优先受偿权没有影响。

(3) 权利行使的方式和程序不同。留置权人可以与债务人协议以留置物折价,也可以依法拍卖、变卖留置物并从其价款中得到优先受偿。无论以何种方式进行,留置权人均可以自行实现留置权,无须第三方的介入。而在建设合同中,承包人在发包人不能支付价款的情况下,虽然也可以与发包人协商将工程折价或拍卖,但不能自行拍卖,只能申请人民法院拍卖。

另外,就我国的立法与实践状况而言,建设工程承包人优先受偿权的权利性质不宜认定为留置权。主要原因在于:

第一,传统的物权法理论认为留置权仅适用于动产,而建设工程的承包人享有的优先受偿权之标的物是不动产,与传统物权法上留置权的适用对象不符。[①] 而我国《担保法》和《物权法》等已经明确规定了留置权的客体为动产,若认定《合同法》286 条规定的优先受偿权为不动产留置权,则要全面修正关于留置权的传统理论。这不仅容易引起人们在理解上的困难,也容易造成法律适用中的麻烦,无疑成本太大,不足为取。

第二,留置权属于一种法定担保物权,只能根据法律的规定而直接产生。从我国立法来看,《担保法》第 82 条、第 84 条所规定的留置权的适用范围以保管合同、运输合同、加工承揽合同发生的债权为限,建筑工程合同作为独立的有名合同并不在此列。《物权法》虽然不再直接列举留置权的适用范围,但第 230 条将留置财产规定为动产。而 1991 年《建设工程施工合同条例》中的相关规定只是我国担保制度不完善的情况下的权宜做法,立法者并无设定不动产留置权之意,否则,1995 年《担保法》立法时就应该考虑把

---

① 虽然日本民法不否认不动产也可成为留置的对象,但在日本民法上,债权人对于留置物并无优先受偿权,留置权的效力并不包括优先受偿权能,因此,日本民法中的留置权甚至很难说算得上是一种担保物权。参见郎萍:《论建筑工程优先受偿权》,吉林大学 2010 年硕士毕业论文。

《建设工程施工合同条例》的相关内容纳入其中了。另外,"从功能上来分析,留置权是专门以保护债权人的私益为中心,而建筑工程优先受偿权已超出了单纯的私益保护范围,它还具有保护特定产业的成长或特定领域的交易安全的功能"。① 将建筑工程优先受偿权归于留置权范围,不足以体现法律基于社会公平正义和特殊政策、理由的考量。

第三,留置权以债权人对标的物的占有为成立要件和存续要件,因债权人丧失对标的物的占有而归于消灭。承包人结算工程价款,发包人不能支付的情况大多数是在承包人交付工程、发包人进行验收后才发生的。而从《合同法》第286条的规定来看,承包人在交付工程后,其虽已不占有标的物,但仍享有该优先受偿权。因此,当承包人的优先受偿权开始行使时,承包人实际已不占有标的物,如果把这种优先受偿权视为留置权,显然是没有根据的。

第四,允许承包人对承建工程行使留置权将会造成权利行使的混乱,导致许多负面的社会效应。实践中曾发生过这样的案例:承包人在发包人没有履约支付工程款的情况下,将已经完工的房屋强占下来,并迟迟不交付竣工资料。而该房屋早已大部分预售出去,广大购房户(其中包括部分三峡移民安置用房)在未能按期接房的情况下,群情激愤,到处上访,造成负面的社会影响。该案经过当地政府组织相关职能部门数次协调,都未能得到解决。后来,在律师介入下,采取以司法程序为主、行政手段为辅的策略,双管齐下,终于使承包人退出其强占的房屋,让老百姓顺利入住。而承包方与发包方之间的工程款纠纷,则进入司法程序来最后裁决。

综上,若将承包人的优先受偿权界定为留置权,不仅会导致因对留置权制度的重新设计而引起理论和立法上的混乱,还不利于保护承包人的利益。因此,此种学说在学界几乎遭到了一致的否定。

二、法定抵押权说

法定抵押权是指当事人依据法律的规定而直接取得的抵押权。抵押权通常由双方当事人订立抵押合同并经登记而取得的,但是在特殊情况下,法律为保障债权人的利益而设定了法定抵押权。可见,法定抵押权只适用于

---

① 郎萍:《论建筑工程优先受偿权》,吉林大学2010年硕士毕业论文。

例外情况。①

学界通说认为,法定抵押权在我国尚属空白。但也有的学者认为,法定抵押权在我国现行法律中已经得到了承认。② 我国《担保法》第36条规定:"以依法取得的国有土地上的房屋抵押的,该房屋占用范围内的国有土地使用权同时抵押。以出让方式取得的国有土地使用权抵押的,应当将抵押时该国有土地上的房屋同时抵押。"这种基于"地随房走"、"房随地走"而伴随成立的以国有土地使用权或国有土地上的房屋为客体的抵押权,完全是基于法律的直接规定而产生,无须当事人双方协商一致,因而属于法定抵押权。但该理解我国学术界目前在颇有争议。

法定抵押权说实际上源于德国、瑞士及我国台湾地区民法的规定。这些国家和地区的民法均认为,"建筑物的所有权归属于提供建筑基地者,据此规定,承包人在发包人不支付约定报酬时,对于建筑物享有所有权"。③ 持此种观点的学者因此认为,承包人的优先受偿权不但具有直接由法律规定的法定性,而且以不移转占有的不动产为标的物,又具有优先受偿性,完全符合法定抵押权的特征。故承包人的优先受偿权应属于法定抵押权。再者,从合同法的规定来看,承包人优先受偿权的成立不以转移标的物的占有为必要,这明显区别于质权、留置权等担保物权,却与抵押权一致。在工程建设实践中,除"交钥匙工程"外,通常是由承包人与发包人分别指派工地代表,共同负责对工地现场的管理,承包人并未排他地对工程实施占有和控制。而且,建设工程竣工验收并交付发包人后,承包人的优先受偿权也并不因此而消灭。④ 鉴于抵押权依产生根据的不同可以分为意定抵押权和法定抵押权,前者依当事人的约定产生,后者则依法律的直接规定而当然发生。持法定抵押权说论者即认为《合同法》第286条虽未有"法定抵押权"之名,但建设工程优先受偿权是依法律之直接规定而当然产生的抵押权,实际上即为法定抵押权。另外,从比较法的角度看,有关法定抵押权的立法例也不少,我国台湾地区以及瑞士和德国的民法中就有承揽人法定抵押权的明确规定。

---

① 参见王利明:《民商法研究》(第1辑),法律出版社2001年版,第442页。
② 徐武生:《担保法理论与实践》,中国工商出版社1999年版,第363页。
③ 陈小君:《合同法学》(第三版),中国政法大学出版社2007年版,第398页。
④ 程华:《建设工程价款优先受偿权法律适用问题》,载《中国律师》2009年第9期。

此说在我国以梁慧星教授为典型代表。参加了合同法起草的梁慧星教授曾专门发表文章介绍了《合同法》第286条的起草情况，认为其性质应该是法定抵押权。据介绍，1993年10月，包括梁慧星教授在内的八位民法学专家拟定的《合同法》立法草案，针对当时社会上严重存在的拖欠承包费问题，规定"为保护承包人的利益，可规定承包人对建设工程有法定抵押权"。据此，《合同法》第286条从设计、起草、讨论、修改、审议直至正式通过，始终是指法定抵押权。在历次专家讨论会上，未有任何人对此表示异议，也未有任何人提出过规定承包人优先权的建议。全国人大法工委提出的《合同法》试拟稿也规定了承包人对建设工程有法定抵押权，只是在最后的修改中，考虑到法律条文仅规定承包人享有法定抵押权，而该法定抵押权的内容、效力如何实现仍有待于修改《担保法》或出台司法解释，不如直接规定其内容、效力和实现方式，更有利于法律适用，才出现未直接表明该权利就是法定抵押权的情况。梁慧星教授特别强调，所谓在立法过程中曾发生激烈争论，形成三种不同观点，最后采纳了优先权主张的说法是完全不符合事实的臆测。[①]另外，王利明教授也指出："我国合同法所规定的法定抵押权实际上是指承揽人的法定抵押权，它主要是指因为在建筑工程竣工以后，发包人未按照约定支付价款，承揽人对建筑工程可享有法定抵押权，即其工程价款可以通过折价、拍卖等方式而获得的价款优先受偿。"[②]

相对于不动产留置权说，法定抵押权说相对较有说服力，支持者亦比不动产留置权说为众。不可否认，承包人的优先受偿权与法定抵押权存在较多的相似之处，例如，从权利的实现方式来看，都是以工程的变价或拍卖价款为其受偿方式；从权利受偿的后果看，均是优先受偿的权利。然而，若将建设工程优先权与法定抵押权等同起来，仍存在以下的不妥之处：

（1）二者存在明显的不同，表现在：其一，是否以登记为成立的要件不同。我国《担保法》包容了抵押登记生效主义和抵押登记对抗主义两大立法原则。《担保法》第41条规定："当事人以本法第四十二条规定的财产抵押的，应当办理抵押物登记，抵押合同自登记之日起生效。"同时，《担保法》第

[①] 梁慧星：《合同法第286条的权利性质及其适用》，载《人民法院报》2000年12月1日第3版。

[②] 王利明于2001年7月17日在《人民法院报》与《建筑时报》、全国律师协会共同举办的"合同法第286条专题研讨会"的书面发言。

43条规定:"当事人以其他财产抵押的,可以自愿办理抵押物登记,抵押合同自签订之日起生效。当事人未办理抵押物登记的,不得对抗第三人。"因此,抵押物只有经过登记,才具有公示作用,方有对抗第三人的效力。一般抵押权如此,法定抵押权更应是如此。但《合同法》第286条并未规定承包人对建设工程的优先受偿权需要登记,且只有登记后承包人才能对抗第三人。在法定抵押权与一般抵押权并存时,登记公示的冲突是非常明显的。根据《担保法》第54条关于"抵押物已登记的先于未登记的受偿"的规定,如果一般抵押权登记在先,是否意味着一般抵押权先于法定抵押权受偿?如果该观点成立的话,那么设立法定抵押权的目的就不复存在了。因此法定抵押权的观点实际上是突破物权设立的"先来后到"原则。"如果规定承包人对其建设工程有法定抵押权,则否定了不动产抵押权登记生效制度,对其他登记的抵押权人的利益也有影响。"①其二,客体不同。抵押权的抵押物既可以是动产,也可以是不动产;而承包人优先受偿权的行使对象只能是不动产。其三,成立条件不同。抵押权的成立并不要求抵押物与所担保的债权之间有牵连关系;而承包人的优先受偿权则要求处置的不动产与承包合同之间有牵连关系,即该不动产为承包人建设的、而发包人未按约定支付工程款的工程。其四,标的物的移转占有情况不同。抵押权的一个显著特征同时也是它的一个优良特性就是,抵押权之成立和存续不以转移标的物的占有为必要。这样,"就债务人而言,除取得因供担保而融通的资金外,并得对于标的物为继续占有、使用、收益;就债权人而言,不仅无占有、使用、保管标的物之烦累,且能通过拍卖抵押物之手段,确保债务的优先清偿"。②而在建筑工程承包中,承包人向发包人请求支付工程款而未获清偿时就享有建设工程优先权,此时承包人可能已经向发包人交付了建筑物,也可能还实际占有着建筑物,后者往往发生在按工程进度分期结算或因各种原因工程未竣工交付即结算等情形。显然,承包人对其实际占有的建筑物依法行使优先受偿权,显然同抵押权的属性和基本特征不符。其五,权利实现的方式和程序不同。抵押权人可在债务履行期限届满而未获清偿时与抵押人协议以抵押物折价或以拍卖、变卖该抵押物所得的价款受偿,即抵押权的实现

---

① 王红亮:《承揽合同·建设合同》,中国法制出版社2000年版,第186页。
② 梁慧星、陈华彬编著:《物权法》(第五版),法律出版社2010年版,第302页。

方法包括折价及拍卖、变卖抵押物,同样抵押权人可以自行实现抵押权,无须抵押人或者第三人的介入;而承包人优先受偿权的实现,先要经催告程序,而且双方只能协议折价,不成时必须申请人民法院拍卖。其六,功能不同。抵押权一般是为将来成立之债权担保,具有融资性,既能融通资金又利于对物的利用。而建设工程优先权旨在保障既存债权之实现,无融资性可言。它是在权衡各种利益之后基于优先保护某些社会关系之特殊考虑而赋予承包人优先于一般债权人和其他担保物权人优先受偿的权利。由此可见,将建设工程优先受偿权定性为法定抵押权是不合适的。

(2)若将建设工程优先权认定为法定抵押权,则不利于保障承包人的利益,有违立法初衷。目前,在我国,房地产商通常依靠银行贷款进行房地产开发,并且在贷款融资时已在建设工程上设立了抵押权,该抵押权为意定抵押权。"就法理而言,法定抵押权并非不问成立先后,恒得优先于意定抵押。"①当同一财产上存在数个抵押权,一般按照成立时间的先后受偿。这样一来,若银行的抵押权成立在先且以承包人承建的建设工程为标的物,那么,银行的抵押权则具有优先性。这就使得承包人的利益难以得到保护。而且,若允许意定抵押权优先行使,"则无异于以承包人的资金来清偿发包人的债务,等于发包人将自己的欠债转嫁给属于第三人之承包人,违背了公平及诚实信用原则"②。

(3)从我国目前立法来看,我国目前已经基本上建立起了一套相对较为完善的独立的抵押权法制体系,而现行《民法通则》《合同法》《物权法》特别是《担保法》中并无法定抵押权的规定或类似规定。若立法者有意设立法定抵押权制度,那么,依据物权法定原则,在早先《民法通则》,尤其是《担保法》立法时,就应在抵押权法制体系建构中考虑到法定抵押权问题,进而作出相应规定。《合同法》立法在《担保法》颁布实施数年之后,且《合同法》为典型的债法,在其中徒然规定法定抵押权,既与现行抵押权法制体系不协调,又同《合同法》之纯然债法属性不符。界定一种权利的性质,不仅应该考察权利的结构、特点等,还应该将其纳入到权利体系的整体中考察,才能获

---

① 王泽鉴:《民法学说与判例研究》(第四册),中国政法大学出版社2009年版,第245页。
② 梁慧星:《合同法第286条的权利性质及其适用》,载《人民法院报》2000年12月1日第3版。

致较为全面、准确的结论。① 因此,认定《合同法》286条规定的优先受偿权为法定抵押权不妥。

除此之外,还有一点值得我们注意。最高人民法院于2002年出台的《批复》第1条规定,建筑工程的承包人的优先受偿权优于抵押权和其他债权。其第4条规定,建设工程承包人行使优先权的期限为6个月。首先,依一般理解《批复》第1条中所称的"抵押权"应当是指一般的抵押权,即意定抵押权。据此,可以认为,最高人民法院并没有建筑工程承包人的优先受偿权属法定抵押权之意。否则,该司法解释中有必要强调承包人的优先受偿权所优于的抵押权为意定抵押权。其次,该《批复》第4条规定该权利的存续期限为6个月。我们知道,抵押权属于担保物权的范畴,而担保物权为从权利,其存续应当依附于其担保的主债权。正因为如此,《物权法》第202条规定"抵押权人应当在主债权诉讼时效期间行使抵押权;未行使的,人民法院不予保护"。从这个角度讲,显然,最高人民法院确无把该优先受偿权定性为法定抵押权的意思。

三、法定优先权说

所谓"优先权",又称先取特权,是指由法律直接规定的特种债权的债权人所享有的、就债务人的一般或特定财产优先受偿的担保物权。它是出于保障人权、实现公平和对经济弱者以特别保护以及保护公共利益或共同利益、经济秩序等立法政策上的考虑,通过法律的直接规定,作为债权人平等原则的一种例外,对特定债权给予的特别保护。②

优先权说源于法国民法。《法国民法典》第2103条规定:"建筑人、承揽人……对不动产有优先权。"《日本民法典》也有类似的规定,其第327条规定:"不动产工事的先取特权,就工匠、工程师及承揽人对债务人不动产进行工事的费用,存在该不动产上。"

---

① 参见王锦强:《建设工程优先受偿权法律适用问题研究》,北京工商大学2010年硕士毕业论文。

② 郭明瑞、仲相:《我国未来民法典中应设立优先权制度》,载《中国法学》2004年第2期。

法定优先权说认为①,建筑工程优先权实际上是立法者权衡各种利益基于特别保护基本的社会利益而作出的特别规定,它的本质是法定优先权。具体表现在:第一,最高人民法院的《批复》第1条规定:"建筑工程的承包人的优先受偿权优先于抵押权和其他债权。"第4条又直接称之为"优先权",并规定了6个月的行使期限。可见,《批复》并没有把建设工程优先权规定为抵押权的意思,理由见前文所述。第二,从立法目的和社会学解释的角度来分析,承包人的利益中还包含着劳动者的利益(即工资),我国《合同法》第286条对承包人利益给予优先保护,将其他的抵押权及一般债权退居其后,有利于建筑企业及时回笼资金,避免了资源闲置,同时也保护了劳动者的生存权利。

持该观点的学者还认为,承包人的优先受偿权既不同于留置权也不同于抵押权,而是承包人对该建筑工程享有的优先于其他债权受清偿的权利,这种优先权可以称为建设工程优先权,如同船舶优先权、航空器优先权一样。其权利主体为建筑、安装和装饰施工的承包人,义务主体为建设工程人即发包人。而且,这种优先权是法定的,无须登记公示。赞成该学说的学者认为,优先权依据法律的直接规定取得,弥补了赞同《合同法》第286条规定的权利是法定抵押权观点的缺陷,即优先权与留置权一样都是法定取得,而不是约定取得,且优先权无须登记就具有对抗第三人的效力。因此,既然《合同法》草案中原条文设定有法定抵押权,但后来的条文中却未再出现法定抵押权,而只表明优先受偿权,不能根据现有《合同法》第286条的规定就推定该条权利就是法定抵押权。

当然,我国也有学者反对此种观点。② 反对该说的学者认为,我国没有统一的优先权制度,为了体现公平、正义的理念和保障社会利益、公共利益以及人权的立法政策,我国采取了其他多种制度,例如,根据我国《民事诉讼法》第204条和《企业破产法》第113条的规定,在拨付破产费用(共益费用)后,破产企业所欠职工工资和劳动保险费用和破产企业拖欠的税款享有

---

① 持优先权观点的著述包括:崔建远主编:《合同法》(第五版),法律出版社2010年版;吴浩主编:《中华人民共和国合同法释义及标准样本》,改革出版社1999年版;郭明瑞、王轶主编:《合同法新论·分则》,中国政法大学出版社1997年版等。

② 参见黄有丽:《论建设工程承包人的优先受偿权》,载《河南省政法管理干部学院学报》2005年第4期。

较其他普通债权优先的清偿顺序;《民事诉讼法》第 243 条、第 244 条还有类似于德国、瑞士立法模式下的禁止扣押制度,即规定在执行过程中对被执行人及其所抚养家属的生活必需费用和生活必需品应予以保留;《担保法》第 56 条规定了土地使用权出让金得于拍卖划拨的国有土地使用权所得价款中,优先于抵押权受偿(相当于不动产出让优先权)。其中,只有《海商法》和《民用航空器法》以特别法的形式明确规定了船舶优先权和民用航空器优先权,并确定为担保物权。基于此,在我国的这种立法模式下,优先权并非独立的权利类型,其产生依赖于特定的法律关系,其法律性质亦取决于基础权利的性质。承包人的优先受偿权是基于建设工程承包合同而产生的,仅具有债权性质的优先效力,而不具有排他性,承包人可以拒绝发包人的交付请求以及对抗普通债权人,但无法对抗抵押权人。因此,如果将我国《合同法》第 286 条规定的权利定性为优先权,将不利于对承包人债权的保护。①

四、小结

以上三种观点各有道理,其共同点均是通过与其他权利相比较来判断承包人的优先受偿权的性质进而来说明该权利的地位。

在我国,关于建设工程优先权的权利属性的问题之所以存在上述不同观点的争论,主要是立法自身的原因所致。从法条上来看,我国《合同法》第 286 条并没有任何担保物权的规定。尽管该法条包含着"以折价或拍卖价款优先偿还工程价款"这样的表述,但显然这种优先偿还的后果只是某种实体担保物权的效力体现,而并不能代表权利本身。② 从法条本身来分析,承包人在发包人不支付工程价款时,即有权催告对方支付,并在对方不支付的情况下,可以协议将工程折价或拍卖。这就导致一个奇怪的现象:仅根据债权的存在和违约的事实,合同一方当事人就可以采取担保物权人才享有或实施的优先受偿权和强制执行措施,这既有违债权平等这一根本性的原则,也混淆了债权和物权的效力。如果说这一法条在《物权法》中进行规定,还可以从相应部分规定的物权性质和效力进行推断,而该条内容是在《合同

---

① 当然,这一结论显然与最高人民法院对我国《合同法》第 286 条的批复不符。最高人民法院在《批复》第 1 条中明确规定,建筑工程承包人的优先受偿权优于抵押权和其他债权。
② 梅夏英:《不动产优先权与法定抵押权的立法选择》,载《法律适用》2005 年第 2 期。

法》中规定的,却无从推断出债权具有如此效力。这种法条上的缺陷揭示出,《合同法》第286条缺乏最基本的物权定位,在条文设计上欠缺逻辑性,可以说,这也是该条引起广泛争议及在实务中无法有效实施的根本原因所在。由于《合同法》第286条缺少一个最基本的权利定位,致使该条规定的法律关系非常模糊,从而使有关的观点和理论都很难完全契合,在法律适用过程中有关优先的次序、担保债权的范围等关键性的问题也无法有效的确定。而根据最高人民法院《批复》第1条的规定,人民法院在审理房地产纠纷案件和办理执行案件中,应当依照《合同法》第286条的规定,认定建筑工程的承包人的优先受偿权优于抵押权和其他债权。这里同样没有具体指出承包人享有的优先受偿权的性质如何,仍然不能满足司法实践之需。

第二节 我国建设工程优先权的权利定位

一、我国建设工程优先权的权利定位及其理由

笔者认为,要给我国建设工程优先权作出准确而合理的定位,除了要对优先权制度作一番回顾和比较进而把握权利定位背后的立法理性之外,还必须从我国的实际出发,并照顾现有立法的完整协调性。从本质意义上而言,先取特权、法定抵押权和优先权这三个概念并无太多区别,不过是称谓不同而已。不过,先取特权为日本民法所特有术语,我国民法尚无先例,如将其完全移植过来,因其较为陌生,理解和执行起来存在一定的困难。若称之为法定抵押权,则与我国的现有立法发生冲突:我国《担保法》《物权法》均明确规定抵押权只能因当事人的法律行为产生,不动产抵押采登记要件主义。而法定抵押权根据法律规定直接产生,且无须登记即可成立,这显然有悖于上述立法规定。与先取特权、法定抵押权相反,我国法律已有关于优先权的规定,且这些优先权作为一种特殊的担保物权,仅规定在特别法中。将《合同法》第286条规定的承包人的优先受偿权界定为优先权,并称之为建设工程优先权,无论从理论层面还是立法层面而言,均具有合理性。具体而言:

(1)从《合同法》第286条的立法过程和立法目的来看,承包人的优先

受偿权在性质上应属于优先权。

《合同法》第286条虽属立法上的进步,但在实际适用中却遇到了难题。据统计,"《合同法》生效三年了,实践中几乎没有建筑企业适用第286条规定成功获赔的判例,而且即使有相关的判决,对第286条的适用上也存在问题"①。通过对立法加以解释或许是解决该难题的方法。当然,对法律加以解释有很多种方法,我们较为赞同一位学者提出的法意解释和目的解释最适合对《合同法》第286条的解释。② 因此,为了让第286条在实践中发挥其应有的作用,我们必须要探究该规定的立法意图。20世纪90年代以来,我国建筑市场蓬勃发展但弊病突出,承包人垫资施工已成通行规则,建筑工程款拖欠的现象十分普遍,建筑工人这一弱势群体的利益得不到保护,同时由于建筑市场的这种不正当竞争,工程质量难以不到保证,危及人民的生命安全。《合同法》第286条正是在这种背景下经过反复征求意见而出台的。若要解决上述问题,必须对承包人的工程价款债权给予特殊性保护,由法律直接赋予承包人对该建设工程享有优先权,从建设工程的变价款中收回其承包费用。

(2)从承包人优先受偿权本身的性质来看,承包人的优先受偿权与优先权属同一权利状态。

建设工程合同属于承揽完成不动产项目的合同,与一般的承揽合同存在诸多共性。正因为如此,《合同法》第287条规定:"本章没有规定的,适用承揽合同的规定"。如果在一般的承揽合同中,动产的承揽人对承揽的标的物可以享有留置权,而且该留置权优于抵押权。那么,在建设工程承包合同中,承包人同样对其承建工程享有优先受偿权,该权利与留置权一样具有担保性,且效力也应当优先于抵押权。另外,虽然债权具有平等性,但若数个债权中存在着关系到国家利益、社会公共利益、弱势群体保护方面的债权,国家就会采取立法的方式进行直接干预来平衡各方的利益,而这种方式之一就是为保护特种债权而设的优先权制度,即"旨在破除债权平等原则,赋予某些特殊债权人于债务人财产不足清偿时,有优先于其他债权人受清

---

① 王建东:《评合同法第286条》,载《中国法学》2003年第2期。
② 夏凤英:《论建筑工程承包人优先受偿权的性质》,载《河北法学》2001年第3期。

偿的权利"①。在建设工程中,若承包人的工程价款债权得不到实现,直接影响到承包人的劳动报酬和工资,正如有学者所言,"惟所应注意者,工资劳力之对价是劳工生活唯一之依赖,不具优先于抵押之效力,实不足保护劳动者生存之基本权利。唯吾人深信立法过程无论如何曲折,工资之优先受偿权,终必获得肯定,否则将无以保障劳工之生存权及社会安定"②。因此,立法有必要突破债权的平等性,对承包人的工程价款债权予以优先保护,最为有效的途径便是赋予承包人以优先权。

(3) 从承包人的优先受偿权与建筑工程的关系来看,应将其界定为优先权。

承包人的劳动是建设工程产生的前提,其因劳动所享有的工程价款债权与该工程有一种天然的联系,这是建设工程有关的其他债权人所不具备的特点,并且,其他债权人均因承包人的付出导致责任财产增值而受益。考虑到优先受偿权顺位的先后顺序一定程度上是由对债务人责任财产的扩大保存所作出的贡献大小决定的,在承包人的债权与建设工程联系最密切且其债权产生的依据即承建工作对该工程增值的贡献最大,故应当赋予承包人以优先权,让其债权得到优先实现,否则有悖于法律的正义。

(4) 承包人的优先受偿权不需要登记。

学界通说认为承包人的优先受偿权属于不动产担保物权,而按照《物权法》的规定,不动产物权应当登记。然而,我国《合同法》及相关的司法解释尚无关于承包人的优先受偿权必须登记的规定。换言之,承包人的优先受偿权之成立不以登记为要件。故而,将承包人的优先受偿权界定为不动产抵押权或不动产留置权并不妥当。不过,优先权是否需要登记应依法律之规定。国外对优先权是否必须登记各有不同的规定,有要求登记的,也有不要求登记的。前者如《德国民法典》,后者如《法国民法典》。从我国规定来看,《海商法》规定的船舶优先权无须登记,而《民用航空法》规定的民用航空器优先权需要向国务院民用航空主管部门登记,但未规定这种登记的效力。这样看来,将承包人的优先受偿权确定为优先权,从特别法优先于普通法的角度,避免了立法适用之矛盾。

---

① 魏树发、江钦辉:《论建设工程价款优先受偿权》,载《广西社会科学》2003年第6期。
② 王泽鉴:《民法学与判例研究》(第四册),北京大学出版社2009年版,第352页。

除此之外,优先权制度在许多国家有相当成熟的实践,建设合同承包人的优先受偿权得到了较为普遍的认可,如法国等国家的优先权制度和日本的先取特权制度。如前文所述①,我国虽未建立独立的优先权制度,但有关部门法律中也有涉及优先权的规定,特别是《海商法》和《民用航空法》中规定有具体的优先权制度。外国的经验和我国有关民商事特别法中的实践可为建设合同承包人优先权制度提供必要的借鉴和佐助。

二、将承包人的优先受偿权定位为优先权的意义

在我国,将承包人的优先受偿权定位为优先权,不仅有利于保护社会的公平,而且将会大大解决工程款拖欠的问题,意义十分重大。笔者认为,其重大意义大致可归纳为以下两大方面:

(一)理论意义

在理论上,优先权具有独特的价值,它关系到国计(税金等)民生(工人工资)以及社会的稳定,它体现着法公平正义的精神(如基于质权和共有观念而产生的优先权),它实践着现代民法对人的终极关系(如债务人医疗费用、生活费用以及殡葬费用优先权),它具有维护公共利益、推行社会政策、主持公平、表达正义等特殊功能。② 将承包人的优先受偿权定位为优先权,则体现了对社会公平、法律正义之维护。公平与正义历来就是人类社会追求的价值目标,法律通过设立各种制度,在实现公平和维护正义上起着重要作用,优先权制度即为其一。它突破了债权平等主义所强调的形式正义,对反映不同利益的债权给予不同的保护。将承包人的优先受偿权确定为优先权,实质上就是对建设工程价款这一包含着承包人劳动报酬和工人的工资且关系到工人生存的物质基础的特殊债权与其他普通债权予以区别对待,打破那种机械性的形式上的无条件的平等,从而实现一种实质正义。

另一方面,将承包人的优先受偿权定位为优先权,有助于我国民事优先权制度的发展与完善。目前,我国尚无统一的优先权制度,只是在一些特别法中有些零散的规定,并且这些规定不仅零散杂乱而难以协调,而且在权利的性质定位和具体规定方面均不成熟,在一定程度上阻碍了我国经济的发

---

① 详见本书第二章第二节中关于"我国优先权制度的立法现状"部分的论述。
② 杨立新:《物权法》,法律出版社2013年版,第417页。

展。若界定承包人优先受偿权的性质为优先权,将会激发学界对优先权相关问题的研究与讨论,促使我国优先权理论不断完善。同时,承包人的优先权一旦被我国的未来民法典所采纳,那么,统一的优先权制度的建立就指日可待。

(二)实践意义

在实践层面来看,将承包人优先受偿权的性质确定为优先权,具有以下方面的积极意义:

(1)有利于解决工程款拖欠问题,切实保护承包人利益。

在现代社会,建筑业属于国民经济的支柱产业之一。自改革开放以来,我国的投资建设和建筑业得到了很大的发展,不仅建设了一大批基础设施、工业项目和民用建筑,促进了国民经济的发展和人民生活水平的提高,而且吸纳了大量城乡剩余劳动力,对社会的稳定和进步起到了积极的作用。但是,由于法律和其他原因,建筑市场出现了比较严重的问题,拖欠工程价款就是其中之一。基于这一基本认识,我国《合同法》才规定了承包人的优先受偿权这一新的法律制度。如前所述,自《合同法》第286条自《合同法》生效以来并未发挥出应有的作用,我国建设领域工程款的拖欠仍愈演愈烈,其中的一个重要原因就是对承包人优先受偿权的性质未予以明确的规定。如果将其界定为优先权,意味着承包人的优先受偿权无须当事人约定即可根据法律的规定而直接产生,只要发包人未依照约定支付工程价款,承包人则对建设工程的变价款享有优先于其他担保物权的优先受偿权,这样一来,不仅能在一定程度上遏制发包人在履行合同中发生违约的情形,还能切实保障承包人利益,对解决工程款拖欠问题无疑有益。

(2)有利于改变承包人的弱势地位,实现承包人和发包人之间的利益平衡。

从我国的《建筑法》和《招标投标法》的相关规定来看,在建设工程合同中,权利和义务的设置总是倾向于发包人的利益,发包人与承包人处于不平等的地位。而在实践中,由于建筑市场的恶性竞争,承包人的地位更显劣势。这既不利于保证建筑工程的质量,又不利于建筑市场的良性发展。若将承包人的优先受偿权界定为优先权,由法律对承包人的利益给予特殊的优先保护,则有利于逐渐扭转承包人的弱势地位,进而达到平等双方利益的目的。

(3) 有利于我国建筑市场的良性发展进而与国际建筑市场接轨。

世界各国对建设工程价款的保护采取了不同的做法。如英美法为实现对建设工程施工中的承包人、劳动者及材料提供者的利益的特殊保护而设有建设者留置权制度,而大陆法系国家则有不同的立法例:或为优先权,或为抵押权。不同的立法体例与各国的历史传统、社会背景、立法技术和立法意图等因素有关,但规定为优先权似乎更符合发展趋势,这表现在对合同工资、报酬的债权在各国民法中一般均以优先权予以规定,而承包工程款中恰恰有工人的工资和承包人的报酬。因此,界定承包人优先受偿权为优先权符合国际建筑市场的立法体例,能适应我国逐渐开放的建筑市场的需要,有助于我国建筑市场与国际建筑市场的接轨。

相关案例介绍与评析

【案例】 福建省某工程公司海南公司诉三亚某建设有限公司承包工程款优先受偿纠纷案。[①]

原告:福建省某工程公司海南公司

被告:三亚某建设有限公司

被告:广州某实业总公司

1996年6月3日,原告福建省某工程公司海南公司(以下简称福建海南工程公司)与被告三亚某建设有限公司(以下简称建设公司)签订一份《工程承包合同书》,约定建设公司将位于三亚市解放一路某苑商住楼未完工程发包给福建海南工程公司施工承建。建设公司是广州某实业总公司(以下简称实业公司)在三亚市注资兴办的有限责任公司,专门用于建设、营运某苑商住楼。原告依约完成该楼土建工程,被告建设公司也支付了建设工程款,进入装修阶段。原告垫资施工,并完成80%的装修工程量,被告建设公司因建设资金严重紧缺,不能按时支付原告装修工程款,自1996年12月起,该工程被迫停止。原告与被告建设公司办理工程交工后,要求结算,但

---

① 摘自海南省三亚市中级人民法院民事判决(2000)三亚经初字第5号。转载于马特编著:《物权法案例选评》,对外经济贸易大学出版社2006年版,第337—340页。

被告建设公司置之不理。1999年3月份,被告实业公司将被告建设公司的财产某苑商佳楼作为抵押物向广州市农村信用合作联合社进行抵押贷款。二被告行为严重侵犯原告的合法权益,遂诉至法院。请求依法判令二被告支付所欠工程款,并依法确认对垫资修建的某苑商住楼5—14层楼房进行拍卖所得价款具有优先受偿权。

法院经审理查明,1996年6月3日,原告福建海南工程公司与被告建设公司签订一份《工程承包合同书》。约定建设公司将位于三亚市解放一路某苑商住楼未完工程(不包括消防、电梯、排污处理)发包给福建海南工程公司承建。合同对工程取费标准、质量、保修工程期限、工程垫资及违约责任作了约定。合同签订后,福建海南工程公司依约进场施工,并按时完成某苑商住楼全部土建工程,建设公司也支付了土建工程款,进入垫资装修阶段后,建设公司建设资金严重紧缺,无法支付装修工程进度款。自1996年12月起,工程被迫停工。福建海南工程公司多次要求建设公司结算。但建设公司借故推脱,不予支付工程款。在本案审理期间,双方于2000年5月31日达成决算协议,协议载明已完工程量决算欠款为4018573.50元;工程款利息自1996年7月1日至2000年6月15日止,4年年利率12%计得利息1928916.20元。同日,建设公司对以上欠款共计5947488.70元作出书面确认。

另查,建设公司是实业公司于1993年10月15日,在三亚注资10000万元兴办的有限责任公司,用于建设苑商住楼。该楼由建设公司运作,1999年6月7日,建设公司向三亚市土地房产管理局申请办理并取得某苑商住楼《土地房屋权证》。1999年4月30日,实业公司与广州市白云村信用合作联社签订流动资金贷款2000万元合同。建设公司因某苑商住楼为该笔借款作抵押担保,并签订抵押担保借款合合同。以上事实,有《工程承包合同书》《决算书》《确认书》《抵押担保借款合同》以及当事人的陈述为证,并经庭审质证,足以认定。

法院认为,原告福建海南工程公司与被告公司签订某苑商住楼《工程承包合同书》,意思表示真实,且内容不违法,属有效合同。因双方已办理交工决算,且被告建设公司已无力支付所欠原告工程款,继续履行合同已无必要,该工程合同应予依法解除。原告依约完成该楼土建及大部分装修工程,被告建设公司未依约支付工程进度款,致工程被迫停建,给原告带来重大经济损失。被告建设公司应负全部责任。在本案审理中，原告与被告建设公司达成工程决算欠款协议，应予确认。被告建设公司尚欠原告某苑商住楼工程款(含利息)5974788.70元应支付给原告。被告实业公司注资兴办被告建设公司，并投资兴建某苑商住楼，但在该楼房尚未竣工，且有原告590余万元财产在内的情况下，实业公司指使其下属建设公司，将该商住楼全部用于抵押借款，其行为侵犯了原告的财产权益。《中华人民共和国民法通则》第131条规定："一人以共同侵权造成他人损害的，应当承担连带责任。"被告实业公司对被告建设公司所欠原告的工程款(含利息)应负连带责任。根据《中华人民人民共和国合同法》第286条和《最高人民法院关于适用〈中华人民共和国合同法〉若干问题的解释(一)》第1条之规定，原告福建海南工程公司对某苑商住楼工程折价或者拍卖所得价款具有优先受偿权。工程承包人享有优先权的效力优先于发包人的其他债权人的担保物权。据此，判决如下：

(1) 解除原告福建海南工程公司与被告建设公司签订的《工程承包合同书》。

(2) 被告建设公司应自本判决生效之日起30日内向原告福建海南工程公司支付工程款(含利息)人民币5974788.70元。被告实业公司对上述债务承担连带责任。逾期付款则加倍支付延迟履行期间的债务利息。

(3) 原告福建海南工程公司对被告建设公司的财产某苑商住楼5—14层楼房折价或者拍卖所得价款具有优先受偿权。

本案诉讼费39748元，保全费32740元，均由被告建设公司负担。

【评析】

本案原告就被告所欠工程款主张对其垫资修建的某苑商住楼5—14层楼房拍卖所得价款优先受偿权，其法律依据是《中华人民共和国合同法》第286条。关于该优先受偿权的性质，学理上有不动产留置权说、法定抵押权说、法定优先权说三种观点。笔者认为，承包人的优先受偿权是一种优先权。首先，该权利依据法律规定而直接产生，无须以合同预设，也无须以占有或登记方式公示。它为特定债权即建设工程价款提供担保，其客体为承包人施工完成的建设。上述种种均为优先权的显著特征。其次，从立法意图来看，《中华人民共和国合同法》第286条设计的初衷是为了解决建设工程中影响社会稳定的大量拖欠民工工资问题。建设工程施工合同的工程价款是否能及时到位,直接影响民工工资的发放,而民工工资是民工赖以生存的保障,是生存权,生存权高于其他债权是社会公平正义的要求,对社会稳定有着极其重要的影响。所以,立法规定建设工程价款的优先受偿,实质是保障民工生存权。这一点与优先权所追求的公益性、维护弱势群体利益等立法旨趣是相通的。将《中华人民共和国合同法》第286条规定的权利界定为优先权,更能体现立法意图。

第五章 建设工程优先权的成立要件

第一节 合同要件和标的物要件

根据我国《合同法》第286条、《批复》及《解释》的相关规定,只有具备一定的条件,建设工程承包人才可以行使其建筑优先权,这些要件主要包括:

一、合同要件:建设工程承包合同为合法有效

我国《合同法》第286条规定:"发包人未按照约定支付价款的……承包人可以与发包人协议将该工程折价,也可以申请人民法院将该工程依法拍卖。建设工程的价款就该工程折价或者拍卖的价款优先受偿。"该条被置于"建设工程合同"一章中,且明确了只有在发包人未按照约定支付工程价款,产生违约行为时,承包人方可就承建工程折价或拍卖款优先受偿。可以看出,承包人建设工程的法定优先权担保的债权须因建设工程合同所产生,因侵权行为、不当得利、无因管理等其他原因所产生的债权,即使与建设工程相关,也无成立建设工程法定优先权的余地和可能。

根据我国《合同法》第269条第2款的规定,建设工程合同包括建设工程勘察、设计、施工合同。不过,工程勘察、设计没有实际存在的建设工程因而难以适用优先权,据此,应对建设工程合同作限制性解释,即其仅指建设工程施工合同。至于建设的内容是否必须达到一定之重要程度,才可享有建设工程价款的法定优先权,关于这一点,我国台湾地区的"民法"中有一定的限制性规定,即要求建设之内容须为建筑物、工作物之新建或为此等建筑

物、工作物之重大修缮。这种限制,在法理上值得称道,因为不动产往往价值很高,对当事人利益的影响很大,如对于从事任何细微建设行为的承包人,均赋予其就不动产之全部①变价受偿的权利,未免过分损害其他不动产权利人的利益,且就担保承包人小额债权的实现而言,通常亦无必要。我国现行《合同法》虽如日本民法,未有此等限制,但在实务上不无参照我国台湾地区"民法"作出一定限制的必要。

在合同要件上,根据相关法律的规定,建设工程承包合同必须是合法有效的合同,并且承包人没有在合同中明确放弃其优先权。这是因为:首先,我国《合同法》只保护承包人追偿工程价款的合法权利。如果合同无效,承包人的权利就不再是追偿工程价款的权利,而是请求返还不当得利,而这一权利并不具有优先性。其次,建设工程优先权属于担保物权,而担保物权具有从属性,从属于其所担保的主债权,须以主债权的发生或存在为其成立的前提条件。因此,建设工程合同无效的,承包人的约定主债权即工程款亦不复存在,建设工程优先权显然不能成立。最后,我国《合同法》第286条规定的承包人的优先受偿权属于一项民事权利,当事人完全可以选择是否行使。如果承包人在合同中自愿放弃了其优先受偿权,只要不违反国家法律的强制性规定和社会公共利益,那么,根据意思自治原则,法律应当尊重当事人意愿。这就意味着承包人只能以一般的债权人身份来要求偿还其工程价款了。

有观点认为,不能因建设工程合同无效而绝对地否定承包人享有建设工程优先权。② 这是因为,承包人的劳务及其他实际支出在施工过程中已经物化到建设工程之中,这一事实并不因合同无效而有所改变,按照合同无效的处理规则,承包人仍然针对其付出的劳务等实际之处而享有返还财产请求权,应返还的财产中同样包含有工人工资等法律优先保护的利益。因此,若发包人拒不返还的,为了保护承包人的利益,应认为承包人仍可主张建设工程优先权;再者,合同无效的原因有很多种,若非因承包人的原因而合同无效的,否定承包人享有建设工程优先权有悖公平。在笔者看来,一味强调

---

① 由于担保物权具有不可分性,债权人在债权未受完全清偿之前,可就担保物整体上主张担保物权。

② 参见谈海江:《建设工程价款优先受偿权问题研究》,华东政法学院2007年硕士论文;梁镭译:《建设工程优先受偿权研究》,烟台大学2007年硕士论文。

保护承包人的利益而忽视合同的无效性,不符合我国《合同法》第286条的立法本意,也不利于建设市场的规范化,而且对其他债权人不公平。

不过,考虑到建设工程合同在我国受不同领域的多部法律、法规及其他规范性文件的调整,而且因强调国家的行政干预而使得其中的强行性规范较多,若认为违反这些强行性规范的建设合同应根据《合同法》第52条第1款第5项之规定而一律认定合同无效,则既不利于保护双方当事人的合法权益,也不利于维护合同的稳定性,甚至会破坏建筑市场的正常秩序。我们认为,应当对违反法律、法规强行性规范的建设合同作具体情况具体分析,对建设合同的无效性适当作缓和处理。一方面应当允许建设工程无效合同的补正。当建设工程合同无效的情形可以被消除时,应当认定建设工程合同有效。如承包人在订立合同时不具备相应的建筑资质,但在一审法庭辩论终结前取得了相应的建筑资质的,应当认定合同有效。另一方面,宜对调整建设合同的强行性规范进行梳理分类。将那些与社会秩序和公共利益联系非常密切,一旦违反即严重损害社会秩序和公共利益的强行性规范,作为确认合同无效与否的依据;而其他的强行性规范,若违反则仅导致行政处罚,并不当然影响合同的效力。最高人民法院于2004年所颁布的《解释》体现了这一思路,并不将违反法律、行政法规强行性规定视为建设合同无效的当然原因,而是对建设合同违反强行性法律法规的情形进行了区分,其第1条和第4条列举了导致建设合同无效的五种情形,具体为:(1)承包人未取得建筑施工企业资质或者超越资质等级的;(2)没有资质的实际施工人借用有资质的建筑施工企业名义的;(3)建设工程必须进行招标而未招标或者中标无效的;(4)承包人非法转包建设工程的;(5)承包人违法分包建设工程的。当然,除此之外,《民法通则》和《合同法》等基本法律规定的合同无效的情形,也应当适用于建设工程施工合同。

二、标的物要件:标的物须为发包人所有的建设工程

建设工程优先权的标的物应当为承包人施工的工程。建设工程承包人施工的内容,不仅包括建筑物的新建,还包括在原建筑物上所作的增建或修缮等。同时,鉴于所有权与使用权的相分离性,某一建筑物可能被所有权人以外的第三人(包括租赁人、典权人等)实际使用并占有。而在租赁人或典权人与建设工程承包人签订建设工程合同,要求承包人对已建成之工程进

行局部性施工或修缮而产生工程欠款时,承包人能否对所建设的工程主张建设工程优先权?

我国《合同法》第286条并未明文规定建设工程优先权的标的物须为发包人所有的建设工程,但在解释上不能不有此限制,否则,对于不动产所有权的保护必将不利。原因在于,首先,债权不具有公示性,所有权人若非亲自发包,往往难以了解是否存在以其所有的不动产为标的物之建设工程合同存在,因而有可能在全然不知的情况下,其所有的不动产已成为建设工程优先权的客体,担保他人的债权,并因此优先权的行使而使不动产所有权变更。其次,在建设工程的所有权人并非发包人的情况下,根据债权的相对性,该所有权人与承包人并无债权债务关系,其不因建设工程合同而享有权利或承担义务,更无须对此合同的履行承担任何责任。如解释上无此限制,则即便发包人对房屋之占有本属无权占有,后又擅自发包,承包人亦能成立法定优先权,如此一来,所有权人岂非雪上加霜。由此可见,允许在非为发包人所有的建设工程上成立建设工程的优先权,将有害不动产的安全,也有悖于民法中的意思自治原则。① 正因如此,我国台湾地区的"民法"明文规定,法定抵押权的标的物须为定作人(即我们所谓的发包人)之不动产;日本民法虽无明文规定,但在对法律的解释上也承认这一点。总而言之,对我国《合同法》第286条所谓的"建设工程"应作目的性限制解释,使其局限于发包人所有的建设工程,而不能任意作扩大性的解释。如此一来,则与总承包人订立工程合同的分承包人,因其所施之工程非为总承包人所有,因此不能直接享有建设工程优先权。至于其在符合我国《合同法》第75条规定的要件下,代总承包人之位行使法定优先权②,实际上属于另一问题,此时分包人的权利自应以总承包人享有的权利为限。

建设工程优先权的标的物应仅限于发包人所有的建设工程,这一要件实际上包含着两层意思:

首先,建设工程承包人优先权的标的物须为建设工程。建设工程和一般的承揽标的不同,它具有投资大、施工周期长、质量要求高、技术要求全面

---

① 意思自治原则要求权利的得失、变更皆以权利人的意思为转移。所有权人在浑然不觉中,便在其所有的不动产上成立担保物权,明显违背这一原则。

② 分包人作为总承包人的债权人可代位行使其对发包人的债权,如总承包人对发包人并有建设工程的优先权,理论上亦应允许分包人代位行使之。

等特点。作为建设工程优先权的标的物,建设工程的范围较为广泛,指土木建筑工程和建筑业范围内的线路、管道、设备安装的新建、扩建、改建及大型的建筑装修装饰活动,主要包括房屋、铁路、公路、机场、港口、桥梁、矿井、水库、电站、通讯线路的新建、改建及扩建。① 梁慧星教授认为,作为建设工程优先权的标的物,该"建设工程"不仅包括承包人施工所完成的,属于发包人所有的建设工程,还应当包括该工程的基地使用权,以及组装或者固定在不动产上的动产。但不包括建设工程中配套使用并未组装或固定在不动产上的动产。② 该观点有其合理性。

其次,建设工程必须为发包人所有。在绝大多数情况下,建设工程的所有权属于发包人所有,适用建设工程优先权自然无法律障碍。但是,若该工程属于第三人所有时,是否仍可以适用《合同法》第286条呢? 我们认为,这要视不同的情况予以区别对待:(1)若建设工程占用的土地使用权属于第三人享有,建设工程优先权的标的物不应当包括该土地使用权,但由于土地和地上建筑物不可分离,承包人实现建设工程优先权时,可以申请人民法院将建设工程及其所占用的土地使用权一并处分,但对处分土地使用权所得的价款,承包人不能主张优先受偿权。(2)若发包人受第三人的委托,以自己的名义与承包人订立工程建设合同时,建设工程的所有权属于委托人,而发包人仅是委托开发的受托人。有观点认为,对于这种情况,如果发包人不支付工程价款却因为发包人不是建设工程的所有权人就否认承包人的建设工程优先权,则不符合与法律设置建设工程优先权的目的。③ 笔者认为,为了保护承包人的利益并实现其他利害关系人的利益平衡,对此情况应根据委托代理的有关规定分析作为建设工程所有权人的委托人的地位。根据我国《合同法》第402条的规定,承包人在订立合同时知道受托人与委托人之间代理关系的,该合同直接约束承包人和委托人,承包人当然可以主张建设工程优先权;若承包人不知道发包人与委托人之间的代理关系的,承包人可

---

① 全国人大法工委研究室编写组:《中华人民共和国合同法释义》,人民法院出版社1999年版,第393页。

② 参见梁慧星:《合同法第286条的权利性质与适用》,载梁慧星主编:《民商法论丛》总第19卷,第378页。

③ 参见陈凯铭:《我国建设工程施工合同承包人优先权的再研究》,内蒙古大学2004年硕士论文。

以选择发包人或委托人作为相对人主张权利。承包人选择委托人为债务人的,由于建设工程不属于委托人所有,不能适用建设工程优先权;若承包人选择委托人作为债务人,则可以适用建设工程优先权。

此外,实践中还存在这样的现象:发包人将一个大的开发项目分解为若干个子项目,与同一承包人分别签订各子项目的建设工程施工合同。那么,在 A 子项目的工程价款已付而 B 子项目拖欠工程价款的情况下,当处分 B 子项目所得的款项不足以清偿承包人的债权时,承包人是否可以进而处分 A 子项目呢?对于此问题,我们认为,承包人享有的任何一个建设工程优先权的标的物只能及于该建设工程合同所指向的客体,即履行该合同所产生的建设工程。既不能以发包人的其他财产作为建设工程优先权的客体,也不能以发包人未拖欠工程款的其他工程作为建设工程优先权的客体,这是由优先权的性质决定的。

需要注意的是,"发包人所有的建设工程"应指发包人根据法律规定应对该建设工程享有所有权。我国《物权法》第 30 条规定:"因合法建造、拆除房屋等事实行为设立或者消灭物权的,自事实行为成就时发生效力。"那么,发包人对合法建造的不动产才能享有所有权。若建设工程属于对不符合工程开工条件的违章建筑,发包人并不享有所有权,承包人也就对该违章建筑主张建设工程优先权。退一步说,即便允许这类建筑成为建设工程优先权的客体,也因其违法性而面临无法折价或拍卖的问题,承包人的优先权仍无法实现。实践中曾发生过这样的案件:承包人在建好房屋之后,才发现该房屋尚未办理用地规划许可证,属于非法违章建筑。在此情况下,承包人如提出建设工程优先权的主张,就不会被支持。当然,在这种情况下,承包人虽然不享有建设工程优先权,但可依据承包合同的约定,要求发包人承担相应的违约责任。

相关案例评析与介绍

【案例】 上诉人福州市康辉装修工程有限公司与上诉人福州天胜房地产开发有限公司、被上诉人福州绿叶房产代理有限公司装修工程承包合同纠纷案。[①]

上诉人（原审原告）：福州市康辉装修工程有限公司（以下简称康辉公司）。

上诉人（原审被告）：福州天胜房地产开发有限公司（以下简称天胜公司）。

被上诉人（原审被告）：福州绿叶房产代理有限公司（以下简称绿叶公司）。

2001年6月25日，康辉公司与绿叶公司签订了装修合同，合同约定绿叶公司将"天字一号"商场的装修工程发包给康辉公司施工，工期为60天，开工日期以消防部门审批的日期为准；"天字一号"商场的开发商天胜公司对合同承担连带保证责任。天胜公司也在上述合同上盖章确认。工程竣工验收后，经双方决算，装修工程总造价为334万元，扣除绿叶公司已付工程款35万元，绿叶公司尚欠康辉公司工程款299万元。装修合同所约定的施工内容，除了大部分属于室内装修装饰项目外，还包括小部分的线路、管道安装、外墙立面以及商场的外广场项目。康辉公司持有《建筑企业资质证书》，资质等级为"建筑装修装饰工程专业承包二级"。

因绿叶公司和天胜公司未能按约支付所欠装修工程的工程款，康辉公司诉至法院，请求判令绿叶公司支付尚欠装修工程款及逾期付款违约金等，天胜公司承担连带责任，并请求对涉案工程进行拍卖，所得款项由原告优先受偿。

原审判决认为，绿叶公司尚欠康辉公司装修工程款299万元，应予支付；天胜公司作为保证人，应按约定承担连带保证责任。因装修合同不属于建设工程合同，因而不适用《中华人民共和国合同法》第286条有关"建设工程的价款就该工程折价或者拍卖的价款优先受偿"的规定。宣判后，康辉公司以原审未支持其优先受偿权不当为由，向福建省高级人民法院提起上诉。

对于康辉公司是否享有优先受偿权问题，福建省高级人民法院讨论后形成两种不同意见：多数意见认为：康辉公司施工的工程属于室内大型装修工程项目，康辉公司与绿叶公司签订的有关"天字一号"商场装修合同属于

[①] 来源：最高人民法院（2004）民一他字第14号。

合同法中所指的建设工程合同,按《中华人民共和国合同法》第286条之规定,康辉公司依法享有优先受偿权。少数意见认为:土建工程和水电安装工程属于《中华人民共和国合同法》所规定的建设工程没有异议,但对室内装修装饰工程是否属于建设工程,《中华人民共和国合同法》没有明确规定。因此主张本案中的线路、管道安装、外墙立面、商场的外广场项目属于土建和水电工程项目,其工程款享有优先受偿权;而剩下的室内装修装饰项目的工程款,不能享有优先受偿权。

【评析】

本案的焦点是装修装饰工程是否属于《中华人民共和国合同法》第286条所称的建设工程。虽然《中华人民共和国合同法》没有对建设工程作出明确界定,但国务院2000年颁布的《建设工程质量管理条例》第2条、2003年公布的《建设工程安全生产管理条例》第2条第2款规定:"本条例所称建设工程,是指土木工程、建筑工程、线路管道和设备安装工程及装修工程。"其次,装修装饰工程款适用优先受偿权的原则,符合《中华人民共和国合同法》第286条的立法本意。在装饰装修工程中,正是因优先权人之工作行为而使原先之不动产增值,故其与建筑工程应属同一法理。在发包人拖欠的装修装饰工程价款中,除装修装饰所需要的材料费外,相当一部分是承包人应当支付的工作人员的工资和其他劳务费用。因此,将装修装饰工程款纳入建设工程款的范围之内,有利于保护广大劳动者及时获得劳动报酬的利益。

第二节 时间要件

一、关于时间要件的现行规定

"成立在先,次序在先"是两种权利竞合时决定何者更为优先的一般规则,因此,建设工程承包人优先权的成立时间决定着其优先权与抵押权、其他债权、消费者请求权竞合时该权利能否真正优先实现。加之优先权虽属于担保物权,但仍从属于主债权,其行使受一定时间的限制。我国《海商法》和《民用航空法》都对行使优先权规定了期限,其中船舶优先权为1年,民用航空器的优先权为3个月。建设工程优先权同样有其行使期限,而该期限的起算点应在建设工程优先权成立之后,在这个意义上,建设工程承包人优先权的成立时间对该权利的实现起着决定性的作用。

从我国现行立法来看,《合同法》第286条并未明确建设工程优先权的行使时间和行使期限,《物权法》第14条规定:"不动产物权的设立、变更、转让和消灭,依照法律规定应当登记的,自记载于不动产登记簿时发生效力。"建设工程优先权作为一种法定的担保物权,自然属于不动产物权,但《合同法》并未规定建设工程优先权必须登记,故而不能以登记日期确定建设工程优先权的成立时间。

由于我国《合同法》并未规定承包人行使优先权的期限,因而承包人在行使优先权时不会考虑期限问题。为了促使承包人积极行使权利,稳定社会经济秩序,最高人民法院于2002年作出的《批复》规定承包人行使优先受偿权的期限为6个月,从建设工程竣工之日或者建设合同约定的竣工之日起计算。那么,建设工程优先权的成立时间是否为工程竣工之日或合同约定的竣工之日呢?理论界和实务界对此有不同认识,我们在下文将详细阐述。

二、对时间要件的相关学说之评析

理论界和实务界对建设工程优先权的成立时间之认定尚未取得共识,主要有三种观点:

一是合同成立说。该说认为,虽然建设工程价款给付请求权可能产生于工程完工之后,但在建设工程合同成立的同时即已发生对工程的优先受偿权。法律设立优先权的理由无非是为了保护承包人的利益,并进而保护建筑工人的劳动报酬和人民居住的安全。因此,以建设工程合同成立之时为建设工程优先权发生的时间,使其及早生效,则保护更周全,从而不至于在发包人不支付价款时,已由其他债权人先设定抵押权。[1]

二是工程竣工说。此观点认为,在建设工程合同中,发包人在工程建设完成,对竣工验收的工程按照合同约定的方式和期限进行工程决算后才支

---

[1] 参见郑玉波主编:《民法物权论文选辑》(下册),台湾五南图书出版公司1985年版,第688页;黄建中主编:《合同法分则重点疑点问题判解研究》,人民法院出版社2006年版,第396页。

付价款。如果发包人没有支付价款,则此时承包人经催告后才能行使优先受偿权。因为只有在工程竣工验收合格的情况下,发包人才应当按照约定支付工程价款。如果建设工程未竣工而解除建设工程合同的,则不发生优先受偿权。因此,承包人优先受偿权产生的时间,应依法律事实状况而确定。如以阶段性工程作为债权担保的,则以该阶段性工程完成的时间为承包人优先受偿权的产生时间,如以全部工程作为债权担保的,则以全部工程竣工的时间为其产生的时间。①

三是债权未受清偿说。此观点认为,承包人的优先受偿权所担保的债权虽然在承包人与发包人订立合同之时就已经产生,但通常情况下,承包人在完成工程建设并竣工验收后才能行使工程价款给付请求权。所以,只有在发包人未按照约定支付工程价款的情形下,即承包人的债权未受清偿时,承包人的优先受偿权始得产生。②

笔者认为,"合同成立说"和"工程竣工说"虽有一定合理性,但均不是在充分理解和熟知建筑行业操作惯例和规则的情况下提出的,容易产生理论和实践操作上的缺陷。

(1)"合同成立说"认为在建设工程合同成立时建设工程优先权就已成立,但是在建设工程合同成立时,建设工程尚不存在。建设工程优先权属于担保物权,其标的物必须特定化。显然,在建设工程合同成立时,建设工程优先权因缺乏其标的物而不能成立。

(2)"工程竣工说"也存在理论和实践操作上的漏洞和缺陷,具体表现在:

第一,司法实践中,对"竣工"的理解和认定标准并不统一。

表面上看,承包人在主张工程款之前必须先完成所承建的工程,因而,作为对工程款债权的担保,建设工程优先权自然不能只能在工程竣工之前存在。但是,实务界对"竣工"之认定并不一致,至少有两种理解:一为"交付使用说";二为"验收合格说"。前者指承包人与发包人均对建设工程合同的履行情况表示认可,并且承包人将建设工程移转占有给发包人;后者则

---

① 梁慧星:《合同法第 286 条的权利性质及其适用》,载《陕西大学学报(哲学社会科学版)》2001 年第 3 期。
② 谢在全:《民法物权论(下)》(修订 5 版),中国政法大学出版社 2011 年版,第 730 页。

强调"交付使用"进行的行政许可程序,该程序旨在检查建设工程是否符合各项行政规定。可见,前者可被视为一种对竣工的私人认可,后者为官方认可。实践中,这两种认可可以同时进行,也可以分别进行。当两者分别进行而导致认定竣工的时间不一致时,究竟以哪种认定为准?实务界对此存在着意见分歧。

若采用"交付使用说",那么承包人就必须首先放弃对建设工程的占有,这种放弃占有会限制承包人针对发包人可能的拖欠工程款行为进行自力救济的能力。另外,工程款的确切数额通常要到"竣工验收合格"后的决算阶段才能最终确定,也就是说,即便承包人在建设工程交付使用后即可实行建设工程优先权,然而此种优先权所担保之债权的数额仍无法明确。因此,将竣工理解为"交付使用",不便于实践操作。还有,若将竣工理解为"验收合格",也同样面临着一些无法有效解决的问题。通常,建设工程由发包人组织验收。若发包人不当拖延验收,则竣工之日迟迟无法确定,承包人将陷于不利境地。当然,在这情形之下,或许可以认为承包人可以在"建设工程合同约定的竣工之日"到来时享有建设工程优先权,不经决算而单方面主张工程款数额。不过,我们经仔细观察建设工程合同履行的实际进程后发现,上述两种对"竣工"的理解都未必与工程款的履行期完全相符。在实际建设施工的场合,工程款的支付进程如下:

预估总工程款并写进合同→支付一定比例的预估工程款充作工程预付款→在工程进展过程中分期支付部分余款→竣工交付使用→验收→决算确定工程款总额→计算未结工程款数额=工程款总额-已支付数额→支付部分未结工程款,余额作为质量保证金→质量保证期届满后若无重大瑕疵再行支付保证金[①]

可以看出,拖欠工程款可能发生在以上各个环节中。若坚持"工程竣工说",当发包人在竣工之前未按约支付工程款时,承包人面临两种选择:一是自行垫资完成工程,以满足"竣工"之条件,否则其不享有建设工程优先权。二是当承包人无力或不愿垫资完成建设工程时,只能等待建设工程合同约定的竣工之日到来,方可借助建设工程优先权回收工程款。但是,无论上述

---

① 张巍:《建设工程承包人优先受偿权之功能研究》,载《北大法律评论》2006年第7卷第1辑。

哪种选择,都不符合我国《合同法》第286条的立法本意。这是因为,按照"工程竣工说",在实际竣工之日或约定竣工之日到达之前,建设工程优先权并不成立。即便发包方拖欠工程款的行为已经发生,承包人的债权仅是无任何担保的普通债权,并未体现法律的特殊保护。

第二,从建设工程优先权与其他权利竞合来看,"工程竣工说"不利于保护承包人的利益。

建设工程优先权担保的债权是承包人基于建设工程合同所生的债权,该债权的实现可能与其他以建设工程为标的物的权利产生竞合。在建设工程优先权不成立的情况下,承包人的此项债权等同于普通债权,与其他权利发生竞合时并不具有当然的优先地位。故而,建设工程优先权的成立时间对保护承包人的合法利益尤为重要。

在实践中,发包人为了筹集建设资金,往往以其开发的建设工程为标的物设定在建工程抵押而融资贷款。尽管依据《批复》的相关规定,建设工程优先权优于一般抵押权,但若抵押权人在工程竣工之前就依抵押合同约定对建设工程进行折价或拍卖的方式以实现债权,而依"工程竣工说",建设工程优先权此时没有成立,更不用说优先于抵押权了。同样,就同一建设工程,承包人的建设工程优先权与消费者对其所购买的预售商品房的请求权之间也可能存在冲突。若在工程竣工之前商品房已经全部或大部分预售,且消费者已支付全部或大部分购房款,那么,依《批复》第2条,承包人在工程竣工之后即便享有建设工程优先权,也不能对抗这些已预售的商品房之买受人。其债权同样难以得到实现。

考虑到"合同成立说"和"工程竣工说"存在上述弊端,根据我国《合同法》第286条规定的建设工程优先权成立的首要实质条件"发包人未按照约定支付价款"和建筑行业关于工程款支付的惯例,笔者认为,建设工程承包人优先权成立的时间应界定为债权未受清偿。也即,不论建设工程是否已经竣工,只要承包人的建设工程价款未按约定得到清偿,承包人就依《合同法》第286条的规定享有优先受偿权。理由在于:

第一,从建设工程优先权的性质来看。建设工程优先权属于法定的担保物权,依据法律的规定直接产生。换言之,只要满足法律规定的条件,无须当事人的约定就可以成立。从《合同法》第286条的规定来看,建设工程优先权无须登记,只要工程价款债权已届清偿期而发包人未按照约定履行债务,建设工程优先权就成立。有观点认为建设工程优先权的成立时间应为"承包人给予未按约定支付工程款的发包人以合理的催告期满的时间"。① 笔者认为,此观点混淆了建设工程优先权的成立条件与行使条件。根据第286条的规定,发包人未按照约定支付价款的,仅仅导致建设工程优先权的产生,承包人不能立即行使该权利,而应当确立一个合理的债务履行期限并催告催告发包人在此期限内支付价款,若发包人逾期未履行债务的,承包人才可行使建设工程优先权。②

第二,我们所主张的"债权未受清偿说"可以很好地解决上述"工程竣工说"不能解决的问题。一方面,在建设工程优先权与其他债权的竞合方面,承包人自债权未得到完全清偿之日起就享有建设工程优先权,该权利自然优先于其他债权。因此,即便建设工程尚未竣工,承包人也可以将建设工程作为土地使用权的附着物与土地使用权一起协议折价或申请拍卖,并就所得的价款优先受偿。实践中,曾经发生过这样的案例③:广东省佛山市中级人民法院审理的中建三局(珠海)第一建筑安装工程公司诉被告广东顺华实业有限公司工程款一案,在确认建设工程优先权成立时间时就是依"债权未受清偿说"而非"工程竣工说"。该案经查实,原被告于1996年1月15日签订顺德市北湾镇"国家星火科技城星火大厦"项目的承发包合同。施工过程中,1997年9月被告法定代表人张长立因涉嫌非法集资而潜逃,在建项目被顺德市人民检察院查封冻结。依法定程序确认已完工造价3150.93万元,扣除被告材料及已支付价款等,被告尚欠895.06万元。最后法院判决:鉴于已完工程等财产被冻结,原告对其施工完成的工程在被告的债务范围内享有优先受偿权。另外,上海市高级人民法院在2001年依《合同法》第286条成功主持了巨额房地产联建一案,在确定优先受偿权的成立时间上,也采用了"债权未受清偿说",从而保护了承包人的工程价款。

另一方面,在建设工程优先权与抵押权、消费者请求权发生竞合时,如果抵押权人在工程竣工之前就依抵押合同的约定对建设工程进行折价或拍

---

① 李志泉:《论建设工程价款优先受偿权》,中国人民大学2005年硕士论文。
② 留置权属于法定担保物权,我国《物权法》第236条规定的留置权之行使条件也体现了这一原理。
③ 以下两个案例材料均来自朱树英:《从司法实践中的执行情况看〈合同法〉第286条的操作性》,载《中国律师》2001年第10期。

卖以实现其债权,按照"债权未受清偿说",承包人此时可以其享有的优先权对抗在建工程的约定抵押权,从而实现自己的债权。只有发包人按约支付了工程价款,建设工程优先权才不存在。这就能够促使发包人以在建工程抵押所得款项优先清偿其对承包人的债务,同时也利于金融机构控制风险,保证各方资金的良性循环。同样,如果在预售商品房的过程中存在"发包人未按照约定支付价款"的情况,依"债权未受清偿说",承包人就可以其享有的建设工程优先权,根据《城市商品房预售管理办法》第5条规定及《批复》的规定,对抗部分预售房买受人的权利。

第三,在建设工程优先权与建设工程的质量方面,依"债权未受清偿说"确定建设工程优先权的成立时间,并不是说承包人行使建设工程优先权不必考虑工程质量。事实上,只有在工程质量符合合同约定的质量标准的情况下,承包人才能行使该优先权。这就促使承包人按照合同约定确保工程质量,否则,在承包人行使建设工程优先权时,发包人可以建设工程的质量不符合约定为由进行抗辩。而在建筑惯例中,承包人在施工过程中会随时接受工程师的监督、检查、检验。若某部分工程的质量达不到约定的质量标准,一经发现,承包人则应按照工程师的要求进行拆除和重建施工,直到符合约定标准。只有如此,才能既保障了承包人的建设工程优先权,又有利于确保建设工程的质量。

第三节 限制性要件

建设工程优先权的设立是立法突破债权平等主义,对承包人的工程价款债权予以优先保护。这体现了立法者对多元化利益的衡量与取舍,旨在实现实质的公平。然而,建设工程优先权并非不受任何限制,倘若建设工程上存在着其他利益且重要程度不亚于承包人的工程价款债权时,为了平衡两者的利益冲突,承包人所享有的建设工程优先权应当受到一定的限制。

一、对建设工程优先权所涉及标的物范围的限制

我国《合同法》第286条对建设工程优先权的标的物范围进行了限定,即"除按照建设工程的性质不宜折价、拍卖的以外"。那么,究竟哪些建设工

程是不宜折价、拍卖的呢？《合同法》对此没有明确规定，最高人民法院也未作出相应的司法解释，学界对此亦认识不一致。

有学者认为，"不宜折价、拍卖的建设工程"应理解为法律禁止流通物，包括公有物和公用物。① 公有物如国家机关办公的房屋建筑物、军事设施等，公用物如公共道路、桥梁、机场、港口及公共图书馆等，但国家机关的员工宿舍除外。笔者认为，这种观点片面强调了对公有物和公用物的保护，反而忽视了《合同法》的意思自治原则和保护弱者权利的立法目的。根据有关机关所作的统计，截至2004年，全国已竣工工程拖欠工程款1755.88亿元，其中政府拖欠642.80亿元，占拖欠工程款总额的36.61%。而同期，全国已竣工城市房地产开发项目拖欠的工程款数额为470多亿元，约占已竣工项目拖欠总额的26.6%。可以发现，在已竣工项目中，政府拖欠所占比例较城市房地产开发商拖欠的比例还要高出10%。② 因此，将"不宜折价、拍卖的建设工程"理解为公有物和公用物，显得过于宽泛，容易导致《合同法》第286条的立法本意落空。

要正确理解"不宜折价、拍卖的建设工程"，既不能从建设工程的所有制性质是公有还是私有的角度来界定，又不能从投资主体是政府还是其他主体来考虑，而应当坚持两个原则：一是当事人意思自治原则。如果双方当事人在建设工程合同中未约定承包人放弃优先权的，应认定该建设工程可以成为建设工程优先权的标的物；如果承包人在建设工程合同的履行过程中书面声明自愿放弃对承建工程的优先权，则不允许承包人对该建设工程进行折价或者拍卖。二是效益原则，也即适于折价、拍卖的建设工程须有市场价值且其流通不影响其使用功能之实现。对建设工程进行折价或拍卖通常会造成该建设工程的流转，若建设工程的流通并不能产生市场收益，则有违效益原则，既损害了发包人代表的利益，也不利于对承包人的利益的保护。基于此，单纯以建设工程竣工验收后的用途来判断建设工程本身是否属于"不宜折价、拍卖的建设工程"，并不合理。这是因为，该工程尚未竣工而发包人又未按约支付工程价款而造成该工程被折价或拍卖的，就不能完

---

① 梁慧星：《合同法第286条的权利性质及其适用》，载《人民法院报》2002年12月1日第3版。

② 上述统计数据没有显示剩余的36.8%系由哪些主体拖欠。资料转引自张巍：《建设工程承包人优先受偿权之功能研究》，载《北大法律评论》2006年第7卷第1辑。

全以其实际用途来划分,毕竟建设工程的实际用途在竣工后尚可变更。例如,政府办公楼可以在补交土地出让金之后转为商业用途的办公楼,并没有影响该建设工程的使用功能和市场收益。因此,为了实现公益和承包人利益的平衡,应当对"不宜折价、拍卖的建设工程"作狭义解释,将其界定为其流通不能产生市场收益的建设工程,这类工程通常纳入了法律、行政法规禁止流通的标的物范围,一般为关系到国家根本利益和国防安全的建设工程以及纯粹的公益用途的公用建筑设施。

具体而言,这类工程主要包括以下几种:(1)关系国计民生的国家重点工程、军事设施等。如国防工程、尖端技术工程涉及国防秘密或技术秘密,将这类工程折价或者拍卖导致工程所有权易主,将可能导致泄露秘密,进而危及国家利益。(2)关系社会公共利益的铁路、桥梁、高速公路、城市基础建设设施等公用事业工程。由于这类工程涉及公共利益,其一般造价巨大,折价、拍卖事实上也不太可能,也不宜由非发包人对其拥有所有权。(3)学校、幼儿园、医院等以公益为目的的事业单位、社会团体的教育设施、医疗卫生设施和其他社会公益设施。由于学校、幼儿园、医院等事业单位是从事公益活动如提供教育、医疗服务等,若对这些单位的教育医疗设施进行折价或拍卖,将危及公益目的的实现。(4)法律、行政法规禁止流通的其他建设工程。除上述四类建设工程不能作为建设工程优先权的标的物之外,其他建设工程的承包人均可依法行使其优先权,对其承建的工程进行折价或拍卖,发包人不能随意以"不宜折价、拍卖的建设工程"为由对抗承包人行使优先权。只有这样,才能真正实现立法之目的。

此外,需要注意的是,作为建设工程优先权标的物的"工程"一词应限定为地上作业物,也即,建设工程优先权的效力仅及于承包人所承建的建设工程本身,不包括该工程所附土地的土地使用权。因为建设工程虽然是基于一定的土地使用权而产生,必须依附于土地才能存在,但因土地使用权是由发包人自行取得,与承包人的施工行为无关;再者,我国立法一直将建筑物与土地使用权视为独立的不动产,不互为从物,其各自的价款可以分割。① 更何况,以建设用地抵押向银行贷款是发包人融资的主要方式,故将《合同法》规定的"工程"限制为地上作业物本身,不仅符合我国现行立法的规定,

---

① 我国《物权法》第200条和《担保法》第55条正是体现了这一理论。

还可在保护承包人的合法利益的同时兼顾约定抵押权人的利益,从而实现对优先权人和约定抵押权人的均衡保护。当然,考虑到地上作业物与土地在实体上不可分离,故在行使建设工程优先权时,应将土地使用权连同建设工程各自估价、一并处分,承包人对土地使用权所得款项,无权优先受偿。

如果我们进行更深层次的分析,不难发现,对承包人而言,这些对建设工程优先权所及的标的物范围的限制,无形中成为其实现其工程价款债权的障碍。实践中,相当部分的工程款拖欠就来源于这些政府投资项目。另外,从可流通性的角度而言,除了上述在法律上被明确排除的建设项目,任何无法在市场上方便流通的项目均有可能落在建设工程优先权效力所及标的物范围之外。例如,如果某工厂在其基地之上、围墙之内建造一幢新厂房,而工程款却久拖未结,那么,即便《合同法》第286条没有将工厂厂房视为不宜折价、拍卖的工程,很难想象投资者会对这样一幢被工厂围住的厂房建筑有兴趣参与竞拍。显然,最契合于建设工程优先权的建设工程是城市房地产开发项目,而对于法律上或实际上难以流通的项目,建设工程优先权显得"心有余而力不足"。不过,似乎前者拖欠工程款的可能性较后者更小——尤其是在房地产市场兴旺之时。在这样一个市场中,发包人(即开发商)慑于失去有利可图的建设项目,拖欠工程款的动力大大减小;而且,凭借购房款的及时流入,发包人也有更充实的经济能力支付工程款。倘若这与事实相符,那么,建设工程优先权至多不过是一味救治不易罹患之疾的良药,却对更为广播的疾病无可奈何。[①]

二、因对消费者利益的保护而受的限制

2002年最高人民法院的《批复》第2条规定:"消费者交付购买商品房的全部或者大部分款项后,承包人就该商品房享有的工程价款优先受偿权不得对抗买受人。"该规定实质上是对建设工程优先权进行了限制,即承包人的优先受偿权不得对抗购买商品的消费者的权利。

之所以这么规定,是因为考虑到相对于消费者而言,承包人作为一种商事经营者,更有能力进行决策分析和控制交易风险,更有能力实现自己的利

---

① 参见张巍:《建设工程承包人优先受偿权之功能研究》,载《北大法律评论》2006年第7卷第1辑。

益。而且,承包人的利益属于经营利益,而消费者的利益则是一种生存利益。因此,当这两种利益发生冲突时,消费者的利益应当得到优先保护。若允许承包人的优先受偿权可以对抗消费者的权利,则无异于允许开发商将自己的债务转嫁给了广大的消费者,严重违背了保护居于弱势地位的消费者的法律政策。

该条规定使用了"消费者"这样一个与"经营者"相对应的术语。根据我国《消费者权益保护法》第2条的规定,所谓消费者,是指为生活消费需要购买、使用商品或者接受服务的民事主体。而国家标准计量局1985年6月29日颁布的国家标准GB5296.1《消费者使用说明总则》规定:"消费者是为满足个人或家庭的生活需要而购买、使用商品或服务的个体社会成员。"据此,《批复》第2条的规定可以作如下解释:(1)商品房的买受人须为消费者。也即,其买房的目的是为了满足生活消费的需要,而并非为了营利。法律并不对用于投资项目的房产买受人作特别保护,因为投资人本身应当具有一定风险预测与防范能力,再者,炒作房地产不宜受到鼓励,否则会影响到房地产的供求信息,从而影响市场价格,损害普通消费者的利益。(2)消费者应当是自然人,不包括法人、其他组织。司法解释中保障消费者的个人消费,其相对于组织或团体而言,缺乏充分保障自身权益的资信调查手段和物质基础,其购房开支不能计入生产成本,而且是其当前或以后若干年的维持生存的所有积蓄,因此其相对经营者而言明显属于弱势群体,对他们的利益进行特殊保护有利于稳定社会秩序。(3)并非所有购房的消费者都能以其权利对抗承包人的建设工程优先权。该《批复》第2条指出必须是交付超过大部分款项的消费者。可见,如果购房者不属于《消费者权益保护法》规定的消费者,或者购房者支付的购房款不占全部购房款的大部分的,则承包人的建设工程优先权仍然优先于购房者的权利。

如前所述,《批复》第2条的规定虽然是基于对消费者生存利益的保护,有其合理性。但这种限制性规定却导致了不少问题,引发了学界的争论。

第一,消费者以按揭贷款的形式购买商品房时,银行与消费者之间签订了按揭合同,根据该合同,银行将在消费者不能偿还贷款时对其购买的商品房依法行使抵押权。在这种情况下,消费者和承包人之间的利益冲突演变成了承包人的优先权和银行的抵押权之间何者优先的问题。根据该《批复》第1条的规定,承包人的建设工程优先权能优先于银行的抵押权但不能对抗买受人。那么，承包人行使建设工程优先权，该建筑工程被依约折价或依法被拍卖之后，消费者的购房款将首先得到清偿，该笔购房款则首先偿还按揭银行的贷款。这样一来，银行间接地实现了它的抵押权。于是，"建筑工程承包人的优先受偿权优先于抵押权和其他债权"这一规定被虚置。

　　第二，考虑到现阶段建筑市场不规范导致的不良竞争使得承包人垫资施工的情况普遍存在，发包人所拖欠的承包人的工程款，主要部分是劳动者工资和材料款等。那么，当承包人欲行使建设工程优先权以发放该项工程中所拖欠的劳动者工资而承建工程已经发售时，劳动者的生存权与消费者的生存权就会发生冲突。究竟何种生存权更为优先，学界并未达成共识。《批复》虽然偏向优先保护消费者的权利，但劳动者用于养家糊口之工资的生存权之重要性似乎并不亚于消费者用于安居乐业的生存权，更何况建设工程价款除了劳动者工资，还有承包人收益等其他组成部分，一味强调消费者权利优先，似乎显得武断。

　　第三，《批复》将商品房的买受人界定为消费者，也就是说，其购买房屋的目的是用于满足生活消费的需要而非投资经营。那么，购买商铺或办公楼的买受人就明显不属于消费者。不过，就购买住宅楼而言，购买者有的是为了居住，有的则是为了出租或炒楼等投资用途。后者不宜纳入消费者范围。但是，要证明购房的目的是满足生活消费的需要显然并非易事，按照"谁主张谁举证"的规则，承包人自己须举证证明。这样一来，承包人以其优先权对抗消费者权利显得有些麻烦。

　　第四，为保护消费者利益而优先保护商品房买受人的权利，可能会架空承包人的建设工程优先权。诚然，承包人的经营利益应当屈从于消费者的生存利益。但是，这种对消费者生存利益的屈从对承包人而言可能会成为一个陷阱。简言之，发包人可能与购房者通谋，以逃避支付工程款。实际上，即使不存在发包人与购房者的恶意串通，承包人的利益仍然会面临着无法实现的风险。部分出于规避之目的，为发包人提供建设贷款的银行通常会要求发包人在该行开设一个账户用于收取出售商品房的价款，一旦购房款到位，银行便得以此账户内的资金清偿建设贷款。如此一来，承包人的建设工程优先权反而后于银行的抵押权，使得银行的经营利益实际上优先于承包人的生存利益得到保护，显然有悖于建设工程优先权的立法本意。

三、对善意受让第三人权利的限制

承包人的建设工程优先权依法成立后,建设工程所有人完全可以将该建设工程合法地转让给第三人。那么,承包人还能否追及标的物之所在而行使其建设工程优先权?换言之,建设工程优先权有无追及效力?

从一些大陆法系国家的立法规定来看,承包人的建设工程优先权按法律规定的期间和方法作有效的登记后,方可享有对抗第三人的效力。[①] 我国《合同法》并没有明确承包人的建设工程优先权是否具有对抗第三人的效力。学界也看法不一。对此,我们认为,承包人的建设工程优先权不能对抗善意第三人,也即没有追及效力。原因在于:

第一,根据担保物权法的一般原则,担保物权对第三人的对抗效力通常有赖于其明确的公示外观,如登记或占有。而从我国《合同法》的规定来看,承包人的建设工程优先权作为一种法定担保物权,根据法律的规定直接产生,无须登记。既然承包人的建设工程优先权没有明确的公示外观,自然不能对抗第三人。

第二,保护善意第三人的利益已成为近、现代民法的一般准则。在不动产建设工程担保物权未登记的情况下,其标的物的善意买受人就标的物享有优先的权利。自近代以来,消费者权益观念的兴起更在一定程度上强化了这种权利,基于弱势群体的消费者的权利总被视为理所当然要特别保护。因此,在承建的商品房已售出的情况下,承包人的建设工程优先权势必让位于商品房买受人对商品房所有权的行使。

第三,承包人的建设工程优先权作为一种法定担保物权,其所担保的债权之实现与标的物的流转并无根本冲突。这是因为,担保物权是一种价值权,具有物上代位性,承包人的建设工程优先权同样如此。当发包人转让建设工程时,承包人可就发包人转让建设工程所得价款而实现其债权。

以上几点表明,我国《合同法》上的承包人的建设工程优先权并无追及效力。当建设工程被合法转让给善意第三人后,发包人不再对承建工程享有所有权,故而,承包人不得对该建设工程折价、拍卖以行使建设工程优先权。

---

① 参见《法国民法典》第2166条,《日本民法典》第339条、第341条。

综上可见,建设工程优先权的成立须同时满足上述各项要件,缺一不可。至于承包人是否按时完成建设工程、建设工程是否存在瑕疵等,均不影响建设工程优先权之成立。这是因为建设工程优先权是专为保护承包人的利益而设,发包人对承包人即使享有基于债务不履行所生的损害赔偿请求权,也不能妨碍其成立。①

相关案例介绍与评析

【案例】 中国建设银行云南省分行昆明市城东支行等申请执行昆明天元国际商城有限公司案。②

申请执行人:中国建设银行云南省分行昆明市城东支行(以下简称建行城东行)。

申请执行人:过桥园。

申请执行人:交通银行昆明分行。

申请执行人:云南省第五建筑工程公司(以下简称五建公司)。

申请执行人:中国农业银行昆明市护国支行(以下简称农行护国支行)。

被执行人:昆明天元国际商城有限公司(以下简称天元公司)。

执行机关:云南省昆明市中级人民法院。

申请人建行城东行、交通银行昆明分行与被执行人天元公司分别于1998年、1999年签订了总额为5000万元的借款合同,约定以昆出让国有(95)字第00079号土地使用权项下的土地使用权设定抵押。天元公司逾期未归还借款,申请人分别诉至云南省昆明市中级人民法院。经审理,法院作出判决:由天元公司支付借款本金5,000万元及相应利息、费用等;如天元公司到期不能偿还上述款项,则申请人有权以抵押物折价或拍卖、变卖抵押物所得价款优先受偿。

1997年11月,申请人五建公司与被执行人天元公司就"昆明天元国际

---

① 谢在全:《民法物权论》(下卷)(修订5版),中国政法大学出版社2011年版,第703页。

② 来源:http://www.fsou.com/html/text/fnl/1174883/117488320.html,2014年4月1日访问。

商城"签订了工程施工合同,开工后,天元公司因拖欠工程款被诉至云南省昆明市中级人民法院。经法院主持调解,双方达成以下协议:终止施工合同,天元公司归还工程款 35,710,728 元及利息;如不能履行到期还款义务,依照《中华人民共和国合同法》第 286 条的规定,将工程依法拍卖,价款优先受偿。

2000 年 2 月 1 日,申请人农行护国支行与被执行人签订最高额抵押合同,约定天元公司提供昆明天元国际商城多功能厅在建工程,为云南天元健康食品有限责任公司提供担保,农行护国支行向天元健康食品有限责任公司发放贷款 300 万元。后,天元健康食品有限责任公司未归还贷款,农行护国支行诉至云南省昆明市中级人民法院。经法院调解,双方达成以下协议:天元健康食品有限责任公司归还本金 300 万元及利息;如到期不能偿还上述款项,则农行护国支行有权以天元商城多功能厅折价或拍卖、变卖所得价款优先受偿。

其他案件还有天元公司退还申请人过桥园 800 万元租金及相应利息、费用,天元公司为云南天元国际商务集团股份有限公司、云南天元制药有限公司总额为 4,604 万元的借款承担连带清偿责任。

在执行过程中,执行法院昆明市中级人民法院查封了天元公司所有的位于昆明市昆交会东侧的国有出让土地 66719.133 平方米 42 年的使用权及地上在建工程。该系列案执行标的为本金 14275.0728 万元及利息、费用等,属多份生效法律文书确定金钱给付内容的多个债权人分别对同一被执行人申请执行。鉴于该系列案件的具体情况,只能对查封的资产变现后进行货币分配。按照最高人民法院《关于人民法院执行工作若干问题的规定(试行)》、《批复》等司法解释的相关规定,参与款项分配的债权人顺序是享有工程款优先受偿权的五建公司和享有土地抵押权的建行城东行、交通银行昆明分行,分配有剩余后再对其他债权人进行分配。为保证优先受偿的分配,执行中,执行法院依法委托会计师事务所对上述财产进行分项评估,土地使用权价值为 12289 万元,占查封总价值的 74.277%;在建工程价值为 4255.69 万元,占查封总价值的 25.723%。随后法院委托拍卖公司对上述财产进行公开拍卖,总成交价款 6800 万元。享有优先受偿权的五建公司和建行城东行、交通银行三家债权人债权高达 8500 余万元。农行护国支行虽然有天元商城多功能厅这一抵押物,但由于工程款优先权优于抵押权,且在建工程抵押后于土地抵押,故农行护国支行及其他债权人已无分配可能。执行过程中,法院将执行情况告知当事人后,享有土地抵押权的建行城东行、交通银行昆明分行和享有工程款优先受偿权的五建公司三家债权人最后自行达成协议并约定:五建公司分配总款项的50%,建行城东行、交通银行昆明分行各分配25%。对于此协议法院经审查后认为,这是在法律规定范围内,各债权人自由处分财产的权利,遂同意上述分配方案。

【评析】

本案的焦点问题是建设工程优先权所及标的物的范围是否涉及土地使用权。实践中有两种意见。一种意见是根据我国《担保法》第55条的规定,城市房地产抵押合同签订后,土地上新增的房屋不属于抵押物。需要拍卖该抵押的房地产时,可以依法将该土地上新增的房屋与抵押物一同拍卖,但对拍卖新增房屋所得,抵押权人无权优先受偿。同理,既然抵押权人无权对新增房产享有优先受偿的权利,那么新增部分的房产也没有任何权利优于原抵押权。同时,土地使用权抵押时,抵押权人并不知道以后是否会涉及工程款,如果工程款优先的部分涉及土地使用权的话,那土地抵押价值就会减少,也就失去了抵押的目的和意义。另一种意见认为:我国现行的房地产法律法规都是围绕房地不可分原则制定的。根据我国现行法律法规的规定,对地上建筑物及土地使用权采取"相互结合"的原则,即二者的权利主体一致。在转让时应同时转让,不得单独转让。为了实现优先权而对建筑工程进行拍卖,转让只能是土地和房产的同时转让,不可能出现分割转让的情形。所以,优先权肯定是及于土地使用权的,否则,优先权是难以实现的。

笔者认为,建设工程优先权仅及于建设工程本身的价值,不涉及土地使用权。理由在于:首先,从建筑工程合同的概念来看,是发包人与承包人为完成工程建设而订立的承包人进行工程建设,发包人支付相应价款的合同。建筑工程合同的标的涉及不动产工程,包括房屋与建筑物,但是并不包括建筑物占用的土地。其次,建筑工程基于承包人建设行为而生,而土地使用权是发包人基于自己资金付出而取得,与承包人建设行为无关。而且我国法律中房屋产权与土地使用权是两个相互独立的物权,其价值也是可以分离的。现实中,房地产评估时也是根据建筑物价值和土地使用权价值,计算出建筑工程中建筑物自身价值、土地使用权价值各自的比例。最后,从相关立法规定来看。最高人民法院的《批复》第3条规定,建筑工程价款包括承包人为建设工程应当支付的工作人员报酬、材料款等实际支出的费用,土地使用权的价值并非承包人实际支出的费用,自然不能纳入建设工程优先权的范围。因此,我国《合同法》第286条规定的工程限定为建设工程,也即地上作业物。实际操作中,由于在建工程及其土地使用权不能单独处分,法院执行时须将两者一并拍卖,基于公平原则,拍卖前应当先对建筑物和土地进行分项评估,按各自所占比例进行拍卖款分配。

第四节 两类特殊合同建设工程优先权的成立及适用

一、联建合同

所谓联建合同,是指根据当事人双方的约定,由一方提供基地使用权,而另一方出资建房的合同。在此类合同中,是否将有建设工程优先权之适用,仍应以其是否满足上述所列建设工程优先权的成立要件为判断标准,其中工程性质问题并不因联建合同而有所区别,故以下只讨论合同的性质及房屋所有权归属问题对法定优先权适用的影响。

从理论上而言,联建合同大致可分为两类:一类是双方联建后的房屋及其基地使用权按一定比例分配的联建合同;另一类是双方共同将联建后的房屋出售,所得价金按一定比例分配的联建合同。

在第一类的联建合同中,建成后房屋的原始所有权应归提供基地使用权的一方当事人,建设方按比例分得的房屋及相应的基地使用权其实是其建设房屋的报酬,因此,此类联建合同的性质仍属于建设工程合同。提供基地使用权的一方,在房屋建成后有向建设方移转约定比例之房屋及基地使用权并作成登记之义务,如未履行此等义务,建设方就能向其主张建设工程的优先权。

在第二类的联建合同中,双方实际上是以共同出售房屋分配盈利为目的,符合为经营共同之事业而共同出资、共担风险的特征,因此,其性质上应属于合伙合同,而非建设工程合同,这样一来,自然也就无建设工程优先权适用的可能和余地。

二、委建合同

所谓委建合同,是指双方当事人约定,由一方出资,另一方提供基地使用权并建造房屋,并于房屋建成后将房屋所有权及基地使用权移转于出资方的合同。

从理论上分析,不难看出,委建合同实际上具有买卖合同的特征,但建设方并非仅仅进行现房交易,其重点仍在房屋的建造上面,且此类合同所涉之房屋乃建设方为出资方量身定制,具有特定性。这样一来,仍应将其作为建设工程合同。只是因基地使用权系由建设方提供,故建成房屋之所有权乃归建设方,建设方自无法在自己所有的不动产上成立建设工程优先权。但是,为了保护建设承包人的利益,似应于房屋之所有权移转于出资人后,许于该房屋上成立建设工程的优先权。①

相关案例介绍与评析

【案例】 A公司诉B公司集资建房纠纷案。②

原告:A公司

被告:B公司

原告A公司与被告B公司于1992年8月14日签订了一份《集资建房合同》。合同约定:由A公司提供建设用地800平方米(以规划为准),B公司提供资金,共同将A公司所属的某车间部分危房拆除后改建为住宅楼,住宅楼建筑面积4400平方米;住宅楼竣工后,A公司与B公司按5∶5比例垂直分割建筑面积,即双方各分得2200平方米,土地使用面积也按同样比例划分;如B公司通过努力,经批准的住宅楼建筑面积超过4400平方米,其超出部分双方按3∶7分配,即A公司分得30%,B公司分得70%,A公司承担分得的超出面积部分的建房造价(土建,室内水电),其余资金由B公司承

---

① 参见谢在全:《民法物权论》(下卷)(修订5版),中国政法大学出版社2011年版,第703页。

② 李启军主编:《律师实务前沿问题案例研究(第一辑)》,法制出版社2007年版,第67页。

担；若经批准的建筑面积不足4400平方米，则B公司保证A公司所得足够2200平方米；A公司需提供修建住宅楼的有关立项批文、土地使用权资料及有关危房鉴定书，负责建设用地内的房屋拆迁、安置工作并承担由此发生的一切费用；B公司需提供新建住宅楼的所有资金及国家、省、市有关文件规定的一切税费，在合同签订生效后1个月内向A公司提供集资建房资金40万元，领取施工许可证开工时再提供资金40万元，其余资金按A公司支付施工单位进度款相应提供；合同生效后如A公司不按合同规定时间完成房屋拆迁和"三通一平"工作，则A公司每延误一天应向B公司赔偿损失300元，如B公司不能按合同规定时间向A公司提供建房资金，每延误一天向A公司赔偿损失300元。

《集资建房合同》签订后不久，A公司与B公司又于1992年9月28日签订了一份《委托销售房屋协议》，约定："(1) A公司将其应分得的住房全部委托B公司销售，B公司按每平方米1260元向A公司付款；(2) 付款方式按B公司向买方收款进度由B公司支付给A公司；(3) 不论B公司按何种价格销售，盈亏由B公司单方承担。"

1992年11月1日，A公司所在地的C市计划委员会以第217号文件下达了C市1992年自筹投资计划的通知，其中包括A公司危房改造投资计划，规模为住宅5000平方米。1992年11月30日，C市规划管理局以第409号文件同意A公司征用C市西城街91—109号及原厂车间土地修建住宅楼5000平方米。1992年12月23日，C市国土局第208号文件《关于C市A公司划拨土地的批复》中载明："经研究，同意A公司在西城街91—109号规划红线范围内，划拨城镇国有土地一亩（其中包括城市规划道路用地0.8亩），与A公司原使用的国有土地一并作为A公司修建职工住宅工程项目的建设用地。该工程于1992年11月30日取得C市规划管理局颁发的建设用地规划许可证，1993年1月30日取得C市规划管理局颁发的建设工程规划许可证。"

1993年2月8日，A公司与S公司签订了修建该住宅楼的建筑工程承包合同，合同约定：房屋竣工时间为1993年11月30日，工程验收合格，竣工决算审计后15日内A公司一次性付清尾款。

1993年2月23日，B公司与G公司签订房屋转让合同一份，约定：B公司将其与A公司共同修建的部分住宅楼销售给G公司，并于1994年3月5

日前交付房屋,若B公司不按合同规定的时间交付房屋,每逾期一天,按总价款的万分之三向G公司支付违约金等内容(后B公司与G公司因房屋转让合同纠纷诉至法院,法院判决B公司向G公司支付延期交房违约金643659.36元)。

A公司与S公司的建筑工程承包合同签订后,S公司于1993年5月进场施工,1994年9月10日工程竣工,1995年10月4日工程价款由C市H建设工程监理公司进行了审计,1995年12月,该工程经C市建筑工程质量监督站检验取得了合格证。该工程建筑面积共计7184.79平方米,工程价款共计5527260.00元。

后因A公司未按合同约定付清S公司工程款,S公司将住宅楼的底层营业房全部扣留。1996年8月,S公司起诉A公司,要求A公司付清工程欠款1030331元,利息140000元。法院判决支持S公司的全部诉讼请求。后A公司付清工程款及利息,1996年12月S公司将扣留的营业房交还A公司。

2001年5月,A公司与B公司对工程收支情况进行了核对,核对出双方已共同认可的收支情况是:已发生工程支出合计5527260.02元,B公司已付A公司款项合计404.5万元,B公司直接支付给施工单位工程款889352.48元,两项合计4934352.48元。B公司支付给A公司的404.5万元中,有115万元是B公司指令G公司于1993年8月30日及1995年2月9日分两次向A公司支付的。

2001年7月,因B公司未按约定向A公司支付建房资金,A公司留置了本应分割给B公司的住宅楼底层营业房并向法院提起诉讼,要求B公司付清欠A公司的建房资金1693229元,并对全部住宅楼按5:5比例分割。

2001年8月,B公司提起反诉,要求:(1)按《集资建房合同》约定的3:7的比例分割营业房;(2)由A公司承担B公司向G公司支付的延期交房违约金643659.36元;(3)A公司赔偿B公司从1994年10月至2001年8月的房租损失270万元。

一审法院C市某区人民法院经审理认为:

(1)关于双方联合建造的住宅楼的分割比例。

A公司主张超出4400平方米的建筑面积系有关部门两次审批增加了土地面积所致,而非合同原楼层增高所致,但没有提供确实的证据予以证明,故法院对A公司的该主张不予支持。A公司在诉讼开始时向法院提交的"联合建房工程结算情况"中主张以合同约定的5:5和3:7分割建筑面积,即是认可了建筑面积的增加系B公司的努力所致,后A公司又主张建筑面积的增加并非B公司的努力所致,A公司对改变后的主张负有举证责任,然A公司未能举证,并且按双方合同约定,审批手续由A公司办理,故A公司主张建筑面积的增加并非B公司的努力所致,法院对此不予认定,对其要求按5:5分割整个住宅楼建筑面积的主张,法院不予支持。B公司主张按合同约定的5:5和3:7分割住宅楼的主张,法院予以支持。

(2) 关于G公司支付给A公司的115万元的性质。

法院认为此款对B公司来说是"购房款",但对A公司来说,是G公司按照B公司的指令将购房中的部分作为进度款支付给A公司,且在A公司与B公司关于工程收支情况的核对中,将该两笔款列于工程收支情况表中已经说明A公司与B公司均将此115作为工程款,A公司又未提供其他证据证明该115万元在2001年5月双方对账后变更为购房款。并且在A公司提供的"联合建房工程结算情况"中,A公司也将该款定性为G公司代B公司转来的售房款,故该115万元是B公司支付的工程进度款。

(3) 关于B公司因延期向G公司交房而赔偿的违约金643659元的承担人。

B公司依据A公司与S公司约定的竣工时间而在与G公司的房屋买卖合同中约定了向G公司交付房屋的时间,由于A公司和S公司之间的原因造成工程不能按期完工,从而造成B公司逾期向G公司交付房屋的后果,故应由A公司承担B公司支付给G公司的违约金643659元。

(4) 关于A公司赔偿B公司营业房房租损失的问题。

A公司与S公司约定:A公司住宅楼工程验收合格,竣工决算审计后15日内A公司一次性向S公司付清尾款。A公司住宅楼于1994年9月10日竣工,1995年12月经C市建筑工程质量监督站检验取得了合格证,A公司与S公司于1995年10月4日委托C市H建设工程监理公司对工程价款进行了审计,审计后A公司应于1995年10月4日后15日内向S公司一次性付清尾款。A公司未按约定付清尾款,导致S公司留置营业房,造成B公司不能及时分割营业房,故对B公司提出的应由A公司赔偿营业房房租损失的主张,法院应予以支持。A公司应向B公司支付从1995年10月20日起至营业房实际分割之日止的B公司应分得的营业房房租损失,B公司只主张自1995年10月20日起至2001年8月共计70个月的房租损失,是处分自己民事权利的行为,法院应准许。法院酌情确定租金为每月每平方米50元,B公司应分得的营业房面积为471.49平方米,因此A公司应赔偿B公司的房屋租金损失为:471.49×50元/月×70个月=1650215元。

A公司不服一审法院判决,委托律师为其诉讼代理人,向二审法院提起了上诉,在上诉状中提出:

(1) 一审法院对房屋分割比例的认定是错误的。

《集资建房合同》约定:"如B公司通过努力,经批准的住宅楼建筑面积超过4400平方米,其超出部分双方按3:7分配",由于按合同约定,所有审批手续都是由A公司办理的,故B公司根本无法证明该住宅楼超出4400平方米的建筑面积是因其努力所致。相反,C市相关部门关于修建A公司住宅楼的一系列批文皆证明了超出4400平方米的面积是因土地面积增加的结果,而非B公司的努力所致。如,《集资建房合同》签订后,A公司向C市国土局提出划拨城镇国有土地的申请,C市国土局以1992年第208号文批复:"同意你公司在××区××街道办事处所辖的西城街91—109号规划红线范围内,划拨城镇国有土地一亩(其中包括城市规划道路用地0.8亩),与你公司原使用的国有土地一并作为你公司修建职工住宅工程项目建设用地……"因此,一审法院判决双方按3:7的比例分割超出4400平方米的房屋面积是完全错误的。A公司主张按5:5的比例分割并无不当。

(2) 一审法院将G公司支付给A公司的115万元认定为建房资金是错误的。

A公司与B公司均已确认,整个建房资金为5527260元,根据双方签订的《集资建房合同》,B公司的主要义务之一是:"提供新建'住宅楼'的所有资金及一切税费和其他相关的费用,并按A公司与施工单位所签订的施工合同约定的付款进度支付。"然而,到目前为止,B公司仅仅支付了3784352元(4045000元+889352.48元-1150000元),尚欠建房资金为1693229.16元。一审法院将A公司委托B公司出售A公司应分得的房屋,并由购房人G公司支付给A公司的购房款115万元,认定为B公司支付给A公司的建房资金,是根本错误。首先,B公司出售的房屋已被一审法院确认为是A公司应分得的部分,并已由B公司实际代为出售。其次,B公司出售A公司应分得部分的房屋是基于 A 公司的委托授权。再次，购房人 G 公司支付 A 公司购房款，是上述两个前提原因产生的必然的法律后果。由此可见，A 公司对 B 公司支付的建房资金提出异议，并对其中的 115 万元以《委托售房协议》为据，主张 B 公司支付的建房资金不应包括这 115 万元，一审法院是应当完全支持的。然而，一审法院却以"A 公司未在本诉中要求对双方的委托售房协议进行结算"为由，要求双方另案对委托售房行为进行处理。一审法院的根本错误在于，把 A 公司佐证自己观点的证据当成了另一法律关系。

(3) B 公司与 C 公司签订售房合同，B 公司因逾期交房而向 G 公司承担的 643659 元违约金，与 A 公司无关。一审法院判决由上诉人承担这一赔偿责任，是根本错误的。

首先，B 公司与 G 公司的购房合同，属于案外的另一法律关系，与本案无关。判决 A 公司应对这一法律关系负责任，是没有任何法律依据的。

其次，A 公司与 B 公司之间的《集资建房合同》也并未约定 A 公司向 B 公司交房的时间。

再次，施工单位扣留房屋，未按合同约定的时间将房屋交给 A 公司的根本原因，恰恰就在于 B 公司未能按约定支付工程款。B 公司以 A 公司与施工单位约定的竣工时间对外承诺自己的履约时间所产生的法律后果，只能由 B 公司自行承担。

(4) 一审法院判决 A 公司应对 B 公司承担 1650215 元租金损失是错误的。

首先，本案事实表明，因 B 公司违约，未按约定支付建房资金，至今尚欠 A 公司建房资金 160 余万元。根据有关法律规定，在 B 公司未全面履行支付义务之前，A 公司有权行使留置抗辩权。因此，即使 B 公司至今未分得营业房屋，A 公司仍然可以依法行使留置抗辩权，直到 B 公司付清建房资金为止。

其次，正是由于 B 公司长期拖欠建房资金，才导致了工程竣工结算后，A 公司无力及时结清施工单位工程款，从而导致施工单位留置双方应分得的营业房。直至 1996 年 12 月，A 公司为了减少双方的损失，垫付了依约应由 B 公司支付的 100 余万元工程尾款后，施工单位才将其留置的住宅楼底层营业房归还给 A 公司。因施工单位留置营业房长达两年多时间所造成的损失，依法应由 B 公司向 A 公司赔偿。然而，一审法院却判决由 A 公司承担,显然是没有任何法律依据的。

再次,即使应对出租营业房的租金数额进行认定或分配,也只能是按以下原则进行:首先应确定拟分配给B公司的营业房自施工单位结清尾款移交给A公司之日起至现在,已由A公司实际出租所获租金是多少;在扣除A公司因此应得的管理费和已交税费后,余下的才是B公司应分得的营业房出租所得收益。

二审法院经审理后认为:

(1) A公司主张超出4400平方米的房屋,是其多出了作为出资的土地和批准其建房的指标增加所致,非因B公司努力的结果,该主张已有其提供的C市国土局1992年第208号文和C市计划委员会1992年第217号文等批文为证,A公司提出将双方联合所建的总面积为7184.79平方米的房屋全部按5:5的比例进行分割,并无不当,法院应当予以支持。而B公司主张超出4400平方米的房屋是因为自己努力的结果证据不足,法院不予支持。原审法院对此认定属认定事实错误,应当予以纠正。双方应按A公司主张的5:5的比例分割营业房面积。

(2) 对于双方争议的由G公司支付给A公司的115万元的性质问题,从G公司付款的票据所载明的款项的用途看为购房款,在《联合建房工程结算情况》中,也已列明为购房款(其余款项均为集资款),在双方签订的《委托售房协议》中也有明确的约定,即B公司支付购房款的方式为按买方付款进度付款,因此应当认定该笔款项为B公司依据《委托售房协议》支付的购房款。原审法院对此属于认定事实错误,应当予以纠正。因此,B公司支付给A公司的建房资金为378.4352万元(404.5万元+88.9352万元-115万元)。《联合建房工程结算情况》载明,已发生工程支出合计为56.25313万元,扣除双方按约定分摊的其他费用,B公司尚欠A公司建房资金169.3229万元。因此,A公司请求B公司支付逾期的建房资金169.3229万元及违约利息,法院予以支持。

(3) 根据合同相对性原则,B公司与G公司之间的房屋买卖关系与本案无关,且A公司与B公司之间签订的《集资建房合同》并未约定交房时间,故原审法院判决由A公司来承担B公司因逾期交房而向G公司赔偿的违约金643659元是错误的,应当予以纠正。

(4) B公司至今尚欠A公司建房资金169.3229万元,根据最高人民法院《关于贯彻执行〈中华人民共和国民法通则〉若干问题的意见》第117条、最高人民法院《关于适用〈中华人民共和国合同法〉若干问题的解释》第1条、《中华人民共和国合同法》第67条的规定，A公司主张未将营业房分割给B公司是依法行使留置抗辩权的观点成立，法院应当予以支持。因B公司自己的违约行为所产生的法律后果，根据《中华人民共和国民法通则》第106条的规定，应由B公司自己承担，故原审法院判决由A公司赔偿B公司1650215元的房租损失是错误的，应当予以纠正。

二审法院支持了上诉人A公司的诉讼请求，撤销了一审判决，并作出了与一审判决完全相反的判决：

（1）对A公司与B公司联合所建住宅楼的底层营业房，双方按5∶5的比例分割，A公司和B公司各分得的面积为408.22平方米；

（2）B公司于本判决下达之日起7日内向A公司支付建房款1693229.16元及违约利息；

（3）驳回B公司的诉讼请求。

【评析】

本案是一起典型的联建合同纠纷。合同双方依据约定，一方提供土地使用权，另一方提供资金共同建房，对联建后的房屋及基地使用权根据一定比例分配。根据《最高人民法院关于审理房地产管理法施行前房地产开发经营案件若干问题的解答》第18条的规定，"享有土地使用权的一方以土地使用权作为投资与他人合作建房，签订的合建合同是土地使用权有偿转让的一种特殊形式，除办理合建审批手续外，还应依法办理土地使用权变更登记手续。未办理土地使用权变更登记手续的，一般应当认定合建合同无效，但双方已实际履行了合同，或房屋已基本建成，又无其他违法行为的，可认定合建合同有效，并责令当事人补办土地使用权变更登记手续。"因此，土地使用权人按比例分得的房屋实际上是其转让土地使用权的报酬，另一方提供资金则是其按比例获得房屋及相应的土地使用权的对价。房屋建成后，提供土地使用权一方有义务向对方移交约定比例的房屋并完成相应登记。那么，若土地使用权人没有履行该移交义务，提供建设资金一方可否就其应得比例的房屋主张优先受偿权？若提供资金一方没有履行投资义务，土地使用权人拒绝移交房屋的行为属于何种性质？

就第一个问题而言，提供资金一方虽然没有实际施工，但其为房屋建设投入了资金,该笔资金即为建设工程价款,所建房屋即为建设工程价款的物化形式。由于建成后的房屋的原始所有权属于土地使用权人,提供资金一方此种"为他人作嫁衣"的情境与承包人的地位相同。基于公平原则的考虑,应允许提供建设资金一方主张《中华人民共和国合同法》规定的优先权,但其优先权仅仅限于其应得比例的房屋。但由于本案纠纷发生于《中华人民共和国合同法》实施之前,不能适用《中华人民共和国合同法》第286条。

对于第二个问题,笔者认为,由于B公司没有按约定提供建房资金,A公司扣留了本应分割给B公司的住宅楼底层营业房,其行为的性质应当理解为双务合同履行的抗辩权,属于顺序履行抗辩权,而不宜界定为留置权。理由在于:联建合同是双务合同,本案中B合同提供建设资金的义务与A公司移交房屋及土地使用权的义务互为对价给付,且在履行顺序上有先后之别。应当先履行义务的B公司没有按照约定提供建设资金时,A公司有权拒绝其相应的履行请求,因此造成B公司损失的,不需承担违约责任。

第六章　建设工程优先权的权利主体与受偿范围

第一节　建设工程优先权的权利主体

一、建设工程优先权的一般权利主体

从我国《合同法》第286条的规定来看,建设工程优先权之权利主体为建设工程合同的承包人。但是,由于建设工程合同的具体内容多样化,关于承包人之具体认定也较为复杂。比如,建设工程合同包括勘察合同、设计合同和施工合同,《合同法》第286条所指的建设工程合同是仅指施工合同还是包括此三个合同?对已有建筑物的改建、扩建、重大修缮的施工承包人是否享有建设工程优先权?装修合同的承包人是否为建设工程优先权的权利人?法律对此并没有明确规定,实践中也存在着不同的理解和看法。

(1)关于第286条所指建设工程合同承包人是否包括勘察合同的勘察人和设计合同的设计人,学界主要存在两种截然不同的观点:一是肯定说。该说认为,《合同法》第269条规定:"建设工程合同是承包人进行工程建设,发包人支付价款的合同。建设工程合同包括勘察、设计、施工合同。"从这条规定可以看出,工程勘察人、设计人同样属于工程承包人。因勘察、设计合同拖欠工程款性质的勘察费、设计费,也同样属于工程款的一部分。而且《合同法》第286条也没有明确排除勘察、设计合同。因此,被拖欠工程价

款的勘察人，设计人同样可以按已经出台的司法解释行使相应的优先权。①

二是否定说。《合同法》第286条所说的建设工程合同应作狭义解释，仅指建设工程施工合同，不包括建设工程勘察与设计合同。其理由在于，本条的立法初衷是为了解决长期存在的拖欠施工合同工程款问题，因为这类工程款中有大部分是建筑工人的工资。虽然勘察费、设计费也有拖欠的问题，但勘察单位和设计单位能够自救，可以采取留置勘察、设计资料的方式保护自己的权利。② 笔者支持否定说，建设工程优先权的权利人仅为施工合同的承包人，不包括勘察人、设计人。理由在于：

第一，从字面表述来看，《合同法》第286条所保护的债权为工程价款，而勘察、设计承包人对发包人价款的债权在《合同法》条文的表述中称为"费用"，仅有施工合同中才称为"价款"。

第二，从优先权担保的债权之性质来看，施工合同承包人享有的价款债权，往往是自己垫付的费用和工人的劳动报酬。《合同法》第286条的立法目的主要在于保护社会的弱势群体——低收入的施工工人工资及报酬利益，因此需要法律的特别保护，赋予其特种债权性质。而勘察、设计合同的承包人履行合同享有对发包人价款的债权性质和内容与其他合同当时债权无实质性区别，只属一般债权，勘察、设计人员收入较高，属于知识分子阶层，不属于法律特殊保护的对象。

第三，从权利实现的可能性来看，在优先权的行使过程中，有一个硬性的限制条件——承包人只有因建设工程合同而合法占有发包人的建设工程，方可享有优先受偿权。勘查合同、设计合同的承包人的工作通常在工程开工之前已经完成，并非直接物化到建设工程之中，因其工作本身属性，无法自始至终地、尤其是在承包人债权得不到满足准备行使优先权的时候合法占有该建设工程，所以，其行使优先权的条件是不完备的。

基于上述理由，勘察、设计合同承包人的价款仅是一般债权，若此债权未能实现，勘察人、设计人可以通过行使同时履行抗辩权，以拒绝提交资料的方式来保护自己的合法权益，无须法律另行特别保护。

---

① 周剑浩、张李锋:《"建设工程欠款优先受偿"的理解与适用》，载《中国审计》2003年第21期。

② 梁慧星:《合同法第286条的权利性质及其适用》，载《山西大学学报》2001年第3期。

（2）对于第二个问题，笔者认为，已有建筑物进行改建、扩建、重大修缮的施工承包人，对建筑物的增值部分也应当享有建设过程优先权。原因在于①：

第一，从域外立法情况来看，许多国家和地区的法律都赋予改建承包人、扩建承包人和重大修缮的承包人与新建工程承包人以相同的权利。如《法国民法典》第 2103 条就规定，建筑承揽人、泥水工、其他建筑、重建或修缮建筑物、沟渠或其他工程的人，对不动产有优先权。我国台湾地区的"民法"第 513 条也有类似的规定。

第二，从合同性质上看，改建、扩建、重大修缮工程的施工合同与新建工程的施工合同均具有承揽性质。在一般承揽关系中，承揽人依照法律规定享有留置加工承揽物以优先受偿的权利，而建设工程改建、扩建或重大修缮的承包人所付出的劳动价值并不比一般承揽关系的承揽人所付出的劳动价值小，且与新建过程的施工合同的履行内容无本质差别，均使得建设过程增值，因此，不赋予建筑物改建、扩建或重大修缮的承包人任何权利，显然有失公平。

综上，笔者认为，我国《合同法》第 286 条所规定的优先权的权利主体，既包括新建工程的承包人，也应当包括建筑物改建、扩建或重大修缮的承包人，后者应当对建筑物的增值部分享有优先权。

（3）对于第三个问题，司法实践中有观点认为，装修合同的承包人只有具备下列两个条件之时，才能享有建设工程优先权：一是装修的部分能够单独拍卖或变卖；二是装修承包人和建筑承包人为同一人。② 该观点的持有者主要担心当装修承包人和建筑承包人不为同一人时，若给予装修承包人以建设工程优先权，意味着装修承包人就建设工程中的装修部分的变价款享有优先受偿的权利，然而，一般情况下装修部分无法与建筑的主体部分分离开来予以单独拍卖或变卖，否则将严重影响其价值。因此，装修承包人的优先权实际上难以实现。我们认为，这种观点值得商榷，原因在于：

第一，既然主体建筑工程和装修工程在性质上均属于建设工程的一部分，因此而产生的工程款在性质上也都属于建设工程价款，那么就没有理由

---

① 庞铁照：《建设工程承包人优先受偿权若干问题探析》，载《中国司法》2002 年第 6 期。
② 雷运龙、黄锋：《建设工程优先权若干问题辨析》，载《法律适用》2005 年第 10 期。

让因主体建筑产生的工程款享有优先受偿权,而让因装修工程产生的工程款不享有优先受偿权。

第二,就权利实现来看,建设工程完成以后,主体建筑部分与装修部分已形成一个整体,不可分离。即使同一建设工程的主体建筑承包人与装修承包人不是同一主体,其建设工程优先权也是共同指向这个建设工程整体,而非分别指向其主体建筑部分或者装修部分。因此,不存在单独拍卖、变卖主体建筑部分或者装修部分的问题,而应整体拍卖该建设工程。但仅就建设工程因装修增值部分的变价款享有优先受偿权。也就是说,装修工程承包人基本上不存在权利实现上的障碍。

不过,值得注意的是,由于建设工程优先权的客体必须为建设工程合同的标的物且为债务人所有之物,因此,如果装修装饰工程的发包人不是该建筑的所有权人或者承包人与该建筑物的所有权人之间没有合同关系的,为了保护装修工程所有权人的合法利益,装修工程承包人不能就该装修工程主张优先权。基于此,最高人民法院在《关于装修装饰工程款是否享有合同法第二百八十六条规定的优先受偿权的函复》([2004]民一他字第14号)中明确指出:"装修装饰工程属于建设工程,可以适用《中华人民共和国合同法》第二百八十六条关于优先受偿权的规定,但装修装饰工程的发包人不是该建筑的所有权人或者承包人与该建筑物的所有权人之间没有合同关系的除外。享有优先权的承包人只能在建筑物因装修装饰而增加价值的范围内优先受偿。"

二、建设工程优先权权利主体的资格

如前所述,建设工程优先权的主体应为建设工程的承包人。那么,在实践操作中,承包人应当如何确定呢?笔者认为,并非任何一个建设工程承包人都享有建设工程优先权。根据1999年由国家建设部、国家工商行政管理局联合发布的第2版《建设工程施工合同示范文本》第1条词语定义中第4款规定的定义,承包人是指在协议书中约定,被发包人接受的具有工程施工承包主体资格的当事人以及取得该当事人资格的合法继承人。因此,对于建设工程的承包人而言,首先必须具有相应的主体资格,其后的行为才能受到法律的保护。

1. 必须具备企业法人资格,自然人不具有承包人资格

由于建设工程事关国家和人民的财产和人身安全,关系到国计民生,且具有公共性、危险性和风险性,因此,国家对建设工程的主体实行许可制度,要求承建工程的人必须具有相应的资质条件。我国《建筑法》第12条规定:"从事建筑活动的建筑施工企业、勘察单位、设计单位和工程监理单位,应当具备下列条件:(一)有符合国家规定的注册资本;(二)有与其从事的建筑活动相适应的具有法定执业资格的专业技术人员;(三)有从事相关建筑活动所应有的技术装备;(四)法律、行政法规规定的其他条件。"由此可见,我国法律规定只有具备一定资质的企业才能从事建筑活动。因此,《合同法》第286条所规定的"承包人"只能是建筑企业而不能是自然人。

2. 必须具有相应的资质,有履行合同的能力

依据2001年7月1日起施行的建设部《建筑业企业资质管理规定》第3条的规定,建筑业企业应当按照其拥有的注册资本、净资产、专业技术人员、技术装备和已完成的建筑工程业绩等资质条件申请资质,经审查合格,取得相应等级的资质证书后,方可在其资质等级许可的范围内从事建筑活动。我国《建筑法》第26条也对承包作了这样的规定,即:"承包建筑工程的单位应当持有依法取得的资质证书,并在其资质等级许可的业务范围内承揽工程。禁止建筑施工企业超越本企业资质等级许可的业务范围或者以任何形式用其他建筑施工企业的名义承揽工程。禁止建筑施工企业以任何形式允许其他单位或者个人使用本企业的资质证书、营业执照,以本企业的名义承揽工程。"由上述规定可以看出,建设工程的承包人必须具备与其承包的工程相适应的资质条件,否则就不具备主体资格。因此,不具有相应资质条件的第三人借用具有相应资质条件的建筑施工企业名义与发包人签订的建设工程合同属无效。

值得注意的是,由于我国建筑市场长期的不规范运作,个人或不具有资质的单位承包或挂靠建筑企业以该建筑企业的名义承揽工程的现象相当普遍。那么,这些主体是否享有建设工程优先权呢?笔者认为,这些以挂靠或承包人的方式承揽工程的所谓承包人,不具备建设工程优先权权利主体的资格,其承包施工行为属于违法行为,因此不受《合同法》第286条的保护。对此,《合同法》第52条第1款第5项作了明确的规定,违反法律、法规的强制性规定的合同为无效合同。最高人民法院于2004年10月25日发布的

《解释》第1条、第4条对《合同法》第1款第52条第5项"违反法律、行政法规的强制性规定"作了解释,将之列举为五种情形:一是承包人未取得建筑施工企业资质或者超越资质等级的;二是没有资质的实际施工人借用有资质的建筑施工企业名义的;三是建设工程必须进行招标而未招标或者中标无效的;四是承包人非法转包建设工程的;五是承包人违法分包建设工程的。需要指出的是,该《解释》第二种情形虽未把"挂靠"行为纳入其中,但按照语义解释,挂靠指公民个人、个体工商户、个人合伙或者私营企业挂靠集体建筑企业,或集体建筑企业挂靠国有建筑企业,并以该集体企业或国有企业的名义从事生产经营活动的一种方式,其本质仍是借用资质,因此,也应被认定为无效。

三、与建设工程优先权权利主体相关的几个问题

如前所述,建设工程优先权的主体为建设施工合同的承包人。而建设工程项目中,除了发包人与工程总承包人之外,还涉及转承包人以及项目分包人等主体。对于后者,我国现行立法和司法解释没有明确其是否享有建设工程优先权,司法实践中对此也存在争议,故有必要进行分析讨论。

(一)分包人的建设工程优先权问题

我国《合同法》第272条第1—2款规定:"发包人可以与总承包人订立建设工程合同,也可以分别与勘察人、设计人、施工人订立勘察、设计、施工承包合同。发包人不得将应当由一个承包人完成的建设工程肢解成若干部分发包给几个承包人。总承包人或者勘察、设计、施工承包人经发包人同意,可以将自己承包的部分工作交由第三人完成。第三人就其完成的工作成果与总承包人或者勘察、设计、施工承包人向发包人承担连带责任。承包人不得将其承包的全部建设工程转包给第三人或者将其承包的全部建设工程肢解以后以分包的名义分别转包给第三人。"可以看出,总承包人或者勘察、设计、施工承包人经发包人同意,将自己承包人的部分工作交由第三人完成,即为分包。分包属于合同的部分转让,合法的分包(也即经发包人同意的一次分包)是受法律保护的,但分包人通过与总承包人签订分包合同而加入到施工队伍的,其仅是分包合同的主体,与发包人并没有直接的合同关系。

当分包人的工程价款债权无法实现时,分包人对其分包承建的工程是否向发包人主张优先受偿权?从其他国家和地区立法来看,在瑞士,法律承

认次承揽人的优先权,而且在顺位上还优先于承揽人。① 美国法也规定分包商可以向发包商直接主张留置权。② 不过,我国台湾地区有学者认为:"非直接与定作人而系与承揽人有承揽关系者(例如次承揽人、小包)不得主张法定抵押权之存在。"③

笔者认为,发包人不享有建设工程优先权。理由在于:建设工程优先权因建设工程合同之债而产生,其权利义务的双方当事人为发包人与承包人。而在分包的情况下,根据我国《建筑法》第29条第2款的规定,建筑工程总承包单位按照总承包合同的约定对建设单位负责,分包单位按照分包合同约定对总承包单位负责。也就是说,在发包人与总承包单位、总承包单位与分包单位之间存在两个独立的合同法律关系,发包人与分包单位之间并没有直接的权利义务关系。按照合同的相对性原理,总承包人对发包人所有的工程享有建设工程优先权,这是建设工程承包人基于合同之债对发包人所享有的一项法定权利。而发包人与分包人之间并无直接合同关系,其对分包人也没有支付工程款的义务,就不可能形成迟延支付工程款的违约行为,分包人因而无从向发包人主张优先权。

再者,若赋予分包人对工程价款的法定优先权,将会给司法实践带来操作上的困难。根据我国《合同法》第272条的规定,由于总承包单位只能将部分建设工程分包给若干分包单位,而不得就其承包的全部工程肢解成若干部分后发包给几个分包人。因此,分包单位可能享有的债权金额,仅为建设工程总价款的极小部分。而不动产具有不可分性,若允许分包单位就极小部分债权对全部工程行使优先受偿的权利,其权利的单独行使必将严重损害不动产所有权的稳定性。同样,若任由各分包单位行使对工程欠款的法定优先权,可能导致主要债权人(总承包人)的权利落空,还会产生各分包单位之间到底谁更"优先"的疑问,即形成各分包单位之间的优先权对抗问题。④

因此,建设工程优先权作为一种法定权利,其权利主体只限于与发包人

---

① 参见史尚宽:《债法各论》,中国政法大学出版社2000年版,第355页。
② 参见苏号朋主编:《美国商法(制度、判例与问题)》,中国法制出版社2000年版,第308—309页。
③ 谢在全:《民法物权论》(下册)(修订5版),中国政法大学出版社2011年版,第702页。
④ 周剑浩、张李锋:《"建设工程欠款优先受偿"的理解与适用》,载《中国审计》2003年第21期。

确立了建设工程合同法律关系的工程总承包人,而不包括建设工程施工的分包单位,也就是说,分包人不能成为建设工程优先权的权利主体。在总承包人不向其支付应得的合同价款时,分包人应直接向总承包人主张权利,要求其实际履行和承担违约责任。但是,如果发包人根据总承包人合同应当向承包人支付该到期分包合同价款而没有按期支付,承包人又怠于行使到期债权,根据《合同法》第 73 条的规定,分包人有权向作为次债务人的发包人行使代位权。

(二) 转承包人的建设工程优先权问题

"所谓转包是指承包人在承包工程建设后,又将其承包的工程建设任务部分或全部转让给第三人。转包时,转让人退出承包关系,受让人成为承包合同的另一方当事人,转让人对受让人的履行行为不承担责任。由于我国法律对于建设工程的承包人有严格的资格要求,不具备相应的资格就不能参与投标和承包工程。于是一些企业就从承包人手中转包工程,逃避法律约束,对工程质量带来隐患。因此,法律对于工程转包多施加限制。"[①]根据我国《合同法》第 272 条的规定,建设工程主体结构的施工应当由承包人自行完成。承包人只能将其所承包的建设工程的非主体部分进行转包,并且,转包人必须具有相应资质,否则,转包无效。在工程合法转包的情况下,受让人即转承包人在工程价款债权无法满足时,能否根据《合同法》第 286 条的规定主张建设工程优先权呢?笔者对这一问题持肯定态度。根据债权让与和债务承担的原理,工程合法转包之后,原承包人退出承包合同关系,其权利义务由受让人转包人承担。此后,就转承包的工程而言,其合同的直接当事人为发包人和转承包人。既然发包人与转承包人之间存在直接的施工合同关系,转承包人对于转包的工程部分自然应当享有建设工程优先权。

(三) 多个承包人的建设工程优先权问题

根据我国《合同法》第 272 条和《建筑法》第 24 条之规定,建筑工程的发包人不得将应当由一个承包人完成的建筑工程肢解成若干部分发包给几个承包人。但在实践中却存在这种肢解后发包的情况。那么,各承包人能否享有建设工程优先权?我国现行的《合同法》及相关司法解释均未作出明

[①] 江平主编:《中华人民共和国合同法精解》,中国政法大学出版社 1999 年版,第 210 页。

确规定。

笔者认为,对于这一问题要分情况讨论。首先,若承包人不具有相应的建筑资质,其与发包人订立的建设工程合同为无效合同,自然不享有建设工程优先权。其次,若承包人具备相应的建筑资质,仅是发包人的过错而违法发包,则建设工程合同不应认定无效,宜以行政处罚惩处发包人的违法行为。在这种情况下,各承包人均享有建设工程优先权。那么,各承包人应当依何种顺序行使其建设工程优先权?是按照完工的先后顺序,还是按工程价款的比例?从权利的属性来看,各承包人享有的建设工程优先权均为法定担保无权,其所担保的债权性质是相同的,而且均受法律的特殊保护,它们的法律地位既然是平等的,并无先后之分,那就应当平等行使。具体而言,多个承包人对同一个工程行使优先受偿权时,宜将工程折价、拍卖后,各承包人以应得工程价款按比例受偿,而不能以完工的先后顺受偿。①

第二节　建设工程优先权的受偿范围

一、对建设工程优先权受偿范围的现行规定

从我国《合同法》第 286 条的规定来看,建设工程优先权受偿范围为"建设工程的价款"。最高人民法院于 2002 年发布的《批复》的第 3 条对"建设工程的价款"作了进一步界定,该条规定:"建设工程价款包括承包人为建设工程应当支付的工作人员的报酬、材料款等实际支付的费用,不包括承包人因发包人违约所造成的损失。"可见,承包人因发包人违约而享有的损害赔偿权排除在建设工程优先权的受偿范围之外,建设工程价款主要包括两部分:一是承包人为建设工程应当支出的工作人员的报酬,包括已经支出的和未支出但应当支出的部分,属于工程价款。这部分是指承包人为建设工程所付出的劳动报酬。二是承包人已经为建设工程支出的材料款等实际费用属于工程价款。

---

① 王旭军、梁静:《建设工程款优先受偿权之担保物权有机竞合论——对〈合同法〉第 286 条司法解释的反思》,载《法律适用》2004 年第 7 期。

实践中，工程价款的表现形式有工程估算价、设计概算价、施工图预算价、施工预算（概算）价和竣工决算价五种。我国《合同法》及上述《批复》中所称的"工程价款"，如指已竣工工程，应指竣工决算价；未竣工工程，则应以施工预算价为基础进行评估确定工程价款。根据原建设部的有关规定，工程价款可分为四部分：一是直接费，即直接成本，包括定额直接费、其他直接费、现场管理费和材料价差。其中，定额直接费又包括人工费、材料费和施工机构使用费三部分。二是间接费，即间接成本或称企业管理费，包括管理人员工资、劳动保护费等十多项。三是利润，由发包人按工程造价的差别利率计付给承包人。四是税金，包括营业税、城市建筑税、教育费附加三种。这四部分构成工程价款的整体，不应当从中分解出哪部分不可优先受偿。而《批复》第3条中所规定的材料费等实际支出的费用，是指承包人为建设工程而实际支出的所有费用，并不仅指材料费。

另外，要理解"建设工程的价款"，还应当注意以下问题：

一是建设工程的价款并不限于施工工人的工资。施工工人的工资仅是发包人应向承包人支付的工程价款的一部分。如果仅此部分应受《合同法》的保护，由于这部分费用分期按定额计算，极为复杂，法院将难以从工程价款中将其分离出来。

二是建设工程的价款应当包括"三通一平"[①]工程费用。"三通一平"工程为建设工程中必不可少的组成部分，其工程费用也是依定额标准计算出来的，同样包括上述所列的四部分费用。有些工程即为"三通一平"工程，因而依合同完成任务即应认定工程已经竣工，承包人对此"三通一平"的土地使用权的拍卖价款应享有优先受偿权。如果"三通一平"工程仅为建设工程的基础部分，则"三通一平"价款为整个工程价款的组成部分。因而，确定工程价款的优先受偿范围不应将"三通一平"价款排除在外。

三是工程质量保证金不属于建设工程价款。承包人应当按照施工合同的约定交付质量合格的工程，但是建设工程质量有无问题，并不容易及时检验出来。为了防止类似"豆腐渣"工程的出现，依照合同或惯例，发包人通常要求承包人支付工程质量保证金。不过，在实践中，发包人通常以少支付部分工程价款作为承包人应当支付的质量保证金。那么，对于发包人未支付

[①] 所谓"三通"，是指接通能源、水及道路交通，"一平"是指平整场地。

的充抵质量保证金的部分工程价款,承包人即使质量保证期限届满以后也不得主张优先受偿权。

虽然最高人民法院的《批复》对建设工程优先权的受偿范围作了规定,一定程度上弥补了《合同法》的缺陷,但是,笔者认为,上述《批复》所规定的受偿范围仍然过窄。建设工程优先权属于法定的担保物权,依照法律对担保物权的一般规定,当事人之间如无特别约定,担保物权所担保的债权的范围应当是债权的全部,包括主债权及其利息、违约金、赔偿金及实现债权的费用。因此,就建设工程优先权而言,其所担保的主债权为工程价款,而违约金、赔偿金、实现债权的费用理应也属于其受偿范围。如前所述,工程价款包括直接费、间接费、计划利润及税费,将工程价款限于"承包人为建设工程应当支付的工作人员的报酬、材料款等实际支付的费用"有些不妥。此为其一。其二,从《合同法》第286条的立法背景来看,立法赋予承包人工程价款优先受偿权是因为当时国内建筑市场中拖欠工程款问题日益严重,承包人的合法权益得不到法律的有效保障,立法的直接目的就在于调整发包人与承包人之间利益失衡,保护居于弱势地位的承包人的利益。因此,将承包人的优先受偿范围过于限制,将使得承包人实际受损的权益得不到保障,这无疑与《合同法》第286条的立法目的相背离,也不符合担保物权的一般原理。对于这一问题,我们将在后面的内容中详述并分析。还有因垫资施工造成的工程价款拖欠问题,也涉及承包人的垫付款项能够享有优先权,对此,我们仍将在后面内容中详细论述,此处暂不展开。

二、与建设工程优先权受偿范围相关的几个问题

(一) 带资、垫资的问题

由于建筑业竞争的日益加剧,实践中,承包方为了能够承揽到工程,一般会带资或垫资承建工程。那么,对该部分款项,是否应当列入优先受偿权的范围呢?

带资和垫资施工本是国际工程业的一项惯例,承包人垫付的工程款在域外是受法律保护的。但在我国,为了整顿建筑市场的秩序,国家曾明文禁止带资和垫资施工。建设部、国家计委、财政部于1996年6月4日颁布的《关于严格禁止在工程建设中带资承包的通知》(以下简称《通知》)规定:"任何建设单位都不得以要求施工单位带资承包作为招标投资条件,更不得强行要求施工单位将此类内容写入工程承包合同。违者取消其工程招标资格,并给予经济处罚。对于在工程建设过程中出现的资金短缺,应由建设单位自行筹集解决,不得要求施工单位垫资款施工。建设单位不能按期结算工程款,且后续建设资金到位无望的,施工单位有权按合同中止施工,由此造成的损失均由建设单位按合同承担责任。""施工单位不得以带资承包作为竞争手段承揽工程,也不得用拖欠建材和设备生产厂家贷款的方法转嫁由此造成的资金缺口。"于是,从1996年开始,建设部、监察部、国家计委和国家工商行政管理局联合开展了建设工程执法检查,整治的重点之一就是企业带资、垫资施工问题。但是,经过几年的努力,由于建筑市场"僧多粥少"的现象依然存在,一些建设单位仍然以带资、垫资施工作为承包的条件,而一些建筑企业也将带资、垫资承包工程作为一种不得已的竞争手段。

可以看出,带资、垫资施工无疑是违反了上述"两部一委"的《通知》,那么,承包人带资和垫资款项是否属于工程价款,能否享有建设工程优先权呢?笔者对此持肯定态度。理由如下[①]:

(1)带资、垫资的施工合同并不当然无效。最高人民法院在1999年12月出台的《关于适用〈中华人民共和国合同法〉若干问题的解释》明确指出:"合同法实施以后,人民法院确认合同无效,应当以全国人大及其常委会的法律和国务院制定的行政法规为依据,不得以地方性法规、行政规章为依据。"而"两部一委"的《通知》从颁布的主体上看,是一个行政管理规范性文件,不能以此作为认定带资、垫资施工合同无效的依据。

(2)带资和垫资承包在市场经济条件下有其存在的合理性。除了国家重大建设项目外,一般工程项目的招标与投标、发包与承包纯粹是一种市场行为,各方当事人可以根据自己的需求,向对方提出交易条件,包括一方需要对方带资、垫资而对方接受带资或垫资的条件。只要双方协议的带资或垫资条件确实为双方所自愿,法律没有必要加以干预。特别是在我国目前需要鼓励投资的情况下,一些建设单位尽管投资存在资金缺口,但是,只要有实际偿还能力,项目投资方面也符合产业发展政策,而建筑企业也具备带资、垫资的能力和防范风险的措施,带资和垫资施工对于扩大投资、加快经济发展是有益的。

---

① 参见梁镭译:《建设工程优先受偿权研究》,烟台大学2007年硕士学位论文。

（3）带资和垫资施工作为国际工程业的一项惯例,也是我国建筑业对外开放过程中需要接轨和借鉴的。国际咨询工程师联合会(FIDIC)1999年编制发行的新的合同条件中,对由承包商融资金垫付款工程,在专门条款中设立了一条"承包商融资情况下的范例条款"。事实上,我国在制定有关法律、法规时也考虑到了垫资承包的国际惯例,因此,不仅没有在《建筑法》、《招标投标法》中明令禁止,就是在"两部一委"的《通知》中也对外商投资建筑企业在中国的垫资承包网开一面,允许其垫资承包。因此,随着我国加入WTO后建筑业的进一步开放,我们也必须在带资、垫资的问题上与国际惯例接轨,对国内建筑企业与国外建筑企业采用同等的待遇标准。

（4）带资和垫资承包在我国目前的市场条件下,确有一定的负面影响,但是,只要我们完善相关的法律制度,这些负面效应也是完全可以消除的。在这一问题上,国外的双向担保制度就是可以借鉴的,即作为承包商应为自己的投标、工程进度、质量、维修等履约提供担保,而发包方的业主也有义务为自己的支付行为提供担保。而且,在担保形式上,可以采用国际工程行业广泛采用的银行保函的形式,由银行为发包方的工程款提供担保。这样,一方面可以缓解发包方的资金压力,充分发挥发包方的资金效率,另一方面,既然银行愿意为发包方提供担保,也说明了发包方具有偿还的能力,建筑企业的风险自然可以得到有效的化解。

需要指出的是,最高人民法院于2004年公布的《解释》从我国建筑市场的实际情况出发,确立了带资、垫资施工合同有效的处理原则,明确保护带资、垫资施工合同中承包人的利益。该《解释》第6条规定:"当事人对垫资和垫资利息有约定,承包人请求按照约定返还垫资及其利息的,应予支持,但是约定的利息计算标准高于中国人民银行发布的同期同类贷款利率的部分除外。当事人对垫资没有约定的,按照工程欠款处理。当事人对垫资利息没有约定,承包人请求支付利息的,不予支持。"

（二）迟延利息的问题

建设工程价款的迟延利息是否属于建设工程优先权的范围?我国现行的《合同法》对此并未明确规定。从民法的原理来看,此迟延利息属于工程价款其法定孳息,与工程价款本为一体。因此,建设工程价款的迟延利息,应当属于建设工程优先权的受偿范围。

那么,迟延利息应从何时开始起算?司法实践中对此存在很大的争议,各地的做法也不一致。从法理上讲,迟延利息属于法定孳息,应当自工程欠款发生时起算。但由于建设工程是按形象进度付款的,难以确定工程欠款的发生之日,因此各级人民法院对拖欠工程款的利息应当从何时计付的操作标准不统一。有的从一审法庭辩论终结前起算,有的从一审举证期限届满前起算,还有的从终审判决确定工程价款给付之日起算。

为了统一拖欠工程价款的利息计付时间,维护当事人的合法权益,最高人民法院于2004年颁布的《解释》第18条不仅明确规定"利息从应付工程价款之日计付",还统一了应付款时间的确定方式。根据第18条规定,"当事人对付款时间没有约定或者约定不明的,下列时间视为应付款时间:(一)建设工程已实际交付的,为交付之日;(二)建设工程没有交付的,为提交竣工结算文件之日;(三)建设工程未交付,工程价款也未结算的,为当事人起诉之日"。施工合同性质上为加工承揽合同,承包人交付工作成果即建设工程的义务,相应地,发包人应当按照约定的期限支付报酬即工程价款。建设工程因结算不下来而未交付,为了促使发包人积极履行给付工程价款的主要义务,把承包人提交结算报告的时间作为工程价款利息的起算时间具有一定的合理性。当事人因结算纠纷起诉到人民法院,承包人起诉之日就是以法律手段向发包人要求履行付款义务之时,人民法院对其合法权益应予以保护。

(三)预期利润和违约金的问题

最高人民法院于2002年发布的《批复》第3条规定:"建设工程价款包括承包人为建设工程应当支付的工作人员的报酬、材料款等实际支付的费用,不包括承包人因发包人违约所造成的损失。"由此可见,该《批复》第3条实际上明确将违约金排除在建设工程优先权的范围之外,但对预期利润是否属于优先权的范围则语焉不详,进而引致众多争议。

有观点认为,预期利润应属于建设工程优先权的范围[①],其主要理由是:根据《建设工程施工发包与承包价格管理暂行规定》第5条的规定,建设工程价款包括成本(直接成本、间接成本)、利润(酬金)和税金三部分,这三部分构成工程款的整体,不应当从中分解出哪部分不可优先受偿。笔者不赞

---

① 杨永清:《建设工程价款优先受偿权司法解释的理解与适用——兼谈与该权利有关的几个问题》,载《判解研究》2002年第3期,人民法院出版社2002年版,第16页。

成这种观点,理由在于:第一,立法规定建设工程优先权的目的在于保障承包人及施工人员的基本生存权,故而给予工作人员的报酬、实际支出款优先受偿的特别保障。而预期利润是承包人事业发展的基础,属于发展权的范畴,与保障生存权的立法目不符。第二,建设工程价款的优先受偿,通常都损害了发包人的其他债权人债权之实现。这些债权与承包人的事业发展相比,并不存在孰优孰劣。因此,在发包人的多个债权人(包括承包人)的债权无法得到完全实现的情况下,由各债权人共同分担损失是比较公平合理的。第三,根据《批复》第3条的规定,建设工程价款是承包人为了建设工程而实际支出的费用,明确排除了承包人因发包人违约所造成的损失。承包人应当获得的利润不属于承包人"实际支出的费用",发包人违约所造成的直接损失就是承包人的利润损失,所以不在优先受偿的范围。不过,在具体案件中,若人民法院无法将承包人的实际支出费用与承包人的利润划分开的话,法院也就难以将承包人的利润从建设工程优先权的范围中剔除出去。

综上,建设工程优先权的受偿范围不应包括预期利润和违约金。若建设工程的承包人因此而向人民法院提起申请折价或拍卖建设工程以实现其优先受偿权,则人民法院不应予以支持。承包人应另案提起侵权之诉,通过民事诉讼程序判决确认并获得胜诉,然后在申请执行程序中获得赔偿。

(四)材料款的问题

根据上述《批复》第3条的规定,建设工程价款包括承包人为建设工程应当支付的工作人员报酬、材料款等实际支出的费用。那么,是否应当将所有实际支付的材料款都列入建设工程优先权的受偿范围呢?

对于这一问题,学界有观点认为,建设工程优先权的受偿范围不应当包括实际支付的材料款。理由在于:首先,我国《合同法》第286条的立法目的在于保护建筑企业工人的工资,其理由与《企业破产法》、《民事诉讼法》有关职工工资优先的规定相一致。因此,"工程价款"主要是指由工人劳务形成的价款。其次,对于"材料款"的保护范围以实际支出为限,与现行的国家有关政策相冲突。国家自20世纪90年代以来对房地产实行宏观调控,以防止投资失控,甚至出现泡沫经济的产业政策。若将建筑企业所有实际支付的材料款均列入优先受偿的范围,明显与国家的房地产开发政策相冲突,并可能导致带资、垫资施工的现象进一步泛滥。最后,将"材料款"列入建设工程优先权的受偿范围也有违债权平等原则。因为由建筑企业带资、垫资而产生的材料款实质上就是建筑工程发包人向承包人的借款,它与建筑工程发包人向金融机构的借款在性质上并无二致,它与其他债权之间在效力上并没有强弱之分。[1]

笔者认为,该观点值得商榷。首先,建设工程承包合同在形式上属于加工承揽合同。我国《合同法》第264条规定:"定作人未向承揽人支付报酬或者材料费等价款的,承揽人对完成的工作成果享有留置权,但当事人另有约定的除外。"可以看出,承揽人优先受偿的范围包括材料费。那么,建设工程合同的承包人自然可以就实际支出的材料款要求优先受偿。其次,我国《合同法》之所以确定建设工程优先权,一方面是因为保护承包人和建设工人的生存权,另一方面则是因为承包人投入的包括劳务、材料等各项支出通过施工物化为建设工程,使得建设工程增值,让其他债权人受益。因此,承包人的债权应当优先于其他债权人得到保护。这样看来,承包人所支出的材料费宜纳入建设工程价款的范围。最后,允许承包人对实际支出的材料费主张建设工程优先权,与带资、垫资施工的现象泛滥并无必然联系。如前文所述,实践中存在的垫资、带资施工是我国建筑市场不规范的情况下出现的不得已的竞争手段,虽然国家政策对此明文禁止,但从法律层面分析,垫资、带资施工合同的承包人同样受法律保护。综上,建设工程优先权的受偿范围应当包括施工过程中实际支付材料款。

(五)建筑物所占用的土地使用权问题

建设工程优先权的范围应否包括建筑物所占用的土地使用权这一问题,我国《合同法》及最高人民法院的上述《批复》和《解释》均未对其作出明确的规定。对于土地使用权是否属于建设工程优先权的范围,理论和实务界也有不同的观点。一种观点认为,要看该土地使用权是否属于建设工程发包人所有。如果该土地使用权属于建设工程发包人所有,根据我国处理房产和土地关系的基本原则即"房地不可分"原则,则其属于建设工程优先权的范围;反之,则不属于。[2]

笔者认为,上述观点不够准确,原因在于:

---

[1] 刘坚、刘斐然:《关于建设工程价款优先受偿权适用的若干问题探究》,载《西安建筑科技大学学报(社会科学版)》2012年第6期。

[2] 陈柏新:《〈合同法〉第286条司法适用疑难问题探讨》,载《上海政法学院学报》2011年第2期。

首先,从建设工程合同的概念来看,建设工程合同是指"发包人与承包人为完成工程建设而订立的关于承包人进行工程建设,发包人为此支付价款的合同。建设工程合同的标的涉及不动产工程,包括房屋与构筑物",但不包括建筑物所占用的土地。

其次,根据最高人民法院2002年颁布的上述《批复》第3条的规定,建筑工程价款包括承包人为建设工程应当支付的工作人员报酬、材料费等实际支出的费用,不包括因发包人违约给承包人造成的损失。因此,建设工程优先权只保护承包人物化到建设工程中的人工、材料以及其他构成工程价款的全部价款,对于承包人未物化到建设工程中的其他债权则不给予优先受偿的保护,而只等同于一般债权进行保护。同时,在建设工程完工后,建设工程所占用的土地使用权也物化到了建筑工程中,换言之,建设工程的价款肯定包含了土地使用权的价值。

再次,建设工程凭借一定的土地使用权而产生,且土地使用权是基于发包人自己的资金付出而取得,与承包人的建设行为无关,而且我国法律一直将建筑与土地使用权分别为独立的不动产,土地使用权和房屋产权是互相独立的物权,这两个物权的价值并非不能分离。我国《担保法》第55条规定,抵押合同签订后,土地上新增的房屋不属于抵押物。需要拍卖该抵押的房地产时,可以依法将该土地上新增的房屋与抵押物一同拍卖,但对拍卖新增房屋所得,抵押权人无权优先受偿。由此可见,所谓房地不可分,指的是建筑物所占用的土地使用权与建筑物所有权在处理时应当保持一致,但二者在物权和价值上可以相互分离。实践中,房地产评估机构能够根据土地使用权的价值和建筑物的价值,计算出建设工程所包含的土地使用权价值比例和建筑物自身的价值比例。

最后,土地使用权抵押权人按照建设工程价款中土地使用权价值比例享有土地使用权抵押优先受偿权,承包人按照建设工程中对建筑物自身价值的比例享有建设工程价款的优先受偿权,这两个优先权所针对的对象是不同的。

据此,较为合适的做法是,由承包人和土地使用权抵押权人按照建设工程价款中建筑物和土地使用权的价值比例,分别享有建设工程优先权和土地使用权抵押优先受偿权。从现实的角度而言,以建设用地抵押向银行借款是发包人取得建设资金的常规手段。因此,这种做法不仅符合我国现行法律的规定,也可以在保护承包人权利的同时兼顾抵押权人的利益,从而取得对承包人和土地抵押权人均衡保护的效果。

(六) 建设工程优先权工程价款具体数额的确认及其程序

1. 建设工程优先权工程价款具体数额的确认

关于承包人建设工程优先权工程价款的具体数额,有学者认为"应当将工程款预告予以登记,该登记的工程款也是承包人优先受偿权实现的最高数额,如果实际结算的工程款高于登记的数额,则应当以登记数额为准,如果低于登记的数额,则应当以实际结算为准"[①]。然而,该观点并未明确"工程款"一词的具体含义,究竟是中标价还是合同价? 是概算额还是预算额? 抑或是其他数额? 笔者认为,在实践中,建设工程优先权所担保的工程价款的具体数额随着建筑工程的进度及计价结算付款情况的变化而不断变化,最终的数额是以竣工结算额为准。所谓"竣工决算额"则是指经过建设工程合同双方当事人的签字认可并经过有关机关批准的数额。

在建设工程施工过程中,由于工程量大、工期长,工程的实际造价在施工期间往往受各种因素的影响,如费率的变化、价差的调整、币值的变化、预算定额的调整、相关政策的变化及设计的变更等等。基于此,国家工商行政管理局同字[1991]第 83 号文《建设工程施工合同示范文本》对"工程合同价款和支付"单独作为依据性条款的内容作了明确的规定,其内容主要包括以下几项:(1) 合同价款及调整;(2) 工程款预付;(3) 工程的核实确认;(4) 工程款支付。并规定合同价款在协议条款内约定后,任何一方不得擅自改变,协议条款另有约定或发生下列情况之一的可作调整:(1) 甲方代表确认工程量增减;(2) 设计变更或工程洽商;(3) 工程造价管理部门公布的价格调整;(4) 一周内非因乙方原因造成停水、停电、停气累计超过 8 小时;(5) 合同约定的其他增减或调整。同时,随着我国价格体制改革的深入进行,工程造价价差的调整,即从概算、预算编制至竣工结算期间因设备、材料价格、人工费等增减变化,对原批准的设计概算,审定的施工图预算及已签订的承包协议价、合同价,按照规定对工程造价允许调整的范围所作的合理调整,也成为确定工程实际造价时必须考虑的一个重要因素。

另外,还需要注意两种情况:一是因发包人的原因而导致工程造价的增

---

① 王利明:《抵押权若干问题的探讨》,载《法学》2000 年第 11 期。

加。比如发包人因某些原因单方面要求缩短工期,提前使用建设工程的情况。在这种情况下,势必会违反有关合理工期的规定。迫于此且为保证建设工程的质量,承包人不得不应用早强材料或性能超过原定标准的材料,并采取相应较高标准的养护、保护和安全措施,所有这些都必将提高工程的实际造价。二是因不可抗力因素导致工程造价的增加。比如天气恶劣增加了工程的施工难度,导致工程造价的提高。在上述情况下,本着公平合理的原则,应按一定比例给承包人一定数额的补偿。

考虑到前述因素在施工中均有可能出现,而建设工程概算、预算、中标价、合同价均不是在实际施工时作出的,难以反映出建设工程的实际造价,因而不宜作为建设工程优先权工程价款的具体数额。相比之下,工程竣工决算额则包括从筹建到竣工交付整个过程的全部实际支出,包括了因设计变更、工程量增减、取费费率变化、价差调整、币值变化、定额调整、政策变化等各种实际出现的影响因素造成的工程造价增减额,客观、真实地反映了建设工程的实际造价(即承包人为建设工程应当支付的工作人员报酬、材料款等实际支出的费用,不包括承包人因发包人违约所造成的损失),理应成为建设工程优先权工程价款的具体数额。[①]

2. 建设工程优先权工程价款具体数额的确认程序

最高人民法院于 2002 年颁布的《批复》虽然在第 1 条规定,人民法院在审理房地产纠纷案件和办理执行案件中应当认定承包人的优先受偿权优于抵押权和其他债权,但对执行机构在执行程序中如何认定建设工程优先权却未作规定。我们认为,根据审执分立的原则,执行机构一般不得对实体问题进行裁判。从法律性质上看,承包人是否享有建设工程优先权以及优先权部分的具体数额,属于实体问题,本质上应由审判机关通过诉讼程序或者由仲裁机构通过仲裁程序予以确认。

但是,在司法实践中,大部分关于工程款纠纷的执行依据(法院的判决、仲裁机构的裁决等),要么根本不确认承包人是否享有建设工程优先权,要么不对工程款中优先受偿权部分的具体金额加以明确。面对此种执行依据,执行机构往往陷于窘境。一方面,由执行机构在执行程序中确认承包人

---

① 黄有丽:《论建设工程承包人的优先受偿权》,载《河南省政法管理干部学院学报》2005 年第 4 期。

享有建设工程优先权及其具体金额,有"以执代审"、"自审自执"之嫌,不符合审执分立的基本原则,也不能给当事人的权利提供充分的救济;另一方面,如果由执行机构确认建设工程优先权部分的具体金额,必然需要另行委托审计机构或者鉴定机构,对工程造价及其中的优先权部分进行审计或鉴定,这将导致以下问题:一是影响执行的效率;二是增加当事人的讼累;三是容易出现审计结果相互矛盾的情形。有鉴于此,笔者认为,将来应由最高人民法院制定相关的司法解释,明确规定审判机关在关于建设工程款纠纷的裁判文书中,应当根据当事人的诉求,确认承包人是否享有建设工程优先权;如果承包人享有该优先权,则应进一步确认其具体金额。如果审判机关对此不予明确,应当认定其属于"漏判",当事人可以通过审判监督程序即再审程序予以纠正或者补足。这就要求审判机关在委托鉴定时,应当告知鉴定机构不但要鉴定出总工程价款,而且要对工程价款的各个组成部分的具体金额分别列明,以便审判机关在裁判时确认、计算享有优先受偿权的工程款部分的具体金额。

当前,在执行对建设工程优先权未予明确的执行案件时,执行机关可先告知承包人申请再审或另行提起诉讼,经审判机关对有建设工程优先权的债权数额进行确认后,依确定的金额执行。在司法实践中,对于某些执行依据确认了建设工程优先权但未明确其所担保的具体工程款数额的,一般做法是在执行机构主持下,通过审计或者鉴定部门对工程款的各组成部分及其具体金额予以明确,执行机构据此依法确定有建设工程优先权的工程款的具体金额。为避免鉴定结论的矛盾,并减少鉴定费用,执行机构最好委托曾在本案诉讼中受委托鉴定工程总造价的那家中介机构完成此项工作。

相关案例介绍与评析

【案例】 华东建筑安装公司诉豪庭房地产公司建筑工程施工合同纠纷案[①]

2006年3月12日,华东建筑安装工程公司与豪庭房地产公司经过招标

---

① 陈旻、金华利:《建设工程纠纷案例答疑》,中国法制出版社2008年版,第224页。

投标签订《建设工程施工合同》,双方约定:工程名称为豪庭房地产开发公司的花园住宅小区二期1#、2#、6#楼及二期地下车库;建筑面积为42,883.4平方米;工期自2006年3月19日至2007年9月1日;合同价款为77,931,347元;合同对工程款的支付期限、付款通知程序、逾期付款违约责任、赔偿责任、质量标准等作了明确约定。在补充条款中双方约定:合同签订经备案后一周内发包方支付承包方合同价的10%预付款;以后每两个月发包方给承包方按完成工程量的80%支付工程进度款;工程竣工结算完毕后28日内,发包方支付承包方至工程结算总价的97%的工程款;剩余3%的质量保修金待工程1年保修期满15天内一次付清。合同签订后,华东建筑安装工程公司即进场施工。该工程于2007年9月1日竣工,工程已经双方验收。双方确认豪庭房地产公司已支付工程款32,450,960元。2007年9月,双方签订《工程结算审核意见书》,确认豪庭花园住宅小区二期1#、2#、6#楼及地下车库工程的造价为180,046,734元。后华东建筑安装工程公司与豪庭房地产公司签订《工程款支付协议书》,期间,豪庭房地产公司已支付的工程款计32,450,960元,尚欠华东建筑安装工程公占司的工程款项为147,595,774元。华东建筑安装工程公司向豪庭房地产公司发出《催款函》,要求豪庭房地产公司收到函后支付工程款项,但豪庭房地产公司对拖欠的工程款至今未付。

2008年1月,华东建筑安装工程公司向法院提起起诉,请求法院判令:(1)豪庭房地产公司向华东建筑安装工程公司支付豪庭花园住宅小区二期1#、2#、6#楼及地下车库工程款项共计147,595,774元及逾期付款的利息;(2)确认华东建筑安装工程公司对豪庭花园住宅小区二期1#、2#、6#楼及地下车库工程在147,595,774元范围内享有优先受偿权。豪庭房地产公司答辩称:对于华东建筑安装工程公司所述事实没有异议,经过核对,华东建筑安装工程公司提出的所欠工程款的数额也是准确的。但华东建筑安装工程公司主张优先受偿权的担保债权范围有误,其中利润和企业管理费不应优先受偿。

法院经审理认为,华东建筑安装公司与豪庭房产公司签订的《建设工程施工合同》系双方真实意思表示,不违反法律规定,应属有效。华东建筑安装工程公司与豪庭房地产公司应当按照合同约定履行各自的义务。华东建筑安装工程公司履行了施工义务,依约完成了施工工程竣工并经过验收合格。故豪庭房地产公司应当按照约定履行支付工程款的义务。双方签署的《工程结算审核意见书》最终确认豪庭房地产公司尚欠华东建筑安装工程公司工程款为147,595,774元。但豪庭房地产开发公司没有按照约定和承诺支付所欠工程款，应承担违约责任，按双方共同确认的金额支付所欠工程款。故华东建筑安装工程公司依照约定有权向北京豪庭房地产开发公司主张支付全部拖欠工程款，对其请求，应予支持。关于华东建筑安装工程公司提出的优先受偿权问题，根据《中华人民共和国合同法》第286条及最高人民法院《批复》的规定，华东建筑安装工程公司有权就其所建工程享有优先受偿权。故华东建筑安装工程公司的该项请求，符合法律规定，法院予以支持。法院判决：豪庭房地产开发公司给付华东建筑安装工程公司工程款147,595,774元及利息；华东建筑安装工程公司对豪庭花园住宅小区二期1#、2#、6#楼及地下车库工程就该工程折价或者拍卖的价款在147,595,774元范围内享有优先受偿权。

【评析】

本案争议的焦点是建设工程优先权的受偿范围。《中华人民共和国合同法》第286条将建设工程优先权的受偿范围笼统界定为建设工程的价款。最高人民法院《批复》第3条将建设工程价款进一步细化，规定建设工程价款包括承包人为建设工程应当支付的工作人员报酬、材料款等实际支出的费用，不包括承包人因发包人违约造成的损失。关于逾期利润是否属于优先权的受偿范围，立法没有明确，学术界争议颇多。笔者认为，建设工程优先权是一种先取特权，立法的目的主要是为了保障承包人及建设人员的基本生存权；同时考虑到建设工程是承包人投入的材料、人工劳动等成本的物化，故将建设工程优先权的受偿范围限定为承包人的实际支出的费用。利润属于预期收益而非实际投入的成本，且并不影响建设工程相关人员的生存权，不能纳入建设工程优先权的受偿范围。最高人民法院的批复将承包人因发包人违约造成的损失排除在建设工程优先权的受偿范围之外，也是体现了这一原理。就本案而言，华东建筑安装工程公司与豪庭房地产公司已就建设工程达成结算并确认了工程造价总金额。华东建筑安装工程公司诉请法院确认其在双方确认的未付工程款债权即147,595,774元范围内享有优先受偿权，并未将未付工程款的利息纳入优先受偿的范围，故法院支持了华东建筑安装工程公司的诉讼请求。

第七章 建设工程优先权的行使与放弃

第一节 建设工程优先权的行使及实现程序

一、建设工程优先权行使的前提条件

根据我国《合同法》及最高人民法院《批复》的规定,承包人要行使其建设工程优先权,需要具备一定的条件,这些条件大致包括:

(1) 发包人未按照约定支付建设工程价款。

适用我国《合同法》第286条的前提条件之一是发包人未按照约定支付建设工程价款。具体而言,首先,发包人未支付的价款是特定的建设工程价款,不包括承包人承建的发包人的其他建设工程价款,更不包括发包人因其他原因形成的对承包人的未付价款。其次,该建设工程价款是确定的。如果工程已经竣工,该价款应是合同约定的闭口价或者依照合同约定经竣工决算确定的价款扣除发包人已付部分;如果工程尚未竣工,该价款应是根据合同可以确定的进度款或备料款。再次,该建设工程价款应是已届清偿期的。合同应当明确约定建设工程价款的支付期限,特别应当明确备料款、进度款以及尾款的支付期限;如果合同约定不明确,则承包人可以按照我国《民法通则》第88条和《合同法》第62条的规定向发包人确定履行期限。值得指出的是,如果发包人因失去清偿能力而被宣告破产,那么即使未到期的建设工程价款也应视为已届清偿期。

(2) 承包人无须因建设工程合同而合法占有发包人的建设工程。

如果将工程价款的优先受偿权定性为特殊的留置权,适用时需满足留置权的一般条件,即承包人只有因建设工程合同而合法占有发包人的建设

工程,方可享有优先受偿权。承包人从根据建设工程合同的约定进场施工之日起,即合法占有了发包人的建设工程,直至承包人将竣工工程移交给发包人或承包人中途退场。承包人移交了建设工程或中途退场后,即不能主张优先受偿权。如果工程价款的优先受偿权是一种法定抵押权,抵押权的特征之一即为不转移抵押物的占有,因而不以合法占有建设工程为前置条件,承包人即使在移交了建设工程或中途退场之后仍有优先受偿权。显然,不同的法律定性对适用条件的要求就不相同。而如前所述,我国是将承包人的建设工程优先受偿权定位为优先权,而且,从我国《合同法》第286条及有关司法解释规定的字面意思来看,并无要求承包人合法占有建设工程。

(3) 承包人应当催告发包人在合理期限内支付价款,并在合理期限内行使其优先受偿权。

根据我国《合同法》第286条的规定,承包人应当催告发包人在合理期限内支付工程价款,若发包人逾期仍不支付,承包人方有权与发包人协议将建设工程折价或申请人民法院依法拍卖。那么,承包人给予发包人多长的履行期限方为合理呢?根据最高人民法院的《批复》第4条规定,建设工程承包人行使优先权的期限为6个月,自建设工程竣工之日或者建设工程合同约定的竣工之日起算。该规定限定的是承包人行使优先权的期限,即承包人与发包人协议折价或申请人民法院依法拍卖的期限。那么,在此之前尚需给予发包人支付价款的期限就只能在6个月内。如果参考《担保法》第87条的规定,2个月应是一个相对合理的期限,延迟2个月不会对承包人产生实质性不利影响,也不会影响承包人行使其优先权,发包人支付该建设工程价款也需必要的准备时间。2个月的期限届满后,若发包人仍未履行支付义务,承包人可以与发包人协议将该工程折价或申请依法拍卖该建设工程。当然,2个月的期限尚待最高人民法院以司法解释确定之。最高人民法院对于优先权行使期限的规定,既能使承包人的债权尽早实现,也能使得该建设工程尽早投入使用,以实现其自身的使用价值和经济价值。

二、建设工程优先权行使的一般程序

根据我国现行立法的规定,建设工程优先权的行使一般应遵循以下程序进行:

1. 催告

《合同法》第 286 条规定,发包人未按照约定支付价款的,承包人可以催告发包人在合理期限内支付价款。发包人逾期仍未支付价款的,承包人才可以行使建设工程优先权,对建设工程进行拍卖或变卖。那么,催告是否为承包人行使建设工程优先权的必经程序呢?从字面意思看,承包人在行使建设工程优先权之前可以催告,那就意味着也可以不催告,换言之,催告与否取决于承包人的选择,对承包人的建设工程优先权的行使没有影响。然而,《合同法》规定"发包人逾期不支付的",承包人才可行使建设工程优先权。此处"逾期不支付"显然是指超过催告所指定的合理期间内仍未支付,并非指施工合同约定的付款期届满未支付。笔者认为,催告本身的主要意义在于为发包人支付工程价款确定合理期间并敦促发包人及时履行义务,考虑到建设工程优先权的行使对与建设工程相关的其他债权人利益有重大影响,为了实现承包人利益与发包人、其他债权人的利益的衡平,宜将催告理解为行使建设工程优先权的必经程序。换言之,发包人未依照施工合同的约定支付工程价款的,并不必然导致工程被折价或被拍卖的法律后果。

关于催告的方式、内容和期限等问题,现行法律和相关司法解释没有作出明确的规定。笔者认为,催告的方式应当采取书面形式。虽然口头方式有助于交易简便、快捷,但是,考虑到建设工程优先权涉及承包人的重大利益,且催告与否有可能作为发包人的抗辩事由,有必要以书面形式进行催告,一则显得正式,二则便于日后证明。口头催告不导致期限届满即可行使优先权的法律效力。关于催告的内容,应当大致包括工程价款的凭据及金额、发包人付款的合理期限、承包人的签章、日期等。关于催告中要求付款的"合理期限"应当如何确定这一问题,应区分不同的情况而定:首先,若双方在签订建设工程合同时即在合同中明确规定了催告付款的期限,则以双方的约定为准。其次,如果承包人与发包人在合同中未约定催告付款的期限,那么,合理期限由承包人自行确定。不过,承包人在确定发包人付款的合理期限时应当考虑到实际情况,为发包人留足必要的时间。《物权法》第 236 条规定"留置权人与债务人应当约定留置财产后的债务履行期间;没有约定或者约定不明确的,留置权人应当给债务人 2 个月以上履行债务的期间,但鲜活易腐等不易保管的动产除外"。借鉴这一规定,合理期限也应不少于 2 个月。也即,承包人应在催告通知中确定 2 个月以上的期限要求发包人履行义务。逾期仍不履行的,发包人可以与承包人协议以该建筑物折价或申请人民法院拍卖。

2. 协议折价

承包人与发包人可以在充分协商的基础上,对建设工程进行折价,以实现承包人的建设工程优先权。具体操作有两种方式:一是承包人在向发包人支付建设工程折价款减除建设工程价款的差额后,取得了该建设工程的所有权,从而实现自己的债权。另一种方式是承包人与发包人可协议将建筑物卖给第三人,由承包人从卖得的价款中优先受偿。为了防止协议折价过程中出现的双方通过或高价低估、或低价高估来达到规避相关税收或侵害其他债权人的债权利益或谋取其他私利等现象,协议折价宜参考建设工程的市场价格并将建设工程交由指定的评估机构进行估价。另外考虑到建设工程所涉金额较大且折价关系到债权人的利益,可以规定双方协议折价的应当在指定报纸上发布公告,公告应具有"发包人与承包人已一致同意对工程协议折价"以及"要求消费购房人在规定的时间内向承包人申报购房情况、支付购房款情况并提供相应证据"等内容。当然,如果侵害了其他债权人的利益,其他债权人则可依《合同法》第74条的规定行使撤销权。

3. 向人民法院申请依法拍卖

承包人或发包人如果有一方不愿意采用协商折价的方式,或者双方经协商未能达成一致意见的,承包人可以依法向人民法院申请对该建设工程进行拍卖。在人民法院的主持下对建设工程进行拍卖后所取得的价款,承包人可以优先受偿,从而实现其工程价款债权。

关于申请拍卖应当具体如何进行,有观点认为可通过督促程序申请支付令或向法院提起确权之诉。根据我国《民事诉讼法》第214条的规定,承包人可以申请支付令的方式向人民法院申请执行,在人民法院的主持下将承包人所承建的工程拍卖,建设工程价款从所获工程拍卖价款中优先受偿。申请拍卖应公告,可以规定:在指定的报纸上发布符合规定次数的公告,公告应具有"人民法院已受理承包人提起的请求依法拍卖工程的申请"以及"要求消费购房人在规定的时间内向人民法院申报购房情况、支付购房款情况并提供相应证据"等告知内容。若发包人提出书面异议的,人民法院应当裁定终结督促程序,支付令自行失效。承包人可以向人民法院提起确权之诉认定其能否行使优先权,诉讼请求必须至少包括以下两项内容:一是请求法院判令被告（发包人）偿还拖欠的工程款；二是请求法院确认原告（承包人）对其所承建的工程具有工程价款的优先受偿权。此后，承包人再以生效的法律文书作为申请强制执行的依据，在人民法院的主持下将承包人所承建的工程拍卖，建设工程价款从所获工程拍卖价款中优先受偿。① 也有观点认为，承包人可以向人民法院直接申请拍卖，只需向法院提出证据证明优先受偿权已经具备条件。这是因为，建设工程优先权与一般抵押权的行使方式有所不同。《担保法》第53条规定"债务履行期限届满抵押权人未受偿的，可以与抵押人协议以抵押物折价或者以拍卖、变卖该抵押物所得的价款优先受偿；协议不成的，抵押权人可以向人民法院提起诉讼"。该条规定的是对"人的诉讼"，一般抵押权人得向人民法院提起诉讼，而不能直接申请法院拍卖；而《合同法》286条规定的不是"提起诉讼"，而是"申请法院拍卖"，无须通过诉讼程序。②

笔者认为，后一种观点更有利于保障承包人利益，符合立法本意。但是在司法实践中，如果承包人不先行提起请求发包人偿还工程款的诉讼或仲裁，则法院一般不会允许其直接请求拍卖建设工程。换言之，承包人在启动实行优先权的执行程序之前，必须先获得判决或裁决发包人偿付工程款的执行依据。导致这种局面出现的主要原因有两点：一是我国现行程序法与实体法之间不协调。根据我国现行《民事诉讼法》的相关规定，执行申请人必须具备可供执行的判决书、裁定书、仲裁文书以及经公证而取得强制执行效力的债权文书等执行依据，方可启动执行程序。因此，尽管承包人依《合同法》有权直接申请拍卖建设工程，但是在程序法上，如其不具备上述执行依据，法院仍会认为缺乏扣押、拍卖标的物之依据。二是建设工程优先权本身属于一项较为复杂的实体权利，不仅关系到承包人的利益，还关系到其他债权人的利益。审判人员因而担心不经审判程序而直接进入执行程序可能会产生错误。很大程度上，审判程序被用来保证承包人与发包人之间的实体法律关系确如承包人主张的那样，并且，针对承包人的诉讼请求，发包人已经穷尽一切有效抗辩。只有建设工程优先权获得了实体裁判的确认，才

---

① 刘坚、刘斐然：《关于建设工程价款优先受偿权适用的若干问题探究》，载《西安建筑科技大学学报（社会科学版）》2012年第6期。
② 隋灵灵：《论建设工程优先受偿权》，山东师范大学2007年硕士学位论文。

能进入执行程序。

上述做法无疑增加了承包人主张权利的成本。然而,更为严重的后果是,它有可能导致承包人彻底丧失实现其优先权的机会。如果承包人在诉讼中仅要求发包人清偿建设工程价款债权而未主张建设工程优先权的,法院将只判令被告清偿工程款,而不会主动适用《合同法》第286条及相关司法解释的规定判令承包人享有建设工程优先权。一旦经审判程序作出的判决未确认建设工程优先权,那么,即便承包人再想实现这项权利,也无法求助于执行程序达到此目的。此外,承包人或许也无法专为添加实行优先权这一请求而将案件再次付诸于审判程序,因为在审判程序中,原告必须针对被告(即发包人)提起诉讼,而无法仅仅要求对某项财产确认其权利;但是,如果承包人再次起诉发包人,其诉讼请求就可能因"一事不再理"原则而遭驳回。

通过以上的分析可以看出,司法实践中,在承包人的建设工程优先权的行使和实现上,人民法院要求承包人先经审判程序获得最终判决,才可申请执行。鉴于发包人及其债权人可能提出的各种抗辩,这一审判程序可能成为持久战。即便审判程序能够得以顺利进行,且执行申请能够得到人民法院的及时受理,拍卖程序还将耗费承包人数月时间。因为在实践中,在实施拍卖之前,必须要对建设工程进行估价,随后在当地主要报刊发布拍卖公告。倘若竞拍人及时出现,且标的物确实拍卖成功,那么这一过程,即估价→公告→拍卖的过程至少历时2个月。何况,实践中,还会常常缺少积极参加拍卖的竞拍人,执行法官在有些情况下甚至要亲自寻找竞拍人。如果拍卖的是未竣工工程,要找到竞拍人就更加困难,可能要拖上几年才能最终拍定。或许,这样一个耗时持久的过程对不动产执行案件而言不足为奇,然而,对承包人——更准确地说是其建筑工人——而言,则可能成为严重的问题。[①] 目前,建筑工人通常平时只领取少量的生活费,年收入的主要部分要等到农历年底才能领到。除夕春节期间,来自农村的建筑工人带着一年在外辛苦打工所得的工资回乡探亲。如果因为发包人拖欠,工人无法领到工资,则可能回不得家乡,见不得父老亲人,以至于造成严重的社会问题。这一问题,也是司法实践部门在具体实现承包人的建设工程优先权时不得不

---

① 张巍:《建设工程承包人优先受偿权之功能研究》,载《北大法律评论》2006年第1期。

深入思考的问题。

三、建设工程优先权实现的程序

我国现行《合同法》《民事诉讼法》及相关司法解释等均没有具体规定优先权实现的法定程序。那么,建设工程优先权是在案件执行程序中由承包人申请实现,还是由发包人和承包人通过协议折价或拍卖的方式实现,抑或是需要经过审理程序确认之后才能实现?对于这个问题,学界颇有争议,司法实践中的做法也不统一。这样一来,实体法虽然规定了承包人的建设工程优先权,但由于没有程序法的保障,承包人的优先受偿权之真正实现仍然处于十分尴尬的境地。基于此,笔者拟对建设工程优先权实现的程序问题进行有益的探讨,以满足司法实践之需。

笔者认为,在建设工程优先权实现的程序这一问题上,应重点把握以下几点:

(1)建设工程优先权原则上不得通过执行程序直接实现,而必须要依法经人民法院的审理程序对该权利予以确认,除非发包人或其他利害关系人对优先权无异议。

我国《合同法》第286条明确规定承包人可以与发包人协议将该工程折价,也可以申请人民法院将该工程依法拍卖。可以看出,关于承包人如何实现其建设工程优先权,该法条确定了两种方式:一种是不经过司法程序,承包人与发包人直接通过协议将建设工程折价抵债。此情况应属于当事人自主处分其私权利的范畴,国家公权力一般无须介入。但是,在该工程已被发包人抵押给其他人的情况下,在该建筑物在国土、房管等部门设定了他项权登记的情况下(大多数情况下,开发商为了融资需要,都对建筑物设定了抵押),若要让该国土、房管部门在没有抵押人同意的前提下办理该建筑物过户手续,在实际操作中可能会遇到很大的障碍,国土、房管部门可能会要求出示其抵债行为及建设工程优先权合法存在的依据,造成当事人最终仍得通过司法途径解决。第二种是由承包人申请人民法院将该工程进行拍卖。这仍反映出这样一个问题:法院依当事人申请对建设工程强制拍卖并对拍卖款予以处分,是否需要一个确定的执行依据呢?建设工程优先权在权利的有效性和工程价款的数额方面均存在争议的可能:一方面,可能存在着一方违约或双方违约,这样,双方之间的权利义务关系均处在不确定的状态;

另一方面，发包人拖欠的工程价款之数额往往存在争议，同样处在不确定的状态。在这样一种不确定的情况下，法院不宜对建设工程强制拍卖并对拍卖款予以处分。所以，建设工程优先权的实现，还是要由法院审判后作出裁判予以确认作为执行的依据。

曾有观点认为，建设工程的优先受偿权在执行程序中由承包人向人民法院执行法官提出优先受偿权的申请即可，而没有必要再经过审理程序确认。笔者认为，这种观点与做法有违法律的公平与公正。从程序法理的角度而言，程序的价值在于保障实体权利的实现，一项法律程序应确保受判决结果有利或者不利影响的诉讼各方参与到审判活动中来，成为程序的控制者而非诉讼客体，故公正的程序对于当事人更为重要。而关于程序公正的具体内容，则应最起码包括如下方面：（1）程序能确保所有利害关系人参加；（2）裁判者应当是中立的；（3）当事人诉讼地位平等且能充分地陈述主张；（4）程序能为当事人所理解；（5）当事人不受突袭裁判，对裁判不服有相应的救济程序。由此考察，在执行程序中申请优先受偿权实现作为《合同法》第286条优先受偿权的实现程序，其错误显而易见。由于建设工程优先受偿权的债权与消费者商品房买受人的居住权、抵押权人的抵押权以及其他债权人的债权同时存在，且权利实现之间可能发生冲突，那么，对于所有的当事人而言，唯有公正的程序才能保障其实体权利。正因为如此，建设工程优先权的实现必须要依法经人民法院诉讼程序的审理予以确认，如未经确认，不得通过执行程序直接实现。①当然，如承包人直接申请法院拍卖而发包人和其他利害关系人就优先权符合成立与生效要件未提出异议，法院应裁定许可优先权人拍卖该建设工程以优先受偿；如发包人等对此提出了异议，则应驳回承包人的申请。

（2）承包人就其建设工程优先权向人民法院提出确认之诉。

确认之诉是指原告请求人民法院确认其与被告间存在某种民事法律关系的诉。任何一种民事权利与民事义务，都是基于特定的民事法律关系而存在。凡当事人之间对某种民事法律关系是否已经成立、现在是否还存在

---

① 陈柏新：《〈合同法〉第286条司法适用疑难问题探讨》，载《上海政法学院学报》2011年第2期。

而发生争议,提请法院确认的都是确认之诉。① 承包人欲行使建设工程优先权,应先向人民法院请求确认其就该建设工程折价或者拍卖所得价款有权优先受偿。确认建设工程优先权的判决生效之前,该建设工程原则上不得进行折价或者拍卖等处分。如该建设工程在确认之前已折价或者拍卖,为了保障承包人建设工程优先权能够最终实现,承包人得就该建设工程折价或者拍卖所得价款向人民法院申请财产保全,由人民法院依法对该价款采取财产保全措施,或者人民法院依职权主动采取财产保全措施。当然,从诉讼效益角度考虑,承包人在提出确认建设工程优先权时,得提起给付建设工程价款和违约金及其他经济损失的给付之诉。

(3) 承包人催告发包人在合理期限内支付工程价款并非承包人提起确认建设工程优先权之诉的必然前置程序。

如前所述,承包人提起确认之诉的目的在于确认其享有建设工程优先权,而该权利是否成立,是有相应的成立要件的,如合同要件、标的物要件、时间要件等。催告与否,仅关系到建设工程优先权的行使,并不影响到该权利的成立。换言之,即便未经催告,建设工程优先权仍然因满足其成立要件而存在。因此,确认之诉的诉前催告并不是其起诉的前置程序。

(4) 如果生效判决书中未明确承包人的建设工程优先权,在执行中,承包人向法院申请执行该优先权的,法院是否确认其建设工程优先权成立?

如前所述,如果要实现建设工程优先权,须先经过人民法院生效判决的确认。那么,此确认究竟是仅仅在判决书中对所欠工程价款的数额进行确认,还是要在判决书的判项中确认所欠工程价款的数额后,再明确规定其中某数额的优先权?笔者认为,审判庭应该在判决书中确认工程价款数额的基础上再对实际应予实现的建设工程优先权进行确认。但是,如果判决书未专门对此予以再次确认的,承包人可向人民法院申请执行,由执行机构根据有关法律法规、司法解释以裁定的形式进行确认。因为只要有关拖欠工程价款的性质、数额、效力等双方之间的权利义务的具体内容不存在争议并经法院确认了,那么其作为一种法律确定的权利,当然优先于其他抵押权和债权受偿。因为,作为一种权利,其性质的优先已属法定,法院的执行机构在执行中可依法直接予以确认。当然,债务人或其

---

① 江伟、邵明、陈刚:《民事诉权研究》,法律出版社 2002 年版,第 103 页。

他利害关系人对该权利有异议的,在不违背"一事不再理"的原则下,可以另行起诉。

针对上述程序问题,笔者认为,最高人民法院应制定新的司法解释为建设工程优先权的实现设置相应的程序保障,以解决司法实践的尴尬处境。司法解释中应明确规定:承包人的建设工程优先权应经人民法院审理程序确认,且该审理程序中人民法院应依职权通知抵押权人、消费者、其他债权人作为有独立请求权的第三人参加诉讼。未经人民法院生效判决确认,执行程序中不得直接确认建设工程优先权等。

此外,在建设工程优先权申请参与分配的处理操作问题上,还应注意以下几个方面:

第一,应当坚持当事人主义的原则。启动执行程序以实现建设工程优先权应当由当事人申请,不宜由法院依职权进行。因为民事强制执行以实现私权为目的,私权是否请求国家保护,应充分尊重权利人的意愿。另外,对于当事人撤回申请,达成执行和解,全部或部分放弃建设工程优先权等行使处分权的行为,人民法院经审查合法的,应当予以充分尊重。

第二,通过指定管辖以实现案件的集中审理。建设工程纠纷案件一般呈现案件标的额较大、优先权竞合的情况,因此,如果诉讼和执行在多家法院同时进行,将不利于保护债权人和债务人的利益。据此,应由有权受理法院的共同上级人民法院以指定受案方式,将案件统一指定由一家人民法院受案处理,这也符合我国民事诉讼法关于指定管辖的规定。

第三,一次性分配与提存性保留。在有些案件中,当建筑工程被依法拍卖或折价后,在对所得价款进行分配时,尚有当事人所主张的建筑工程价款金额还在诉讼或仲裁之中,当事人是否享有建设工程优先权尚不能确定。在这种情况下,人民法院应对该价款进行提存性保留,待最终结论生效后,再进行处理。①

---

① 程华:《建设工程价款优先受偿权法律适用问题》,载《中国律师》2009 年第 9 期。

相关案例介绍与分析

【案例1】 上海建生建筑装饰安装有限公司主张装饰工程价款优先权案①

异议申请人：上海建生建筑装饰安装有限公司（下称建生公司）。

申请执行人：上海燕华贸易有限公司（下称燕华公司）。

被执行人：昆山经济技术开发区金属机电公司（下称金属公司）。

被执行人：昆山太阳城娱乐有限公司（下称太阳城公司）。

燕华公司与金属公司、太阳城公司买卖合同纠纷一案，在审理过程中，经江苏省常州市中级人民法院主持调解，三方当事人自愿达成调解协议。调解书生效后，因机电公司、太阳城公司未按照生效的调解书履行还款义务，燕华公司遂于2003年7月3日向江苏省常州市中级人民法院申请执行。在执行过程中，申请执行人燕华公司与被执行人机电公司、太阳城公司达成和解协议：三方同意将被执行人太阳城公司的位于昆山市富士康路780号的建筑面积为9941平方米的在建工程，以558万元的价格变卖给案外人昆山子夜辉煌娱乐有限公司，变卖所得款偿还欠申请执行人的债务。常州市中级人民法院根据和解协议作出了（2003）常执字第248号民事裁定书，裁定将该在建工程以558万元的价格转让给昆山子夜辉煌娱乐有限公司，转让所得款偿付被执行人欠申请执行人的债务。

和解协议在履行过程中，案外人建生公司向常州市中级人民法院提出异议，要求对该在建工程的装饰部分行使优先受偿权。其主要理由为：2001年11月30日，建生公司与太阳城公司签订了一份《装饰工程合同书》，由建生公司承包施工太阳城公司位于昆山市富士康路780号楼房的装饰部分工程，工程总造价为1050万元，施工期为160天，同时，双方在合同中约定，在甲方（即太阳城公司）未支付全部工程款前，工程涉及的财产权利仍归属乙方（即建生公司）所有，其他任何单位和个人均无权处分。在施工1个月后，因太阳城公司屡次违约致工程中断至今，太阳城公司对建生公司已施工的

---

① 来源：http://www.jsczfy.g0v.cn/plus/view.php? aid=15934，2014年4月23日访问。

工程量170余万元也一直未予支付。因此,建生公司认为,建生公司对其承建的装饰部分财产享有所有权及优先受偿权,常州市中级人民法院裁定将该在建工程转让给昆山子夜辉煌娱乐有限公司,侵犯了其合法权益,应当撤销。

常州市中级人民法院认为:(1)申请执行人燕华公司与被执行人机电公司、太阳城公司达成的和解协议系当事人的真实意思表示,且内容并不违反法律禁止性规定,该协议合法有效。(2)虽然双方在合同中约定,太阳城公司未支付全部工程款之前,工程涉及的财产权利仍归属建生公司。但装饰材料一旦经施工和不动产结合形成添附,就不再具有独立性,它只是成为不动产不可分割的一部分,在它之上无法成立独立的所有权,装饰材料所有权应当归属于不动产所有权人。(3)虽然工程价款优先权的成立无须公示,但优先权是否成立、享有优先权的价款的范围等必须通过诉讼程序予以确认。建生公司以执行异议的方式在执行程序中提出该主张,执行机构不便或难以通过异议审查的方式予以确定。况且,工程价款优先权具有物上代位性等特点,如果建生公司将来通过诉讼等其他途径确定其工程价款优先权成立,建生公司仍可以向取得工程价款的申请执行人燕华公司予以追偿。常州市中级人民法院作出的裁定书并未否定、妨碍其优先权的成立和行使。综上,异议申请人建生公司依据其与太阳城公司订立的《装饰工程合同书》向常州市中级人民法院主张对装饰部分的财产所有权没有法律依据,不予支持。

【评析】

本案中,案外人建生公司的主张是否成立,取决于两个前提:第一,建生公司对在建工程的装饰部分是否享有优先受偿权?第二,建生公司在执行阶段以案外人异议的方式主张对其承建的装饰部分优先受偿是否妥当?对于第一个问题,最高人民法院《关于装修装饰工程款是否享有合同法第二百八十六条规定的优先受偿权的函复》认为,装修装饰工程属于建设工程,可以适用《中华人民共和国合同法》第286条关于优先受偿权的规定,但装修装饰工程的发包人不是该建筑物的所有权人或者承包人与该建筑物的所有权人之间没有合同关系的除外。享有优先权的承包人只能在建筑物因装修装饰而增加价值的范围内优先受偿。因此,建生公司对在建工程的装饰部分享有建设工程优先权。对于第二个问题,《中华人民共和国合同法》第

286 条明确规定:"承包人可以与发包人协议将该工程折价,也可以申请人民法院将该工程依法拍卖。"立法没有明确建设工程优先权是否须经审判程序确认,实践中则做法不一。笔者认为,建设工程优先权的实现与其他权利如购房者的居住权、抵押权和普通债权等发生竞合的,必须为这些权利提供公正的程序保障。因此,承包人就其工程款的优先权须对发包人提出确认之诉,该确认之诉的判决即为执行的依据。本案中法院认为建设工程优先权不能在执行程序中直接实现并驳回了案外人建生公司的执行异议,是正确的。

【案例 2】 大成公司诉城市建筑公司支付工程欠款案①

大成公司与城市建筑公司于 2002 年 5 月 22 日签订《大成置业公司住宅楼工程协议书》。双方约定:城市建筑公司承包大成置业住宅楼工程施工,建筑面积为 49117 平方米(以施工图纸为准),承包方式为议标价加洽商变更增减账,工程造价暂定为 72,322,326 元,工程工期为有效天数 510 天。关于结算事宜,双方在通用条款第 33.2 条、第 33.4 条中约定:发包人收到承包人递交的竣工结算报告及结算资料后 28 天内进行核实,给予确认或者提出修改意见。发包人确认竣工结算报告后通知经办银行向承包人支付工程竣工结算价款。承包人收到竣工结算价款后 14 天内将竣工工程交给发包人。发包人收到竣工结算报告及结算资料后 28 天内不支付工程竣工结算价款的,承包人可以催告发包人支付结算价款。发包人在收到竣工结算报告及结算资料后 56 天内仍不支付的,承包人可以与发包人协议将该工程折价,也可以申请人民法院将该工程依法拍卖,承包人就该工程折价或者拍卖的价款优先受偿。工程于 2002 年 9 月 1 日开工。同年 10 月 19 日,大成公司与城市建筑公司就印刷厂科研住宅楼工程签订补充协议,对核减部分工程及造价作了补充约定。该工程于 2004 年 4 月 26 日竣工,同年 4 月 29 日该工程通过了验收及质量等级评定。2004 年 5 月 30 日,城市建筑公司与大成公司及该工程的监理公司签订竣工决算协议书,确认该工程总价款为 11,590 万元。2004 年 6 月 31 日,大成公司向城市建筑公司出具还款计划,明确截至 2004 年 6 月大成公司共欠城市建筑公司工程价款 2220 万元,大

---

① 陈旻、金华利:《建设工程纠纷案例答疑》,中国法制出版社 2008 年版,第 215 页。

成公司同时出具了还款计划,确认于同年9月前分批偿还该欠款,如有迟延则按银行同期贷款利率支付利息。后大成公司未能全部履行其还款计划,至法院判决前,尚欠工程款1260万元及利息未付。

2004年10月15日,城市建筑公司以大成公司拖欠工程款为由起诉至法院,要求判令大成公司给付工程款1260万元,给付利息至清偿之日止,确认城市建筑公司对该工程价款享有优先受偿权。大成公司辩称,我公司对城市建筑公司关于施工合同及我公司欠款等基本事实的陈述没有异议,我公司一直在履行付款的义务。城市建筑公司对该工程价款不享有优先受偿权,要求驳回城市建筑公司的该项诉讼请求。

法院经审理认为,依法签订的民事合同受法律保护。大成公司与城市建筑公司签订的工程协议书、补充协议是签约双方当事人的真实意思表示,且不违反法律规定,上述合同合法有效。城市建筑公司依约完成施工,并向大成公司交付了工程,此后双方就工程款的结算签订竣工决算协议书,大成公司向城市建筑公司出具了还款计划,而大成公司未依约向城市建筑公司全额支付工程款已构成违约,应当承担相应的民事责任。关于城市建筑公司要求确认其对住宅楼工程款享有优先受偿权的诉讼请求,城市建筑公司与大成公司纠纷系大成公司拖欠工程款引发,法院现已确认城市建筑公司享有工程款债权。依合同法规定,建筑工程的价款就该工程折价或拍卖的价款优先受偿。因双方当事人未就该工程折价达成合意,本案审理亦不涉及该工程的拍卖,故城市建筑公司在本案中主张优先受偿权,不符合法律程序,不予支持。法院判决:(1)大成公司给付城市建筑公司工程款1260万元及利息;(2)驳回城市建筑公司的其他诉讼请求。

【评析】

本案的焦点是建设工程优先权的实现程序。从我国《合同法》第286条规定的内容来看,承包人可以与发包人协议将该工程折价,也可以申请人民法院将该工程依法拍卖。那么,承包人实现建设工程优先权有两种方式:一是不经过司法程序,直接与发包人协议将建设工程折价抵债;二是经过司法程序,申请法院将建设工程拍卖。上述两种方式没有先后之分,供承包人自由选择。就后一种方式而言,根据我国现行民事诉讼立法,申请法院对建设工程的拍卖须有执行名义,加之建设工程优先权的实现涉及其他权利的保护,须由审判程序对建设工程优先权加以确认并为其他相关权利提供充分的程序保障。本案中,城市建筑公司在审判程序中请求法院确认其对住宅楼工程款的优先受偿权,是符合法律程序的。法院应当对城市建筑公司是否享有建设工程优先权加以审查并作出确认判决。

第二节 建设工程优先权行使的时间和方式

一、建设工程优先权的行使时间

最高人民法院2002年颁布的《批复》第4条规定:"建设工程承包人行使优先权的期限为6个月,自建设工程竣工之日或者建设工程合同约定的竣工之日起计算。"也即,承包人行使建设工程优先权的时间限于建设工程竣工之日起的6个月。那么,此6个月的期间属于时效还是除斥期间?《批复》对此没有明确规定。

如前所述,我国现行《合同法》所规定的承包人就其债权对建设工程变价款的优先受偿权属于建设工程优先权。大陆法系各国的立法对优先权应否设时效限制规定不一致。以德国为代表的一些国家主张优先权不适用时效。如《德国民法典》第194条第1项规定,要求他人作为或不作为的权利(请求权),因时效而消灭。而优先权属于支配权,并非为请求权。《德国民法典》因而显然排除了消灭时效对优先权的适用。以法国为代表的一些国家则主张适用时效。根据《法国民法典》第2262条的规定,一切物权或债权的诉权,均经30年的时效而消灭,援用此时效者无须提出权利证书,他人也不得对其提出恶意的抗辩。《法国民法典》第2180条则进一步明确规定,优先权及抵押权,因时效完成而消灭。另外,《日本民法典》也主张时效适用于先取特权及抵押权。《日本民法典》第125条规定:"(一)债权,因10年间不行使而消灭。(二)债权或所有权之外的财产权,因20年间不行使而消灭。"可以看出,在认可优先权适用时效制度的国家,立法规定的时效期间均很长,一般不会对承包人的利益造成很大的影响。

我国学界通说认为,时效仅适用于债权,不能适用于物权。因此,《批复》第4条所规定的6个月期间应理解为除斥期间。笔者认为,此除斥期间的合理性令人置疑①：

首先，6个月的期间明显过短，既不利于承包人，也不利于发包人。就承包人而言，其要实现建设工程优先权，需要做一定的准备工作，如在工程竣工后向发包人交付工程的有关资料，请求发包人验收，验收如不合格还需要花一定的时间进行维修。在验收合格后，还需要就工程价款与发包人结算。如果双方就此无法达成一致，只有通过诉讼程序来确认其工程价款金额。工程价款确定之后，承包人还需要发出催告，并给予发包人一定的宽限期，令其主动支付工程价款。在经过此期间之后，承包人才可以申请人民法院强制拍卖工程以优先受偿。如此计算下来，从工程竣工到承包人实际能否行使其优先权，其所需的准备期间一般都会超过6个月。因此，《批复》第4条所规定的6个月期间有可能使承包人根本无法行使其优先权。如此一来，《合同法》第286条所确立的保护承包人债权的立法目的也就可能落空。相反，如果承包人能在6个月期间内行使其优先权，则可能对于发包人不利。一般而言，如果发包人自身的建设资金短缺，那么用于支付工程价款的资金将主要来源于房屋的销售，短短的6个月对于发包人来说，要筹措全部工程价款一般是不可能的。这样造成的结果当然是承包人申请人民法院拍卖建设工程，而拍卖建设工程所能实现的价值一般均远远低于正常销售房屋所能实现的价值，这样的损失对于多数发包人来说，将是难以承受的。

其次，《物权法》第202条规定："抵押权人应当在主债权诉讼时效期间行使抵押权；未行使的，人民法院不予保护。"而优先权的行使期间为6个月，比一般抵押权还更短。这样一来，在债权时效还远没有完成的时候，优先权就已经消灭了。在建设工程优先权与抵押权以及其他普通债权并存的情况下，作为担保物权的优先权因行使期间过短而先于其从属的主债权消灭，承包人的债权难以优先得到实现，有违《合同法》第286条的立法本意。

最高人民法院在《批复》中对建设工程优先权的行使期间作如此严格的限制，是担心建设工程优先权可能严重影响到广大购房者利益，抑或是维护交易安全，或者是出于对由此可能产生的社会稳定问题的担忧。然而，必须

---

① 刘武元：《论建设工程承包人的优先受偿权的性质——兼评最高人民法院的司法解释》，载《西南民族大学学报（人文社科版）》2003年第5期。

注意的是,《合同法》第 286 条赋予承包人以优先权,是为了保障我国作为国民经济重要行业即建筑业的生存和发展,也同样涉及社会稳定利益。而最高人民法院《批复》在建设工程优先权行使时间上的规定,则使《合同法》第 286 条的原有立法目标可能完全落空,这不仅远远超过其补充解释法律条文的职权范围,也远远偏离了优先权制度的逻辑理性。笔者认为,要平衡承包人与发包人之间的利益关系,平衡承包人与买受人之间的利益关系,保障建筑业的健康发展和购房者的利益,在立法技术上,非合同法本身所能及,而是需要完善我国现行的优先权立法。

二、建设工程优先权的行使方式

依照我国《合同法》第 286 条的规定,承包人行使其建设工程优先权的方式有两种:

1. 折价方式

折价方式是指承包人与发包人将工程估价之后,承包人通过支付工程折价款与所欠工程价款的差额而取得该项建设工程的所有权,或者将该工程出卖给第三人,承包人的工程价款债权从所获工程折价款中优先受偿。如果承包人的债权额在折价款范围内,则因完全受偿而归于消灭;如折价款不足以清偿承包人的债权,则承包人未受清偿的债权转化为普通债权。

折价的方式允许当事人以自行达成协议实行之。但为了保护标的物上其他物权人以及发包人的其他债权人的利益,应当规定,通过折价的方式行使建设工程优先权,应在鉴定人公平估价的基础上进行。①

由于我国现行的房地产管理法律、法规对房地产的开发、建设、转让等活动规定了特别的条件和具体的资质要求,因而,协议折价方式并非在任何情况下均可适用。以下笔者将按照建设工程的形象进度分析承包人与发包人协议折价的可能性:

(1) 在建设工程具备转让条件或商品房预售条件之前。

根据我国《城市房地产管理法》等相关法律、法规的规定,在建工程转让或商品房预售必须具备以下几项条件:第一,已交付全部土地使用权出让金,取得土地使用权证书;第二,取得建设工程规划许可证和施工许可证;第

---

① 梁慧星、陈华彬:《物权法》(第五版),法律出版社 2010 年版,第 328 页。

三，房屋建设的开发投资总额已经完成 25% 以上。在具备上述条件之前的任何形式的转让均是违法的，因而也是无效的。因此，在此阶段，承包人不能与发包人就建设工程进行协议折价。

（2）在建设工程具备转让条件或商品房预售条件之后至该建设工程房屋所有权初始登记之前。

在该阶段，建设单位（发包人）可以依法将建设工程转让给有资质的受让人或将商品房预售给特定主体的买受人。虽然相关法律、法规没有直接明确建设工程受让人的资质条件，但是，在此阶段，建设工程尚属所谓的"半拉子"工程，根据我国房地产开发管理的相关规定，该类工程的建设主体应当具有房地产开发资质。而作为施工企业的承包人通常并不具有房地产开发资质，因而承包人一般不能作为建设工程的受让人。但是，也有一些施工企业隶属于某一个大的企业集团，该企业集团拥有房地产开发企业，能否以该房地产开发企业作为受让人呢？从我国《合同法》第 286 条的条文字面解释来看，只有承包人自己可以与发包人协议折价，但是，该条规定的立法宗旨是为了保护作为债权人的承包人的利益，基于此，由承包人的关联企业受让该建设工程应属允许之列。

至于商品房预售的买受人的资格限定，主要表现为在中国很多地区，商品房均有内外销之分，内销商品房的买受人只能是中华人民共和国境内的内资企业、事业单位、机关、团体、其他组织以及具备合法身份的中国公民，在境外留学或工作未取得长期居留权的中国公民，境内外商投资企业只可以购买居住房屋供本单位员工居住。因此，如果承包人系境内内资企业，即可与发包人以商品房预售形式协议折价；如果承包人系境外企业或境内外商投资企业，只能就外销商品房与发包人以商品房预售形式协议折价，如果就内销商品房与发包人协议作价，应按市场价交纳或补足土地使用权出让金，办理外销土地使用权出让手续（当然，境内外商投资企业购买居住房屋供本单位员工居住的除外）。承包人在与发包人签订预售合同后，以预售房款抵销建设工程价款，然后承包人可以转让其预购的商品房以最终实现其债权。

（3）在建设工程房屋所有权初始登记之后。

在建设工程房屋所有权初始登记之后，无论其房屋的性质如何，均可自由转让（若向无受让资格的人转让，只需补地价即可），因此，承包人可以与发包人就建设工程进行协议折价。

2. 拍卖方式

所谓拍卖方式,是指由承包人向人民法院申请将工程拍卖,其工程价款债权就该工程拍卖的价款得以优先受偿。从现行立法来看,建设工程优先权属于法定的担保物权,仅需符合法律明文规定条件即可成立,无须登记即可发生效力,故而无法根据登记确认其存在。那么,建设工程优先权人若行使优先权,首先须债务人就债权及优先权的存在没有异议。如有异议,则应由债权人起诉确认优先权的存在。具体而言,建设工程优先权人欲通过人民法院行使优先权,首先应从人民法院获得能够确认优先权存在执行依据,再据此申请法院拍卖建设工程。不过,考虑到优先权与一般抵押权实现方式的不同,确认优先权是否存在也可通过执行程序中的执行异议制度完成。也就是说,承包人可直接向人民法院提出执行优先权的申请并提出证明其优先权存在及符合行使要件的证据,人民法院受理后,应当通知发包人。如发包人和其他利害关系人就优先权符合成立与生效要件未提出异议,则应裁定许可优先权人拍卖该建设工程以优先受偿;如发包人等对此提出了异议,则应裁定终止执行程序,驳回承包人的申请。在此情况下,应由承包人提起确认之诉,以确认优先权的成立与生效,获得胜诉判决后始得再次申请人民法院依法拍卖。①

需要指出的是,根据我国《合同法》的规定,以拍卖方式行使建设工程优先权的,应当向人民法院申请为之,故承包人不得向其他行政机关或仲裁机构等提出拍卖申请,更不得擅自扣押、拍卖标的物。承包人提出申请时,应提供建设工程优先权成立并已符合行使条件的证据。法院受理申请后,应参照强制执行程序处理。

那么,拍卖的方式又在何种情形下可以适用呢?对于这一问题,我们依然按照建设工程的形象进度进行分析:

(1)在建设工程具备转让条件或商品房预售条件之前。

如前文所述,在建设工程具备转让条件或商品房预售条件之前,任何形式的转让均是违法、无效的。拍卖也是转让的一种形式,依照相关法律、法

---

① 梁慧星:《合同法第286条的权利性质及其适用》,载《山西大学学报(哲学社会科学版)》2001年第3期。

规,在此阶段是不能拍卖建设工程的。如果是这样,承包人既不能与发包人协议折价,又不能申请人民法院依法拍卖,承包人的债权就无从保障。笔者认为,在此阶段禁止当事人自由转让房地产,对于抑制炒卖"地皮"行为、抑制房地产市场的过度投机均有积极意义,但是如果建设单位由于种种原因,在房地产开发的起始阶段就造成"死盘",对房地产市场的健康发展也是不利的。有鉴于此,一些地方政府部门采取变更开发主体的方式让新人"接盘",可以说,这是一种很现实、也很积极的做法。因而,在此阶段,也应准许人民法院依法拍卖建设工程,政府部门应当予以积极配合,为受让人变更项目开发主体。

(2) 在建设工程具备转让条件或商品房预售条件之后至该建设工程房屋所有权初始登记之前。

前文已述,在此阶段,发包人可以依法将建设工程转让给有房地产开发资质的受让人或将商品房预售给有相应资格的买受人。因此拍卖时,只需对建设工程受让人或商品房买受人的资格依法进行审查,确认其具有相应资质(或资格)即可。

(3) 在建设工程房屋所有权初始登记之后。

在此阶段,拍卖建设工程也无法律上的障碍,只需对竞拍人的资格依法进行审查,确认其具有受让资格即可。

那么,承包人申请人民法院依法拍卖须经过怎样的程序呢?是依法提起诉讼,进入执行程序后拍卖,还是径直进入拍卖程序呢?笔者认为,人民法院只需对承包人的申请作形式审查,确认其债权数额是确定的,且发包人逾期未付,经承包人催告仍逾期不付,即可委托拍卖行拍卖。这样既能使承包人的债权尽早实现,也可使该建设工程能尽早竣工或投入使用,从而实现其经济价值。如果发包人有证据证明或人民法院审查查明承包人的申请不符合拍卖条件,人民法院可转入普通诉讼程序,通过审理确认承包人的债权。

需要注意的是,承包人行使其建设工程优先权的上述两种方式并没有先后次序之分,承包人既可以选择和发包人协议将工程折价,也可以选择直接申请人民法院依法拍卖。尤其是,上述第二种方式即申请人民法院依法拍卖的方式虽然属于寻求公力救济的方法,但从性质上而言,其属于非诉行为,应适用民事诉讼的执行程序。

另外，关于发包人与承包人就建设工程协议折价的数额应如何控制，以及承包人向人民法院申请拍卖的程序等具体操作性的问题，我国《合同法》与《批复》均未作出规定。对于被拖欠工程价款的施工企业而言需要注意的是：如果采取协议折价的方式，就应当向发包人发出书面的函件，要求以建设工程折价款偿付工程欠款；如果采取向人民法院申请拍卖的方式，则应当向人民法院提出书面的请求（既可以在工程款纠纷案件的诉讼请求中提出，也可以在执行案件的执行申请中提出，还可以直接申请人民法院进行拍卖）。只有这样，才能表明承包人已经行使了其优先受偿权。否则，根据"不告不理"的民事诉讼原则，当事人自己不明确提出优先受偿的主张，法院不会主动认定承包人价款优先受偿权。①

承包人如果合法占有建设工程，其从催告发包人付款至折价、拍卖建设工程期间应尽到一定的义务，这些义务主要包括两个方面：一是应以善良管理人的注意保管该建设工程，做到保障建设工程的安全，并且不为自己的利益利用建设工程；二是在发包人已清偿了建设工程价款或为清偿工程价款提供担保的情况下，承包人应向发包人移交建设工程或依约定继续施工。

无论采用何种方式行使建设工程的优先权，在承包人优先受偿之前，均应先由鉴定人核定因承包人之工作而使标的物增加的价值，以核定承包人就标的物的折价优先受偿的范围。

我国《合同法》第286条规定的建设工程优先权行使的方式为拍卖和折价两种方式，除这两种方式之外，变卖是否也可以作为建设工程优先权行使的方式呢？笔者认为，折价与变卖均为实现物之交换价值的方式，本质上并无区别，更何况，我国《民法通则》第89条第2项、《担保法》第53条也均将两者并列为实现担保的方式，因此，不妨将折价与变卖同作为建设工程优先权行使的方式。

相关案例介绍与评析

【案例】 北京建工安装工程公司诉北京环宇汽车商城安装工程合同纠

---

① 陆静：《试论工程价款优先受偿权的行使》，载《学术交流》2007年第12期。

纷案①

2003年12月5日,北京建工安装工程公司与北京环宇汽车商城签订《安装工程合同》,由北京建工安装工程公司承建北京环宇汽车商城的通风空调安装、水、电以及消防工程。双方约定:(1)承包范围:环宇汽车商城的通风空调安装、水、电以及消防工程;(2)工程质量等级:达到良好以上等级;(3)工程于2003年12月7日开工,竣工日期为2004年7月30日;(4)工程总价款暂定为1254万元,最后依据工程洽商及变更清单据实结算;(5)工程预付款:依据工程进度予以支付,工程竣工验收前需支付进度款至合同价款的80%,竣工验收后再支付15%,其余5%在保修期满后一次性支付,工程保修期为1年,逾期不能支付,按银行同期贷款利息计息。合同签订后,北京建工安装工程公司进场施工,其间,北京环宇汽车商城支付了730万元的工程款,后由于北京环宇汽车商城缺乏资金,不能按约支付工程款,北京建工安装工程公司于2004年3月停止工程的施工建设,撤离了施工现场,并将所承建的工程移交给北京环宇汽车商城管理使用。2004年8月,双方对北京建工安装工程公司承建的已完工部分进行中间结算,经结算北京建工安装工程公司承建的已完部分的工程造价为11,380,546.16元,扣除北京环宇汽车商城已支付的730万元工程款,北京环宇汽车商城至今尚欠北京建工安装工程公司4,080,546.16元的工程款。后北京环宇汽车商城一直未支付剩余工程款。

2004年12月,北京建工安装工程公司诉至法院,请求判令北京环宇汽车商城偿付工程款4,080,546.16元及承担违约责任,并在上述工程款债权范围内享有优先受偿权。北京环宇汽车商城答辩称:根据法律规定,建设工程优先权应当在工程约定竣工及实际竣工之日起6个月内行使优先受偿权,北京建工安装工程公司行使优先受偿权已超过6个月的规定,不应对建设工程享有优先受偿权。

法院经审理认为,北京建工安装工程公司与北京环宇汽车商城签订《安装工程合同》,是双方当事人真实意思表示,且合同内容不违反法律的规定,应属有效;北京建工安装工程公司在合同签订后,依照合同约定履行工程的施工义务,北京环宇汽车商城由于资金紧张未能按期支付工程款,导致工程

---

① 陈旻、金华利:《建设工程纠纷案例答疑》,中国法制出版社2008年版,第243页。

停车，但其对北京建工安装公司施工的已完工工程实际接收并使用，依据法律规定，应依法支付已完工程的工程款，因此北京环宇汽车商城应向北京建工安装公司支付 4,080,546.16 元的工程款，并承担逾期付款的违约责任。关于建工安装工程公司要求确认建设贯彻享有优先受偿权的问题，依据我国《合同法》第 286 条的规定，建设工程承包人对建设工程的价款依法享有优先受偿权。北京建工安装工程公司作为环宇商城通风空调、水、电以及消防的承包人，对该汽车商城通风空调系统、给排水工程、电气安装工程以及消防安装工程进行了施工建设。依据国务院《建设工程质量管理条例》第 2 条第 2 款"本条例所称建设工程，是指土木工程、建筑工程、线路管道和设备安装及装修工程"的规定，北京建工安装工程公司所承建的工程符合该条规定，属于建设工程。据此，法院确认北京建工安装工程公司对环宇汽车商城通风空调、水、电以及消防工程的价款依法享有优先受偿权，但北京建工安装工程公司行使该权利已超过规定的期限，依照最高人民法院《批复》第 4 条"建设工程承包人行使优先权的期限为 6 个月，自建设工程竣工之日或建设工程合同约定的竣工之日起计算"的规定，北京建工安装工程公司应在该工程竣工之日或双方约定的竣工之日起 6 个月内行使优先受偿权，逾期则丧失该权利。本案中，北京建工安装工程公司承包的工程因北京环宇汽车商城缺乏资金，不能支付工程款而自 2004 年 3 月起停工至今，导致工程没有竣工验收，双方在庭审中一致确认北京建工安装工程公司于 2004 年 3 月将工程移交给北京环宇汽车商城管理。依据最高人民法院《解释》第 14 条第 3 款"建设工程未经竣工验收，发包人擅自使用的，以转移占有建设工程之日为竣工日期"的规定，北京建工安装工程公司将所承建的工程移交给北京环宇汽车商城管理是 2004 年 3 月，此即为工程竣工的时间，北京建工安装工程公司行使工程价款优先受偿权的期间应从 2004 年 3 月起计算 6 个月内。本案中，北京建工安装工程公司行使工程价款优先受偿权的时间为 2004 年 12 月，已超过了 6 个月内的法定期限，故法院对北京建工安装贯彻公司提出要求确认享有工程价款优先受偿权的诉讼请求不予支持。

【评析】

本案中，北京建工安装工程公司享有对其承建的环宇汽车商城的通风空调系统、给排水工程、电气安装工程以及消防安装工程的建设工程优先权，这一点没有争议。本案的焦点是北京建工安装工程公司行使建设工程优先权是否超出了法定期限。最高人民法院《批复》第4条规定建设工程承包人行使优先权的期限为6个月,其目的在于敦促承包人尽快行使权利。根据上述批复的规定,该6个月自建设工程竣工或建设工程合同约定的竣工之日起算。也即,对于已经完工的工程,建设工程优先权行使期限的起算点为竣工之日。何为"竣工之日"？根据《解释》第14条的规定,建设工程经竣工验收合格的,以竣工验收合格之日为竣工日期;承包人已经提交竣工验收报告,发包人拖延验收的,以承包人提交验收报告之日为竣工日期;建设工程未经竣工验收,发包人擅自使用的,以转移占有建设工程之日为竣工日期。若工程未完工,建设工程优先权行使期限的起算点则为建设工程合同约定的竣工之日。本案中,由于北京环宇汽车商城缺乏资金,不能按约支付工程款,北京建工安装工程公司于2004年3月停止工程的施工建设,并将所承建的工程移交给北京环宇汽车商城管理使用。可以看出,本案的工程属于未完工的工程,而且,发包人对建设工程的使用并非擅自为之,而是基于承包人的移交。因此,承包人行使建设工程优先权的期限的起算点应为建设工程合同约定的竣工之日,也即2004年7月30日,承包人于2004年12月行使建设工程优先权,并没有超过6个月的法定期限。北京环宇汽车商城的答辩不能成立。法院将北京建工安装工程公司将所承建的工程移交给北京环宇汽车商城管理的时间即2004年3月确定为工程竣工的时间,并以此起算北京建工安装工程公司行使工程价款优先受偿权的期间,实属错误。

第三节 建设工程优先权的放弃

我国《合同法》第286条规定了承包人对建设工程价款享有优先受偿权,但是由于诸多原因,特别是现实中,预先放弃此优先受偿权的现象大量存在,从而致使该制度并未取得明显的效果,正因为如此,《合同法》第286条被认为是中看不中用的"休眠条款",进而致使立法目的得不到有效的贯彻和实现。究其原因,其中很重要的一条就是,在签约发包时,发包人往往利用自己的强势地位要求承包人签署含有声明预先放弃建设工程优先权的书面文件,以获得银行的授信贷款,以致承包人的利益得不到有效的保障,从而造成大量社会问题的出现。

那么,承包人能否放弃其享有的建设工程优先权?放弃该项权利将造成什么样的后果等等,本节将就此问题作一探讨。

一、承包人放弃其建设工程优先权的现实危害性

立法赋予承包人建设工程优先权的目的在于维护建筑市场中的公平和诚实信用原则,因为这些原则对于保障劳动者的合法利益、维护建筑市场的规范化具有十分重要的意义。而现实生活中,发包人利用自己的优势地位胁迫承包人放弃其优先受偿权的现象屡见不鲜,产生了极其严重的消极影响,主要表现在:一是对建筑企业即承包人而言,恶化了承包人的弱势地位,其权利更加受到漠视,不利于保障建筑企业的合法权益;二是对发包方而言,其侵权行为得不到有效的遏制而诱发其有恃无恐进一步侵权,法治秩序受到破坏;三是严重扰乱了建筑市场的秩序,激化了建筑市场的恶性竞争,甚至导致建筑市场陷入无序和混乱;四是规避法律的现象盛行而导致法律权威降低,危及立法、司法公信力,进而影响我国社会主义现代法治的建立。

由上可以看出,允许承包人自由放弃其优先权具有极大的危害性,不仅仅影响到承包方自己的利益,更是严重干扰了建筑市场,损害了法律的权威和公信力。因此,我们认为,在现实条件下,建设工程承包人的优先权的放弃应当受到限制,立法应进一步完善该权利的保障制度,确保该权利能够切实得到实现。

二、建设工程优先权不得被无条件放弃及其理由

有学者指出,"优先权的产生完全是基于法律的直接规定,当事人既不得事先约定优先权的发生,通常也不得约定排除优先权的适用"[①]。建设工程优先权作为一种优先权,同样是根据《合同法》的规定直接产生的,因此当事人无须对其设立进行约定,也不能对其预先放弃。具体理由在于:

(1) 放弃建设工程优先权有违立法目的。

我国《合同法》第 286 条的立法目的主要有两点:一是通过设立建设工

---

① 郭明瑞、仲相、司艳丽:《优先权制度研究》,北京大学出版社 2004 年版,第 49 页。

程承包人的优先权,进一步确立"劳动报酬绝对优先"的观念,有效保护劳动者获得劳动报酬的权利,从而维护社会的稳定。二是通过设立建设工程优先权,有效地保证建筑企业的流动资金迅速回笼,节约资金占用成本,从而形成健康有序的建筑市场运行机制。

就第一个目的而言,工资是工人"出卖劳动力的报酬,出卖血汗之对价"、"工资具有绝对神圣性,必须予以保护,始足实现社会正义"[①]。所以,现代法治社会均对劳动报酬予以特别保护。《合同法》颁布之前,我国已经有许多法律法规体现了这一立法精神,如《海商法》规定的船舶优先权、《企业破产法》和《民事诉讼法》规定的破产财产清偿顺序等均要求优先清偿劳动报酬或工资以及社会保险费用等。在建设工程承包合同中,虽然建筑工人、工程管理人员与发包人之间不存在直接的劳动合同关系,发包人也不承担向工人支付劳动报酬的义务,但是,发包人应当向承包人支付的工程价款本身就包含着劳动报酬。再者,发包人或业主享有所有权的建设工程是基于施工而产生或增值,工人的劳动价值已经直接物化到了该建设工程之中。所以,当承包人未能支付工人工资而发包人又逾期不支付工程价款时,法律就赋予承包人就建设工程折价或拍卖并从获得的价款中优先受偿的权利以保障工人获得其应有的劳动报酬。

就第二个目的而言,按照工程造价的构成理论,工程造价包括直接工程费、间接费、计划利润和税金四项,工人工资只是其中的一项。而且,工人工资在一般情况下只占工程造价的15%至20%,工程造价的主要部分则是承包人付出的材料费(特别是在包工包料施工的情况下)、设备使用费、施工管理费等。也就是说,物化到工程价格中的除了施工工人的劳动外,更主要的是承包人的各种实物与资金。通常,工程价款的数额比其他商品和服务的价款数额要大得多,对于有的建筑企业来说,有时一项工程价款的拖欠就会造成企业流动资金的呆滞,导致资金周转不灵。特别是对于那些依靠贷款作为工程垫资和以赊购其他企业材料进行施工的企业来说,工程价款的拖欠,不但使企业维艰,而且拖累其他企业陷入"三角债"的泥潭,甚至导致建筑市场的无序和混乱。特别应当注意的是,有些建筑企业在拖欠工程价款难以收回或者无法收回时,对于其施工的其他工程往往会采取偷

---

① 王泽鉴:《民法学说与判例研究》(第1册),北京大学出版社2009年版,第160页。

工减料的方式来降低成本,从而导致了"豆腐渣"工程恶意循环地不断发生。①

（2）放弃建设工程优先权有违诚实信用原则。

诚实信用原则,是指在市场经济活动中,当事人应当秉着诚实、善意的态度去正当地行使权利和承担义务,以维护当事人之间利益平衡以及当事人利益与社会利益之间的平衡关系。善意的心理状态要求行为人在进行社会经济活动时不为欺诈行为、恪守信用、尊重交易习惯、不得规避法律、不得曲解合同条款、尊重社会公共利益和他人利益等。而规避法律则是指行为人故意利用法律的疏漏或不明确,从事有害于他人、国家或社会利益的行为。放弃建设工程的优先权就是出于规避法律的目的。因为,从表面来看,该行为并不受国家法律的严格禁止,也不与国家的法律规定直接抵触,但该行为却违反了国家的立法宗旨,其直接后果是损害了劳动工人的利益,扰乱了建筑市场的秩序和整个社会秩序。发包人利用自己的优势地位迫使承包人签订含有声明预先放弃工程价款优先受偿权的书面文件,意图避免《合同法》第286条的适用,该行为明显违背了诚实信用原则,因此应受到限制。这将有利于保障承包人和利益相关者的合法权益,促进和引导良好的社会主义建筑市场的建立和形成。

（3）放弃建设工程优先权是对意思自治和自由原则的滥用。

有观点认为:"承包人的优先受偿权虽然是法律规定的权利,不是当事人约定的权利,但不论是法定或约定,对承包人而言都是一项民事权利。对于权利,当事人既可以行使也可以放弃,只要出于权利人的真实意思表示,法律都不可干预,这是当事人意思自治原则的体现。"②然而,需要注意的是,意思自治不是个人自由主义下的绝对的无条件的自治。随着国家对社会经济活动的干预,意思自治同样受到一定约束,它是在符合国家法律前提下的自治,不得违反国家法律和社会公共利益,自治的权利、义务及责任的分配应当符合社会的公平、正义的观念。

在我国当前的建筑市场是"发包人市场",发包人在交易中占有主导的

---

① 何红锋、张璐、马俊达:《建设工程款优先受偿权放弃的效力探讨》,载《建筑经济》2005年第6期。

② 李锴、李士健:《也谈建设工程承包人的优先权》,http://www.chinacourt.org/html/article/200407/23/124568.shtml,2014年4月25日访问。

地位,其决定着工程发包的大权,左右着发包市场,影响着承包人的收益和命运。承包人为了提高竞争力,不得不屈从发包人提出的一些苛刻条件。其中典型的是发包人通常利用自己的发包优势地位要求承包人签署含有声明"自愿"预先放弃工程价款优先受偿权的书面文件,以获得银行的授信贷款。在这种情况下,发包人与承包人双方的地位形式上是平等的,但由于经济地位的差异,事实上构成一方对另一方的强制,合同的内容并不能体现真正的平等。正如孟德斯鸠所指出的,"在一个国家里,也就是说,在一个有法律的社会里,自由仅仅是,一个人能够做他应该做的事情,而不被强迫去做他不应该做的事情"①。自由行为同时也意味着应当是正当的行为、合法的行为和有序的行为。任何不正当行为实际上是对自由的滥用,是一种极端的自由和放纵的自由。那么,在建设工程合同关系中,发包人与承包人应当遵循《合同法》第286条的立法意图,不得利用该项权利从事影响损害社会或他人利益的行为。由于建设工程合同的订立,不仅涉及当事人双方的利益得失,也会影响到劳动工人、材料商等其他利益相关者的权益。因此,如果允许承包人无条件地放弃优先受偿权,将会使承包人、劳动工人等权利人的权益得不到保障,扰乱建筑市场的稳定。此时,"就需要借助于法律对合同关系的干预,防止当事人一方利用经济上的强制、生活上的迫切需要及各种从属关系等滥用合同自由,强迫另一方当事人接受不平等的合同条款"②。基于此,《瑞士民法典》第837条规定:"(一)下列债权,可请求设定法定抵押权:1. 出卖人对出卖土地的债权;2. 共同继承人及其他共同权利人,因分割而对原属于共同所有的土地的债权;3. 为在土地上的建筑或其他工程提供材料及劳务或单纯提供劳务的职工或承包人,对该土地的债权;土地所有人为债务人,或承包人为债务人的,亦同。(二)权利人不得预先抛弃前款的法定抵押权。"我国同样应当禁止权利人在权利得不到保证的条件下放弃优先受偿权。

(4)放弃建设工程优先权有违公平和正义原则。

公平和正义不仅仅是指形式意义上的公平,更是指实质意义上的正义。"发生了深刻变化的社会经济生活条件,迫使20世纪的法官、学者和立法

---

① 〔法〕孟德斯鸠:《论法的精神》(上册),张雁深译,商务印书馆1961年版,第154页。
② 梁慧星主编:《民商法论丛》(第7卷),法律出版社1997年版,第430页。

者,正视当事人之间经济地位不平等的现实,抛弃形式主义观念而追求现实实质正义。"[1]在建设工程合同关系中,由于建筑市场的激烈竞争,发包方和承包方看似法律地位平等,但它们之间实际上存在不平等的关系,其中,发包方居于主导地位,可以在订立合同的时候将自己的意志在一定程度上强加于承包方,从而确定对发包方有利的交易条件。承包人的建设工程优先权正是为了维护建设工程合同关系的实质正义而设立的。如果允许承包方随意放弃其优先权,发包方则极有可能在合同签订阶段利用自己的优势地位来迫使承包方违心地放弃其优先权,如此则会导致承包人的权益得不到有效的保障,从而造成建设工程合同关系中实质正义的落空。

值得注意的是,最高人民法院于 2003 年 12 月 15 日向媒体公布的《关于审理建设工程施工合同纠纷案件适用法律若干问题的解释(征求意见稿)》之第 27 条曾允许承包人事先放弃优先权,后来因遭受社会质疑,此项内容在最高人民法院出台的生效司法解释中被取消了。这也说明了,承包人放弃建设工程优先权的危害后果严重,必须慎重对待。

三、特定条件下建设工程优先权的有效放弃

目前,对承包人能否放弃建设工程优先权的问题,我国现行立法和最高人民法院的司法解释均采取了回避的态度。笔者认为,在一般情况下,建设工程承包人不得放弃其所享有的优先权,但在特定情况下,则可以有效放弃其优先权。这些特定情况主要包括:

(1) 发包人已经提供了切实可靠的担保。

建设工程优先权属于法定的担保物权,其作用在于担保承包人的工程价款债权。如果承包人在发包人已经提供了切实可靠的担保的情况下,承包人则可以预先放弃其优先权。具体而言,建设工程发包方向承包人提供有效的履约担保的情况下,要求承包人放弃其优先权,承包人同意的,可以认为有效;另外一种情形是,银行、发包人、承包人三方达成的关于发包人以在建工程抵押给银行、银行将贷款直接支付给承包人、承包人放弃其优先受偿权的协议也可以认定为有效。对此,《德国民法典》有类似的规定,其第 846 条第 2 款规定,担保也可以由在本法的效力范围内有权从事经营活动的

---

[1] 梁慧星主编:《民商法论丛》(第 7 卷),法律出版社 1997 年版,第 430 页。

金融机构或信用保险人提供或作出其他支付约定的担保。无论发包人通过哪种方式提供履约担保,均会使得《合同法》的立法意图不至于落空,承包人基于此而放弃其优先权的行为可以认定为有效。当然,这种放弃并非基于强势一方对弱势一方的胁迫,而是基于权利能够保证实现。

(2) 承包人在建设工程优先权成立之后放弃优先权。

对于这种事后抛弃,可以承认其效力。因为在承包人享有建设工程优先权的前提下,承包人放弃优先受偿权通常是其真实意思的表示,而且其往往会得到放弃权利的某种对价或补偿,因此,事后抛弃并不减损优先权的制度功能。既然如此,法律无须进行干预。也就是说,建设工程优先权可因事后抛弃而归于消灭。

第八章 建设工程优先权与相关权利的竞合及处理

权利竞合是指数个权利同时存在于同一客体上,其中某个权利的实现将对其他权利的行使产生影响。就建设工程而言,社会生活中以其为客体可能形成多种法律关系,如发包人与承包人之间的施工合同关系、银行等债权人与发包人之间的借贷抵押关系、购房者与发包人之间的买卖合同关系等。这样一来,就会出现承包人的建设工程优先权与一般抵押权及其他债权发生竞合的情况。那么,对于这些竞合,应当如何处理?我国现行法律如《民法通则》《合同法》《担保法》等均未予以明确。有些司法解释虽然进行了规定,但仍存在不合理之处。因此有必要对此问题加以进一步的探讨和研究。

第一节 建设工程优先权与抵押权的竞合及处理

一、建设工程优先权与抵押权竞合的情形

根据我国《担保法》《物权法》和《合同法》及有关司法解释的规定,建设工程优先权的标的物为建设工程,属于不动产;而抵押权可以在不动产上设立,且无须移转标的物的占有。因此,无论建设工程是否竣工,发包人作为建设工程的所有权人和建设用地的使用权人,完全可以就依法获准使用的建设用地使用权、承包人承建的房屋或其他建筑物来设定抵押权。在实践中,绝大多数发展商(发包人)均采用抵押贷款的办法筹措建设资金,鲜有全部使用自有资金投入房地产项目的情形。于是,建设工程优先受偿权和抵

押权发生冲突主要有以下几种情形：

（1）建设工程优先受偿权与土地使用权抵押权的冲突。

土地使用权抵押是房地产开发过程中极为重要的一种融资方式。当开发商将土地使用权设定抵押权给银行，又与承包人签订建设工程合同时，就可能发生建设工程优先受偿权与土地使用权抵押权的冲突。由于土地使用权不属于建设工程优先受偿权的范围，所以这种冲突比较容易解决，不是本书论述的重点。

（2）建设工程优先受偿权与在建工程抵押权的冲突。

在建工程抵押，是指抵押人为取得在建工程继续建造资金的贷款，以其合法方式取得的土地使用权，连同在建工程，以不移转占有的方式抵押给贷款银行作为偿还贷款履行的担保。在建工程抵押权成立于抵押登记之时，以土地使用权和在建工程现有投入的财产为抵押物，是一种变动中的财产。在建工程抵押权可能成立于工程开工之前，也可能成立于工程开工之后，所以在建工程抵押与建设工程优先受偿权冲突的可能性很大，而且也很复杂。

（3）建设工程优先受偿权与建设工程竣工后房地产抵押权的冲突。

在工程建设竣工之后，发包人往往还没有向承包人支付工程款，就将完工的工程再设定抵押权给银行，就可能发生建设工程优先受偿权与建设工程竣工后房地产抵押权的冲突。

二、建设工程优先权与抵押权竞合时的处理

抵押权的实质内容也是就抵押物的价值享有优先受偿权，主要表现为以下方面：一是抵押权人优先于一般债权人受偿；二是在抵押物被采取查封等强制措施，被有关执法部门执行时，抵押权优先于执行权；三是在债务人宣布破产时，抵押权人享有别除权，其债权优先于一般债权，且抵押财产不列入破产财产；四是顺序在先的抵押权优于顺序在后的抵押权。

抵押权人的优先受偿权充分保障了其债权能够得以实现，也是抵押制度的功能所在。但抵押权人能否对抗《合同法》第286条规定的承包人的优先权，现行法律并无明文规定，实践中对这一问题的认识也不尽相同，存在以下观点：

一是按比例清偿说。该说认为，承包人的优先受偿权与抵押权较之于普通债权而言，同样具有优先性，二者共存时，由于两者均为物权且都具有

优先受偿的内容,效力同等,都依法受法律的保护,应当就建设工程折价款或拍卖款按比例清偿。

二是抵押权优先说。该说认为,抵押权人应优于承包人行使优先权,因为后者未经登记,不具有公示效力,难以对抗第三人,而以建设工程为标的物的抵押权经过登记才会成立,加之根据我国《担保法》第54条和《物权法》第199条之规定,抵押权已登记的先于未登记的受偿。因此,优先权与抵押权发生竞合时,应当由抵押权优先行使。①

三是建设工程优先权说。该学说认为,承包人的优先受偿权在性质上属于法定抵押权,在发生法定抵押权(即建设工程优先受偿权)与约定抵押权并存的情形时,无论法定抵押权发生在前或者在后,法定抵押权均应优先于约定抵押权行使。主要理由包括:(1)法定权利应当优先于约定权利;(2)从法律政策上考虑,承包费用中有相当部分是建筑工人的劳动工资,应予优先确保;(3)建设工程是靠承包人付出劳动和垫付资金建筑的,如果允许约定抵押权优先行使,则无异于以承包人的资金清偿发包人的债务,违背公平及诚信原则;(4)承包人的优先受偿权是法律为保护承包人的利益而特别赋予的权利,具有保护劳动者利益和鼓励建筑、创造社会财富的政策的目的。②

四是已登记的建设工程优先权优先说。该说认为,建设工程优先权如果进行了合法登记,则不问登记之先后,一律优先于抵押权而受清偿,其理由在于建设工程优先权人的工作行为使不动产增值,甚至创造了不动产的价值,使债务人的全部债权得利,抵押权人也得其利,所以享受其利益的权利自然在效力上应让步于保存、创造该利益的权利。③

笔者认为,第一种观点即"按比例清偿说"虽然对承包人的优先权与抵押权均采取了同等保护的态度,但在司法实务处理上存在一定的障碍。这是因为,首先,在承包人以原告身份行使建设工程优先权而提起诉讼时,在

---

① 刘莉:《论我国建设工程价款优先受偿权制度的完善》,载《湖北警官学院学报》2012年第4期。

② 梁慧星:《合同法第286条的权利性质及其适用》,载《山西大学学报(哲学社会科学版)》2001年第3期。

③ 申卫星:《论优先权同其他担保物权之区别与竞合》,载《法制与社会发展》2001年第3期。

原、被告双方均未主动提出已有抵押权设定的情况下,对第三人即抵押权人的追加,往往得由人民法院主动行使职权。但人民法院对此类案件是否有义务查明抵押权的存在,值得商榷。其次,抵押权的实现和承包人优先权的行使在时间上难以一致。前者依双方约定既可以在建设工程竣工前,又可以在竣工后;而后者则只能在建设工程竣工后,且经催告后的合理期限内,发包人仍不支付工程价款的情况下发生。这样一来,抵押权的行使早于建设工程优先权,客观上决定了同等保护原则的不现实。

若采取上述第二种观点即"抵押权优先说",允许抵押权优先于承包人的建设工程优先权,势必导致建设工程在设定抵押的情况下,承包人只能通过追究发包人的违约责任来追讨工程价款。此时,即便发包人愿意承担违约责任,若建设工程已经抵押给他人,而发包人无其他资产的情形下,承包人的债权最终难以实现,也就无从体现法律对承包人利益的特殊保护。由此可见,"抵押权优先说"实际上否定了《合同法》第286条的立法目的。

第三种观点和第四种观点显然有利于保护承包人的利益,那么,究竟何者更为合适呢?我国学界多数学者持"建设工程优先权优先说",认为无论建设工程优先权是否经过登记,无论其成立在抵押权之前或之后,均可优先于抵押权。这是因为:(1)承包人优先受偿权的根本属性是一种法定优先权,该权利的设定带有一定的立法政策的倾向性及充分考虑社会的公平性而对特殊债权予以特殊保护的精神,承包人建设工程优先权的优先行使,是法的尊严之体现。(2)承包人建设工程优先权的行使,是我国法律对弱者利益予以特殊保护的具体体现。因为在建设工程中凝结着工人的劳动价值,赋予建设工程承包人以优先权,除了保障工程承包人的工程价款这一债权的实现外,更重要的是这一部分债权中,有一部分是建筑工人的工资收入。承包人工程款的取得,是其支付工人工资的先决条件。(3)从世界各国的立法来看,对工人的工资、雇工的报酬加以特殊的保护是完全必要的,这也是我国法律的宗旨之所在。最高人民法院《批复》的相关规定也体现了此观点。《批复》第1条明确规定:"人民法院在审理房地产纠纷案件和办理执行案件中,应当依照《中华人民共和国合同法》第280条的规定,认定建筑工程的承包人的优先受偿权优于抵押权和其他债权。"[①]该规定无疑能够

---

① 魏秀玲:《论建设工程承包人优先权》,载《政法学刊》2003年第2期。

有效避免承包人在建设工程优先权成立之后因发包人将建设工程抵押给他人而使其优先权所担保的债权面临落空的风险，体现了对承包人利益进行特殊保护之立法目的。

然而，该规定也有值得商榷之处。一方面，建设工程优先权无须登记即可依法成立，缺乏必要的公示手段，外人一般无法知晓。这样一来，如果发包人和承包人恶意串通、虚报工程价款，必将不利于约定抵押权人的债权实现，从而有害交易安全。另一方面，工程建设往往耗资巨大，单靠发包人乃至承包人的垫资可能远远不够，很难离开其他抵押权人建设资金的大力支持。若立法坚持建设工程优先权绝对地、无条件地优先于抵押权，则无疑加大了其他债权人债权实现的风险。因此，贷款人在得不到有效保证的前提下，往往不愿冒着风险去投资，如此一来，建设工程的融资功能难以充分发挥作用。这势必会制约整个建筑行业的发展进而影响到包括承包人在内的相关群体的利益。

通过考察大陆法系各国和地区的相关规定，笔者发现，法律对建设工程承包人的工程价款都给予了特别的保护，只不过分别规定为不同的权利而已。在承包人的优先受偿权与约定抵押权发生冲突或竞合时应当如何处理，国外有不同的立法例。一是以德国为代表，采绝对优先说。即当二者发生冲突时，建设工程优先权一律优先于抵押权。二是以日本和法国为代表，采保存后优先说。要求建设工程优先权进行"保存"后，才能产生优先于约定抵押权的效果。保存的方法就是在工程开工前到登记机关进行登记。如果不登记，则仅能对抗普通债权而不能对抗其他担保物权。三是以瑞士为代表，按登记先后决定优先顺序。依《瑞士民法典》，建设工程优先权作为私法性质的法定抵押权并不具有当然优先于抵押权的效力，而是视其登记时间的先后而定。[①]

笔者认为，《日本民法典》的上述规定较为合理。如前所述，不动产保存人的保存行为，保存甚至增加不动产的价值，不动产建设人的施工行为，也增加了不动产的价值，它们都使得债务人（发包人）的所有债权人包括抵押权人受其利益，所以，上述两种权利应当优先。对于"不动产建设先取特权

---

① 参见赵许明：《建设工程款优先受偿权与抵押权冲突研究》，载《华侨大学学报（人文社科版）》2001年第4期。

即使其未予以登记,若其发生后于抵押权,其效力优先于抵押权"的认识,也有其道理。这是因为,不动产建设费用中通常包含职工工资,也就是说其关系到职工生存利益的维护。当然,不动产施工人仅能就不动产的增值部分优先于其他优先权人受偿,方为合理。我国也有学者指出:"建筑工程的优先权虽不以登记为成立和生效要件,但未经登记,该优先权仅能产生对一般债权人的优先效力,而不能产生对其他物权如抵押权的优先效力。"①笔者对此观点表示赞同。

相关案例介绍与评析

【案例】 北京大地建筑公司诉工艺品制造公司建筑工程施工合同纠纷案②

2003年2月,北京大地建筑公司与工艺品制造公司签订一份《建设工程施工合同》,合同约定由北京大地建筑公司承建工艺品制造公司的商务楼,同时,合同对工程工期、工程价款、工程款支付时间等作了明确约定。2004年3月,北京大地建筑公司完成工程建设,双方并通过了竣工验收。后双方因工程款纠纷向北京仲裁委员会申请仲裁。北京大地建筑公司与工艺品制造公司建设工程合同纠纷一案经北京仲裁委员会审理作出裁决:工艺品制造公司于裁决书送达之日起20日内给付大地建筑公司工程欠款35,380,212.78元及利息损失,库存材料和设备款6,678,504元及利息损失,停工损失457,689.84元,仲裁费及鉴定费467,890元。北京大地建筑公司对其承建的工艺品制造公司的建设工程享有优先受偿权,因工艺品制造公司未按时履行裁决书确定的义务,大地建筑公司向法院申请执行。

在本案执行过程中,工美贸易公司曾与工艺品制造公司在某法院的主持下就另案达成调解协议,内容为:工艺品制造公司于2005年9月30日之前分期归还工美贸易公司欠款4869万元;如工艺品制造公司按时足额履行上述还款义务,工美贸易公司同意免除其另应归还的欠款24,315,700元及

---

① 王利明主编:《民法》,中国人民大学出版社2005年版,第394页。
② 陈旻、金华利:《建设工程纠纷案例答疑》,中国法制出版社2008年版,第233页。

利息;工艺品制造公司承诺以其位于北京某路某号的 25,464.20 平方米的国有土地使用权及 5121.50 平方米的地上建筑物,为工美贸易公司此笔 24,315,700 元债权设定抵押担保,并协助工美贸易公司在 2005 年 1 月 15 日前办理相应抵押登记手续。后因工艺品制造公司逾期未履行调解书确定的还款义务,工美贸易公司遂向法院申请执行,法院遂致函本案执行法院,认为工美贸易公司对拍卖工艺品制造公司房地产所得价款享有参与分配权及优先受偿权。

执行法院认为,根据最高人民法院的有关批复,大地建筑公司的工程款部分应享有优先受偿权,抵押权人受偿顺序在后,但优先于普通债权人受偿。北京仲裁委员会根据工程造价鉴定,裁决工艺品制造公司欠付大地建筑公司工程款 35,380,212.78 元,金额是用工程款完工部分造价减去债务人已付所得的款项,符合最高人民法院《批复》规定的建设工程价款范围,但对于其他部分,包括利息、库存材料款、设备款、停工损失、仲裁费和鉴定费等费用,均为发包人违约行为给大地建筑公司造成的损失,不属于最高人民法院《批复》规定的优先受偿的范围,故大地建筑公司只在 35,380,212.78 元范围内对拍卖价款享有优先受偿权。最终,执行法院查封了工艺品制造公司在北京某路某号的国有土地使用权及地上建筑物,并对上述房地产拍卖,所得价款共计人民币 5978 万元。法院依法对拍卖款作了如下处理:大地建筑公司对 35,380,212.78 元工程款优先受偿,对剩余价款,抵押权人工美贸易公司按照抵押登记确认的金额优先受偿,上述两项债权受偿完毕,如还有剩余价款,则由大地建筑公司和工美贸易公司依普通债权按比例受偿。

【评析】

本案涉及建设工程优先权与抵押权的竞合。建设工程优先权与抵押权担保的债权均优先于普通债权得到清偿。但在工程款优先权和抵押权并存的情况下,何者优先的问题上,实践中存在两种不同的意见:一种意见主张依权利成立时间先后决定效力的先后。理由是承包人的优先权与抵押权同系担保物权,物权间的优先效力一般以"时间在先,权利在先"。若抵押权发生在先时,应当优先于工程款优先权而实现。另一种意见认为,法定权利应当优先于约定权利,无论抵押权发生在前或后,建设工程优先权均应优先于抵押权。笔者赞成后一种意见,最高人民法院《批复》第 1 条对此作了明确规定,"建设工程的承包人的优先受偿权优于抵押权和其他债权"。本案中,法院认定大地建筑公司的建设工程款债权优先于抵押权人工美贸易公司的债权,是正确的。

第二节 建设工程优先权与消费者权利的竞合及处理

一、建设工程优先权与消费者权利竞合的情形

根据我国《城市房地产管理法》的规定,交付全部土地使用权出让金,取得土地使用权证书和建设工程规划许可证,投入开发建设的资金达到工程建设总投资的25%以上,并已经确定施工进度和竣工交付日期的,商品房可预售。该规定表明,购房者所购买的房屋不一定是已竣工并能立即取得产权的房屋。在商品房已经发售的情况下,如果发包人不能按约支付工程款,承包人行使建设工程优先权,则会产生与购房者权利的冲突。

实践中,建设工程优先权与购房的消费者权利发生冲突主要有以下情形:一是发包人与消费者已经签订了商品房买卖(包括预售)合同但尚未办理房屋的产权过户手续,承包人行使建设工程优先受偿权时,消费者利益与承包人的利益会发生冲突。这种情形的争议较多。二是建设工程已经竣工并验收合格,发包人已将房屋的产权过户到消费者名下时,若发包人拖欠建设工程款,建设工程优先权与消费者的所有权发生冲突。

二、建设工程优先权与消费者权利竞合时的处理

当承包人的建设工程优先权与购房的消费者权利发生冲突时,对于第二种冲突情形,容易处理。在商品房所有权发生转移的情况下,承包人不能对该商品房行使建设工程优先权,因为建设工程优先权的标的物必须是发包人享有所有权的建设工程。对于第一种情形即建设工程优先权与预售商品房请求权发生竞合,我国法律没有明确应当如何处理。学界主要有三种观点:

观点一认为,建设工程优先权与预售商品房请求权竞合时,因预售合同经有关部门登记备案而使预售商品住房请求权具有了预告登记的物权效

力。那么，两者均为物权，按惯例，应当以成立时间之先后定其优先次序。[1]

观点二认为，如果二者发生冲突，不论成立先后，都是承包人的建设工程优先权优先，因为建设工程优先权是物权，而预售商品房请求权的相关预售合同虽经有关部门登记备案，但这种备案和预告登记有着根本差异，根本不具有国外预告登记的功能，而且我国法律未对这种备案的效力和预告登记作出规定，所以，根据物权法定原则，商品房预售请求权不具有物权效力，不能对抗承包人的建设工程优先权。[2]

观点三认为，当两者发生竞合时，承包人利益应让位于消费者。理由包括：一是在此情形下，如果允许承包人行使建设工程优先权，无异于用消费者的资金清偿开发商的债务，等于开发商将自己的债务转嫁给广大消费者，严重违背特殊保护消费者的法律政策，因此应不允许承包人行使建设工程优先权。二是两种权利的竞合实际上是消费者利益与承包人利益的比较，消费者利益属于生存利益应当优先，承包人利益属于经营利益应退居其次，如果不对承包人的优先权加以限制，势必侵害大量善意购买者的利益，影响社会的安定。[3] 因此，"只要发包人预售或实际出售房屋符合法律规定，手续齐全，承包人对已卖出的房屋不能再行使优先受偿权"[4]。

最高人民法院《批复》第 2 条规定："消费者交付购买商品房全部或大部分款项后，承包人就该商品房享有的工程价款优先受偿权不得对抗买受人。"可以看出，《批复》对建设工程优先权与消费者的预售商品房请求权发生冲突时作了一个原则性的规定，即消费者利益优先受保护，这一点与观点三的立场相同。但是，该《批复》又在承包人利益与消费者利益之间作了一个平衡，对消费者的权利予以一定的限制，也即，只有在消费者已交付了全部或大部分购房款时方可对抗承包人的建设工程优受权。若消费者未支付全部或大部分购房款，承包人可以将消费者购买的商品房折价或拍卖从而

---

[1] 参见张学文：《建设工程承包人优先受偿权若干问题探讨》，载《法商研究》2001 年第 3 期。

[2] 参见梁慧星：《合同法第 286 条的权利性质及其适用》，载《山西大学学报》2001 年第 3 期。

[3] 参见王泽鉴：《民法学说与判例研究》(第 1 卷)，北京大学出版社 2009 年版，第 481—485 页。

[4] 程华：《建设工程价款优先受偿权法律适用问题》，载《中国律师》2009 年第 9 期。

优先受偿。因此,虽然《批复》对于承包人利益与消费者利益的保护更倾向于保护消费者的利益,但也贯彻了法律保护劳动者利益的根本宗旨。

我们需要注意的是,根据《批复》第 2 条,购房者只有满足一定条件,才能以其预售商品房请求权对抗承包人的建设工程优先权。这些条件包括:

第一,购房者必须为法律意义上的消费者,即为了满足生活需要而购房的自然人。对于消费者的理解,我们在第五章第三节的第二部分已经作了界定。若购房的目的是为了投资或者购房者是为法人、其他组织,则承包人的建设工程优先权能够对抗购房者的权利。

第二,消费者购买的必须是合法商品房。我国立法对商品房没有作出界定,按照一般的观念,商品房具有下列特征:经政府有关部门批准建设,主体是具备经营资格的房地产开发公司,具有商品属性,能够在市场上自由流通,法律上拥有完整产权。那么,在划拨土地上建设的并向社会出售的住房、非房地产开发企业建设的"商品房名义"的房屋、不能在市场上自由流通的房屋等,都不属于商品房,其购买者的权利不能对抗建设工程优先权。此外,非法商品房如违章建筑不受法律保护,所以买受人即使交纳了全部房款,也不能对抗承包人的工程价款优先权。

第三,商品房买卖合同必须合法有效。购房者对预售商品房的请求权必须合法,如果商品房买卖合同无效,那么购房者对商品房所主张的权利不能对抗建设工程优先权。需要指出的是,对于预售商品房的买卖合同,商品房预售许可证对合同效力有重大影响。最高人民法院《关于审理商品房买卖合同纠纷案件适用法律若干问题的解释》第 2 条明确规定:"出卖人未取得商品房预售许可证明,与买受人订立的商品房预售合同,应当认定无效,但是在起诉前取得商品房预售许可证明的,可以认定有效。"

第四,购房者支付了大部分或者全部购房款。如果购房者仅仅支付了定金或支付的购房款占全部购房款的比重较小,那么,购房者的权利不能对抗承包人的建设工程优先权。

三、对建设工程优先权与消费者权利竞合处理规定的反思

(一)对《批复》第 2 条规定本身之分析与反思

对于实践中存在的建设工程优先权与消费者的预售商品房请求权之间的冲突,无疑要按照《批复》的规定来实施。但对于这一司法解释本身,有以

下问题值得进一步深思：

1. 对"大部分价款"的理解

"大部分"这个词本身相当模糊，司法解释没有大部分款项的具体判定标准。这既赋予了法官极大的自由裁量权，又造成司法操作的不一致，使得相同案件可能得不到相同处理。尽管最高人民法院研究室负责起草《批复》的法官接受采访时认为，消费者对抗承包人优先权的前提条件必须是已经支付了全部或者大部分购房款。换言之，如果房屋买受人已经支付的是定金，或者支付的购房款没有超过50%，那么承包人依然具有优先于房屋买受人的建设工程优先权。① 也就是说，以50%作为一个衡量标准，超过50%才意味着大部分。如此理解虽然在某种程度上提供了一个明确而统一的操作标准，但容易产生另一个问题，即，在其他情况相同时，消费者支付51%的购房款则可以对抗承包人的建设工程优先权，若支付50%的购房款，则其享有的预售商品房请求权不具有优先性，但实际上，有观点指出："无论是交付51%的价款还是交付49%的价款，都同属于消费者的生存利益，不应差别对待。并且在楼房销售习惯中，大多数消费者是交付房价的30%，因此只要消费者已预付商品房价款的一部分，就应受到平等的法律保护，不应按消费者交付商品房预售价款的多少来决定消费者权利受法律保护的程度。"② 这样看来，《批复》中"大部分款项"的提法显得不够科学。

2. 是否必须购房合同经过预售登记才有对抗承包人优先权的效力

根据我国《城市房地产管理法》及有关商品房预售登记管理办法的规定，预售人应当在预售合同订立后30天内向房地产管理部门办理登记备案。关于预售登记的效力，有观点认为，预售合同的登记备案是将物权公示手段运用于债法上的请求权，使买受人对预购商品房的请求权具有对抗第三人的效力，从而具有保全买受人请求预售人交付商品房的债权实现的作用，故当买受人预购的房屋经法定的登记后，就取得了对抗第三人的权利，承包人对于已经办理商品房预售登记的房屋不能享有优先权。③ 也有观点

---

① 参见建筑时报记者对负责起草《批复》的法官汪治平的采访报道：《细说"286"司法解释》，载《建筑时报》2002年8月6日。
② 梁镭译：《建设工程优先受偿权研究》，烟台大学2007年硕士学位论文。
③ 叶伶俐：《建设工程价款优先受偿权的司法困境及其应对》，载《山东审判》2012年第6期。

认为,我国的预售登记仅是国家建设行政主管部门对预售商品房的一种行政管理制度,不同于外国法中的预告登记制度。因此,是否进行了预售登记并不是预购人是否取得对抗第三人效力的标准。更何况,按照我国现行法律的规定,进行预售登记只是开发商的义务,并非预购人的义务。在这种情况下,将是否进行了预售登记作为是否具有对抗第三人效力的标准,既不符合法理,又对预购人不公,因为其须被动地承受他人(开发商)行为所致的后果。①

笔者倾向于第二种观点。在我国,《物权法》第 20 条规定:"当事人签订买卖房屋或者其他不动产物权的协议,为保障将来实现物权,按照约定可以向登记机构申请预告登记。预告登记后,未经预告登记的权利人同意,处分该不动产的,不发生物权效力。预告登记后,债权消灭或者自能够进行不动产登记之日起 3 个月内未申请登记的,预告登记失效。"可见,对于不动产买卖合同,买受人若想使其债权请求权对抗其后产生的物权变动,应该去房地产管理部门办理预告登记,此种预告登记不同于前文所说的登记备案。前者是买受人的权利,后者是开发商的义务。前者使得买受人债权有对抗效力,后者仅是国家对商品房预售的行政管理规定,违反则产生行政法的责任。因此,购房合同是否经过预售登记,预售商品房请求权之对抗效力没有影响。另外,最高人民法院《关于审理建设工程施工合同纠纷案件适用法律若干问题的解释(征求意见稿)》第 24 条曾规定:"承包人对于已经办理商品房预售登记或变更登记的房屋不享有《合同法》第二百八十六条规定的优先权。"但该条款内容没有得到后来出台的该司法解释之认可,这就意味着,最高人民法院的最终态度并不赞成将预售登记作为消费者对抗承包人优先权的条件。

《批复》第 2 条既没有将预售登记备案作为消费者权利对抗建设工程优先权的条件,也没有规定消费者权利优先的话必须办理预登记,也就是说,只要符合前文所述的四个条件,承包人就不能对预售的商品房主张建设工程优先权。在这种情况下,开发商与消费者之间的商品房买卖合同缺乏公示,如此一来,该规定在保护作为消费者的购房者的合法权益的同时,也为开发商恶意逃避债务提供了某些便利条件,例如,在承包商主张建设工程优

---

① 雷运龙、黄锋:《建设工程优先权若干问题辨析》,载《法律适用》2005 年第 10 期。

先权时,开发商可能临时找一些"消费者"或者其内部员工签订假合同,用以对抗承包人的优先权。

笔者认为,《批复》在对承包人与消费者两者的利益进行权衡时,侧重保护消费者的利益,固然有其合理性,只不过,这种合理性必须与我国现行的建设工程优先权的成立无须登记联系在一起。因为该优先权无须公示,消费者无从知晓承包人的优先权存在,则从发包人处受让房屋的买受人应予保护。然而,不动产物权的成立无须登记,毕竟有违于"物权须经公示才能成立"的物权法之基本原则,因此,若在承包人优先权须经登记才能成立的制度下,由于公示制度已经能起到保护从事物权交易的善意买受人的作用,此时就不宜作出承包人优先权劣于买受人权利的规定,而是应当赋予承包人的优先权以追及效力,得对抗已受领房屋的消费者。

3. 按揭贷款购房的消费者利益是否优先于承包人利益

我国目前商品房销售绝大部分采用银行按揭贷款的方式,消费者往往直接支付20%至30%的首付款,其余部分购房款则依靠银行贷款。在这种情况下,消费者的权利能否对抗建设工程优先权?对此,有两种不同的看法。一种观点认为在按揭贷款的情况下,银行按揭占5成或7成。购房人自付的房款不超过50%的,不能享有对抗权。该观点将《批复》中所指之全部或大部之价款理解为仅指消费者支付的首付房款。另一种观点认为,只要首付房款及贷款在工程竣工之前给付完毕,就可认定为消费者已支付房价之全部或大部。这是因为,消费者向银行贷得之款项是作为自己的购房款支付给开发商的,那么,只要首付款及贷款到账,就可以认定消费者已经支付了全部或大部之购房款项,其权利就能对抗承包人的建设工程优先权。笔者赞同后一种观点。

(二) 对《批复》第2条规定法理上的分析与反思

关于《批复》第2条规定的建设工程优先权不得对抗消费者权利的立法依据,学界通说赞同"生存利益优先于经营利益"这一观点。也就是说,承包人的优先权体现的是承包人的经营利益,而消费者对商品房的权利体现的是生存利益,为了保护消费者的生存权,必须保证消费者权利的优先性。

笔者赞同"生存利益优先于经营利益"这一论断,但承包人的工程价款债权是否必定体现经营利益?如前文所述,承包人的工程价款既包括建筑工人等工作人员的劳动报酬,又包括材料费等实际支出的费用。也就是说,承包人的优先权属于既含有工人工资的生存利益,又体现了承包人的经营利益。需要特别指出的是,当前,我国建筑工人基本上是农民工,或者说,主要是农民工。目前,大约有 3000 多万农民工从事建筑行业,约占建筑从业人员总数的 80%。当前,涉及建筑行业的欠薪问题尤为明显,建筑施工企业占拖欠农民工工资案件的 70%。正确处理承包人的建设工程优先权与消费者的权利冲突,关系到农民工家庭的稳定、农村的稳定、社会的稳定乃至整个国家政局的稳定。

另外,当把工人(特别是农民工)的生存利益与消费者的生存利益加以比较时,我们发现:消费者的生存利益则处于社会相对弱势地位,而工人的生存利益处于社会绝对弱势地位,因为拿不到工资比买不到房对劳动者的基本生活影响更大。换言之,工人比消费者更显得弱势。因此,当承包人的建设工程优先权与消费者权益发生冲突和竞合时,应将工人工资(特别是农民工工资)从工程价款中剥离,对其加以特别保护。这种做法有其可行性,一些地方性的法规及政策对此也有体现。如福州市政府出台的《关于全力以赴抓紧做好有关案件审理和执行工作的紧急通知》就要求,在清理工程款案件中,如含有农民工工资的,要优先予以考虑,能够剥离另行处理的,要剥离出来另行处理;对难以剥离处理的,可采取裁定农民工工资先行给付的办法处理,并且,农民工工资讨回后要直接发到农民工手里。由此不难看出,消费者权利不应对抗工人(特别是农民工)的工资利益。[①]

(三) 对《批复》第 2 条规定之外的消费者权利的保护

根据最高人民法院《批复》第 2 条的规定,消费者若支付的购房款并未超过全部房款的大部分,或者办理银行按揭购房的购房人首付款比重较低,而银行尚未将按揭款交付给开发商,该消费者的权利就将被排除在法律的特别保护范围之外,无法对抗承包人的建设工程优先权。那么,在这种情况下,消费者的权利应当受到怎样的保护呢?

对此问题,有的学者认为,此种情况下并不意味着消费者支付的购房款就得不到法律的保护。支付价款的数量差异至多只能影响消费者对抗权的行使方式,即已支付的购房款达到对抗力标准的消费者直接获得房屋交付

---

① 魏树发、江钦辉:《〈最高人民法院关于建设工程价款优先受偿问题的批复〉第二条之检讨》,载《广西社会科学》2005 年第 2 期。

的优先权;所支付的购房款未达到对抗力标准的消费者则可获得已支付价款的返还优先权。① 尽管此观点创见性地提出了消费者未支付大部分价款时的处理意见,但它仍未能解决消费者权利受同等保护的问题,它只是在司法解释的范围之内对交付部分价款的购房消费者作出了最有力的辩护,并没有彻底解决消费者权利应受同等保护的问题。笔者认为,消费者权利应受何种程度的保护不应以其交付款项的多少为标准,而应以消费者交付的购房款是否取得对抗力以及何时取得对抗力为标准。

根据我国《物权法》第20条的规定,预告登记通过物权公示的方式保全了购房者对在建房屋的请求权,是对购房者对在建房屋的债权请求权赋予物权效力的一种担保方式。也就是说,凡经预告登记的,即可取得对抗力。但是,仅仅取得一般的对抗力并不一定就取得对抗承包人的建设工程优先权的权利,还必须是预告登记时间不迟于承包人的建设工程优先权的成立之日。在此,需要特别说明的是,上述观点的成立是建立在对建筑承包人工程价款的两部分不作区分的情况下。

四、对建设工程优先权、消费者权利和抵押权三者关系的处理

最高人民法院《批复》第2条和第3条分别解决了建设工程优先权与抵押权、消费者权利与建筑工程优先权之间的冲突,却没有相应地协调消费者权利与抵押权之间的顺位关系,也引起了适用上的争议。为了使上述三种权利的关系更加直观,更加容易理解,以下将通过两个案例对三者之间的关系及其处理加以说明:

A房地产开发公司于2000年5月与B建筑工程公司签订了《建筑工程承包合同》,约定由B公司为A公司开发的C高层住宅楼进行施工,施工期限为1年,B公司包工包料,付款方式为开工后3日付工程预付款500万元,主体工程封顶后按工程形象进度付款,工程造价以决算为准。施工过程中,A公司未按合同约定全额向B公司支付工程预付款及工程形象进度款,B公司垫款施工,且按期交工,经验收合格,但A公司一直拖延与B公司进行决算并拒绝支付工程款。2001年9月,A公司为经营需要,以C高层楼作抵

---

① 曹军、苏茜:《承包人建设工程优先受偿权的法律理解和适用》,载《中国律师》2010年第10期。

押(办理了抵押登记手续),向 D 银行贷款 1500 万元,贷款期限为 3 个月,贷款到期后,A 公司未偿还贷款本息。2002 年 6 月,D 银行向法院提起诉讼,要求 A 公司偿还借款本息,并要求拍卖抵押楼房偿还贷款。2002 年 7 月,B 公司亦向法院提起诉讼,要求 A 公司给付工程欠款并承担逾期付款给 B 公司造成的经济损失,同时还要求法院认定其享有优先受偿权。在此期间 A 公司因购销合同欠款纠纷,被债权人 E 公司诉至法院。三案原告均胜诉并申请法院强制执行。经查 C 楼有 10 套房屋已被 A 公司售出,部分买受人已交付了全额房款,其余买受人也交付了大部分房款,但均未办理产权。

根据上述案情介绍,B 公司、D 银行和 E 公司对 A 公司同时享有债权,A 公司的主要资产为尚未全部售出的 C 住宅楼,在这种情况下,债权人的受偿顺序就显得尤为重要。首先,B 公司作为建筑工程的承包人,根据 2002 年最高人民法院颁布的《批复》之规定,建筑工程承包人的优先受偿权优于抵押权和其他债权。该司法解释还规定建筑工程价款包括承包人为建筑工程应当支付的工作人员报酬、材料款等实际支出的费用,不包括承包人因发包人违约所造成的损失。根据这一规定,B 公司要求 A 公司偿付的工程价款具有最优先受偿权,而违约损失部分不具有优先受偿权。其次,A 公司向 D 银行贷款,其提供的抵押物本身符合有关规定,且办理了合法、有效的抵押登记,根据我国《担保法》第 33 条、《城市房地产抵押管理办法》第 3 条的规定,债权人不履行债务时,债权人有权依法以抵押的房地产折价或拍卖、变卖所得的价款优先受偿,也就是说,抵押权优于其他债权。最高人民法院《批复》第 2 条规定,消费者交付购买商品房的全部或大部分款项后,承包人就该商品房享有的工程价款优先受偿权不得对抗买受人。也就是说,C 楼住宅内已售出的 10 套房屋的买受人因交付了全部或大部分房款,B 公司在行使优先受偿权时不能要求执行上述房屋。

综上,在抛除已售出的 10 套住宅以外,B 公司对 C 楼享有的工程价款应优先受偿,在以该楼折价或拍卖还清工程款后,如有剩余部分应优先偿还 D 银行的借款本息,最后才能偿付 B 公司因 A 公司违约所遭受的损失和对 E 公司的欠款,这两部分无优先顺序按比例受偿。

相关案例介绍与评析

【案例1】 上诉人重庆××建筑工程公司(以下简称"××建筑公司")与被上诉人中国银行××支行等借款合同纠纷案①

上诉人(原审第三人)重庆××建筑工程有限公司。

法定代表人张××,董事长。

委托代理人涂××,男,1957年6月1日生,汉族,重庆××建筑工程有限公司总经理,住重庆市永川市××路57号。

委托代理人邓××,重庆××律师事务所律师。

被上诉人(原审原告)中国银行××支行。住所地,永川市西大街××号。

负责人范××,副行长。

被上诉人(原审被告)罗××,男,1963年4月14日生,汉族,务农,住重庆市永川市××号,现住址不详。

被上诉人(原审被告)重庆市××房地产开发有限公司(以下简称"××房地产公司")。住所地:永川市××办事处。

法定代表人张××,经理。

上诉人重庆××建筑公司因借款合同一案,不服重庆市永川市人民法院(2004)永民初字第276号民事判决,向本院提出上诉,本院依法组成合议庭审理了此案,现已审理终结。

原审人民法院判决认为:××建筑公司未在法律规定的举证期内提供足够的证据证实罗××系虚假按揭,罗××与××支行签订的借款合同以及××支行与××房地产公司签订的担保合同真实有效。罗××作为消费者,已向××房地产公司交付购买房屋的大部分房款,因此××建筑公司就该房屋享有的工程款优先受偿权不能对抗买受人。罗××不履行借款合同约定的还款义务,原告行使合同解除权符合法律规定,应予支持。罗××以房屋作了抵押担保,并对抵押作了登记,在借款不能归还时,应以抵押的房

---

① 来源:(2004)渝一中民终字第3775号。

屋折价或以拍卖、变卖抵押物的价款由原告优先受偿。××房地产公司对借款作了连带责任保证担保,对借款的偿还应承担连带责任。遂判决:(1)从2004年4月20日起解除原告中国银行××支行与被告罗××于2002年2月7日签订的借款合同。(2)由被告罗××于判决生效后立即归还中国银行××支行借款704757.33元,并结付利息(从2003年5月21日起至本判决确定的给付之日止按月利率6.3‰计算)。若逾期未履行,则以被告罗××抵押的位于永川市西郊巷片区B幢第二层1190.92平方米的非住宅房屋折价或以拍卖、变卖该抵押物的价款由原告优先受偿。(3)被告重庆市××房地产开发有限公司对被告罗××的借款704757.33元及利息在抵押担保物的价款不足清偿部分承担保证责任。(4)驳回第三人重庆××建筑工程有限公司要求对原告中国银行××支行的借款抵押物享有优先受偿权的请求。案件受理费12060元,其他诉讼费5000元,合计17060元,由被告罗××负担。

上诉人××建筑公司上诉称:由于罗××未向重庆市××房地产公司交纳购房款,××房地产公司的财务人员亦证实罗××未支付购房款,开具的购房发票不能作为罗××购房已付款的直接证据。因此罗××与××房地产公司签订的商品房买卖合同并非罗××本人真实意思表示,是虚假按揭,罗××不是真正的房屋买受人,因此××支行的抵押权不能对抗我公司享有的建筑工程款的优先受偿权。请求二审人民法院查清事实后依法改判。

被上诉人中国银行××支行答辩称:罗××与我行签订的借款合同真实有效,且经过了公证,并已实际履行了一段时间。上诉人××建筑公司未在法律规定的时间内举证证实罗××与××房地产公司是虚假按揭,因此罗××向我行抵押的房屋已不属于××房地产公司所有,而是罗××购买所有,××建筑公司对该房屋无优先受偿请求权。原判事实清楚,适用法律正确,请求二审人民法院驳回上诉,维持原判。

被上诉人罗××答辩称:本人曾挂靠在××建筑公司,于2001年11月25日以××建筑公司第八项目部的名义承建××房地产公司开发××中心商贸区商业门市,工程完工后,××房地产公司以无钱支付报酬为由,要求以我的名义替××房地产公司向银行贷款,为获取工程款,本人与××房地产公司签订了一份虚假的商品房买卖合同,其目的是替××房地产公司向银行申请贷款,并于2002年2月7日以该合同与中国银行××支行签订了借款合同,××房地产公司以其所建的房屋担保,同时签订了担保合同。事后××房地产公司取得××支行贷款77万元,支付了本人应得的工程款11万元。综上所述,本人虽然与××房地产公司签订了商品房买卖合同,但并非本人真实意思表示,之后与××支行签订的借款合同同样不是本人真实意思表示,仅是为了获取工程款不得已而为之,借款合同签订后,本人未向××支行支付任何款项,是××房地产公司每月向××支行支付的按揭款。××房地产公司才是该笔借款的真实使用人。因此本案应由××房地产公司承担归还借款的义务。请求二审人民法院查清事实后,依法判决驳回××支行对本人的诉讼请求。

××房地产公司未出庭应诉。

经二审审理查明:罗××于2001年11月25日以永川市第二建筑公司(现为××建筑公司)第八项目部的名义与××房地产公司签订修建商业门市协议。工程完工后,××房地产公司未及时支付工程款。××房地产公司请求罗××以其本人名义代××房地产公司向银行申请贷款。事后××房地产公司在未收到罗××任何款项的情况下给罗××开具购房款发票。并与罗××签订《商品房买卖合同》。罗××便以该商品房买卖合同向××支行申请借款。罗××与××支行于2002年2月7日签订了《个人商业用房借款合同》,合同约定,罗××向××支行借款77万元,借款期限为120个月(从借款发放之日起),月利率为5.6925‰,按月结息。在合同履行期间,贷款在1年以内的,按合同约定利率计息,遇法定利率调整,利率不变;贷款期限在1年以上的,遇法定利率调整,于下年初开始按相应利率档次执行新的利率标准。此借款只能用于购买门面,未经贷款人同意,借款人不得改变借款用途。罗××的借款由××支行以转账的方式划入罗××账户或××房地产公司在××支行处开立的存款账户内,不得提取现金。罗××从贷款发放的次月起应在每月20日前采用月等额还款法偿还贷款本息。××房地产公司对借款提供连带保证责任担保。××支行有权在约定的还款日从罗××开立的存款账户内直接划款。罗××未按合同归还借款本息,××支行有权对逾期贷款在逾期期间按月利率6.3‰计收逾期利息。若罗××超过90日未偿还借款及利息,××支行有权停止发放尚未划付的借款,已经发放的贷款立即到期收回。本合同未尽事宜,按照有关法律、法规和金融规章执行等内容。合同签订后,罗××于当日在××支行提供的77万元借款支取凭证上签字。同日,罗××又与××支行签订2002年7258字第10号贷款抵押合同,该合同约定,罗××以位于永川市××区B幢第二层1190.92平方米的商业用房作抵押担保,此抵押物作价154.8万元,抵押率为50%,实际抵押额为77万元,罗××对抵押物享有所有权和处分权,并于合同签订后的5日内到有权部门办理抵押登记手续,抵押物权属证明文件交由××支行保管。抵押期间,未经××支行书面同意,罗××不得出售、赠与、出租、转让和抵押或以其他方式处分本合同项下的抵押物。2002年2月4日,××支行与罗××到××市国土资源和房屋管理局办理了预购商品房抵押登记手续,该局于当日核发了永房地(2002)押字第××号抵押证书。××房地产公司亦于2002年2月7日与××支行签订了2002年7258字第10号保证合同,××房地产公司对罗××在××支行的借款77万元承担连带保证责任。保证期间为从合同生效之日起至借款合同届满之日止的2年内,在此期间,××支行有权对××房地产公司的资金状况进行监督,有权要求××房地产公司提供其收入证明或账务报表等资料。××公证处于2002年2月7日对借款合同、抵押合同、保证合同作了公证。证明三方到场签订的上述合同意思表示真实,合同内容具体明确,并出具了(2002)××证字第××号公证书。2002年2月7日,罗××出具了授权人为罗××、卡号为××、密码为××的授权书,授权××支行在其本人账户内扣划当月应归还的借款本息。贷款合同生效后,××房地产公司支付给罗××应得的工程款,并以罗××名义向××支行按期支付罗××应归还的借款本息。2003年5月21日起××房地产公司未再偿还罗××应付借款本息。现××支行诉至法院,要求解除与罗××签订的借款合同,由罗××归还借款704757.33元,并按月利率6.3‰结付利息,对其借款抵押物享有优先受偿权并要求××房地产公司承担连带保证责任。一审诉讼中,××建筑公司以罗××向××支行按揭贷款是虚假,××房地产公司尚欠其工程款为由,申请参加诉讼,××建筑公司认为罗××作为虚假借款人,××支行不得对虚假借款人的抵押物行使抵押权,而××建筑公司系修建房屋的施工单位,享有优先受偿权。××支行认为罗××与××房地产公司签订的商品房买卖合同已向房管部门进行了登记,且银行亦对罗××的履行能力及××房地产公司资信度进行了审查,其签订的商品房买卖合同真实有效,且借款合同及担保合同既有罗××本人签字认可,又经过了公证机关的公证,符合法律规定,依法有效。罗××认为本人没有在××房地产公司买过房,亦未向银行借款,之所以签订房屋买卖合同是为了获取本人在××房地产公司应得的劳动报酬,虽然签订了借款合同,但本人并未得到和使用该笔借款,请求二审法院判决由真正的借款人××房地产公司归还借款。

二审审理中另查明:××建筑公司与××房地产公司于2001年1月16日,签订了《建设工程施工合同》,合同约定由××房地产公司将其开发的××市××区新建A、B、C三栋商住楼发包给××建筑公司承建。合同签订后,××建筑公司按约履行了施工义务,工程完工后,由于××房地产公司未付清工程款,××建筑公司先后于2003年6月11日、9月24日、12月26日起诉到××市人民法院要求××房地产公司支付工程款和违约金,并在诉讼中申请了财产保全。法院对此已作出处理。××建筑公司于2003年10月13日到××市人民法院申请执行时,以××建筑公司享有工程款优先权为由请求执行,××支行提出异议,××市法院现尚未对××支行行使抵押权与××建筑公司提出的工程款优先受偿权谁"优先"的问题作出裁决。

上述事实,有双方当事人陈述及相关证据所证实,足以确认。

本院认为:罗××承建××房地产公司商业门面后,在未交纳购房款的情况下,由××房地产公司开具购房发票,双方签订虚假的商品房买卖合同,其目的是利用该合同以罗××的名义替××房地产公司向××支行申请贷款,罗××从中获取应得的工程款。罗××与××房地产公司的行为已构成欺诈,违反了诚实信用原则。由于××支行非国家机关,罗××与××房地产公司采用欺骗手段向银行贷款未损害国家利益,根据《中华人民共和国合同法》的有关规定,一方以欺诈、胁迫手段订立合同,损害国家利益的,属无效合同,未损害国家利益的,属可变更、可撤销合同。撤销权人可依法行使撤销权撤销该合同,合同在未被撤销之前仍属有效。××支行并未行使撤销权,故该合同应属有效,担保合同亦属有效。因此,××支行的请求符合法律规定,本院应予支持。因××房地产公司未付清工程款,××建筑公司作为施工单位对此享有工程款优先权。由于罗××与××房地产公司签订的是虚假商品房买卖合同,罗××并非真实的房屋买受人,原审法院以××建筑公司享有的工程款优先权不能对抗交了大部分房款的买受人为由,驳回××建筑公司要求确认工程款优先权的请求不当。但鉴于××建筑公司与××房地产公司的工程款纠纷一案,法院已作出裁决,根据最高人民法院《关于建设工程价款优先受偿权问题的批复》第1款之规定:人民法院在审理房地产纠纷案件和办理执行案件中,应当依照《中华人民共和国合同法》第286条的规定,认定建筑工程的承包人优先受偿权优于抵押权和其他债权。××建筑公司已在××市人民法院申请执行时提出确认工程款优先受偿权,理应由××市人民法院对此作出审查并予以裁决,而本案系借款合同纠纷,××建筑公司要求确认工程款优先受偿权不宜在本案予以处理。综上所述,上诉人××建筑公司在本案中请求确认其工程款优先受偿权的上诉请求,本院不予主张。据此,依照《中华人民共和国民事诉讼法》第153条第1款第1项之规定,判决如下:驳回上诉,维持原判。

二审案件受理费12060元,其他诉讼费10500元,合计22560元,由重庆市××建筑公司负担。

【评析】

本案在实体问题上涉及建设工程优先权、按揭贷款的消费者利益及银行抵押权的关系。承包人以承建的工程担保其工程价款,建设工程有商品房预售的情况下,消费者在工程竣工之前以按揭贷款的方式购买了房屋,消费者向银行办理按揭贷款时又以所购的商品房作为抵押,因此,在同一标的物上,承包人、消费者以及银行均可主张权利。立法对三者关系的处理结果对建筑业、房地产业以及金融业的发展将产生深远影响。根据最高人民法院《批复》第1条的规定,承包人的优先受偿权优于银行的抵押权。这一规定保障了承包人的利益,却无疑加大了银行信贷风险。但该批复第2条又规定:"消费者交付购买商品房的全部或者大部分款项后,承包人就该商品房享有的工程价款不得对抗买受人。"这种情况下,消费者的购房款又能优先于承包人的建设工程价款得到清偿,银行对该笔购房款主张抵押权,间接地优先于承包人建设工程优先权,第1条的规定被架空了。这为发包人与购房者通谋逃避支付工程款埋下隐患,承包人面临的风险增大。本案中罗××与××房地产公司合谋,虚假按揭骗取银行贷款,而××支行则通过主张借贷合同合法有效,阻止用于借款抵押的房产成为承包人××建筑公司优先受偿的范围。笔者认为,本案中××建筑公司有权根据我国《合同法》第 52 条第 1 款第 2 项的规定,以罗××与××房地产公司恶意串通损害第三人利益为由,主张两者之间的房屋买卖合同无效,从而阻却该《批复》第 2 条的适用。

第九章 建设工程优先权对相关产业的影响及对策

第一节 建设工程优先权对金融信贷业及房地产业的影响

众所周知,银行在城市房地产开发项目的融资中起着非常重要的作用,大多数发包人通过向银行借贷来筹集建设资金。实践中通常的操作方法是,发包人向银行申请建设贷款时以建设项目用地的土地使用权和所建的工程作为抵押物设立抵押担保。当发包人未按约定偿还贷款时,银行作为抵押权人则可以拍卖、变卖抵押物并以所得价款清偿贷款。由于银行的抵押权通常是最先在建设项目及其土地使用权上设定且办理了登记,因此,根据物权优先于债权以及"成立在先的物权优先于后成立的物权"的一般规则,在就抵押物价值清偿发包人的债务时,银行的债权能优先于其他有担保的债权和普通债权得到实现。这种抵押担保在房地产信贷中是一种比较保险的担保方式,极大地降低了银行的信贷风险。

但是,在我国《合同法》和最高人民法院《批复》出台之后,建筑工程承包人依法就其工程价款对所承建工程的变价款也享有优先受偿权,且该建设工程优先权优先于抵押权和其他债权。即便银行的抵押权成立在先,抑或承包人的建设工程优先权从未登记,均不影响承包人债权的优先受偿效力。这无疑削弱了银行的地位,对房地产信贷之安全性构成了严重的威胁。如果作为抵押物的建设工程之变价款不足以清偿承包人与银行的全部债权,那么,银行因其受偿序位在后而实际上将成为无担保或部分担保债权人。更为严重的是,在现行立法下,建设工程优先权的成立无须登记,也无须通知在先权利人——银行,除非银行积极进行周密调查,否则难以知晓其抵押权的优先性受到冲击。如果发包人与承包人通谋实施欺诈,则银行将面临着更大的风险。实践中,承包人受到发包人的实际控制或者二者实为"两块牌子、一套班子"时,此种通谋并不困难。

为了能够全方位地展现由于实现建设工程优先权而给银行业及相关产业带来的影响和风险,以下将通过不同的阶段来进行总结和说明:

一、银行资金在房地产建设项目中的安全性风险

建设工程优先权属于法定优先权,其效力优于抵押权等约定权利。根据我国《担保法》和《物权法》的规定,银行债权本可就抵押房产变价所得款项而优先受偿,现在却变成劣后于建设工程优先权受偿了。即在承包人行使建设工程优先权的情况下,必须确保承包人的工程价款优先偿付后,银行的贷款债权才能优于其他普通债权受偿,这样,即使抵押权已经获得法院判决的确认,最终也可能无法实现。有关统计资料显示,我国建筑领域中拖欠工程价款问题严重,这种情况严重威胁着建筑施工企业的生存。我国《合同法》第286条和最高人民法院《批复》的颁行,让建筑行业看到了清收拖欠价款的希望,受到了他们的热烈欢迎。但如果这些施工欠款的清收主要通过行使建设工程优先权来实现,那么,建筑行业清收工程欠款时,银行必将产生大量呆账贷款(仅指开发贷款部分),银行已投放在建设工程上的存量信贷资产的安全将受到巨大威胁。具体而言,这种风险表现在以下两个方面:

(1) 易给骗取贷款者及逃废银行债务者以可乘之机。

在目前信用环境较差的情况下,骗取银行贷款、逃废银行债务的现象时常发生。建设工程优先权的相关规定给一些恶意逃废债务或骗取贷款者提供了可乘之机。一方面,居心不良的开发商或房地产业主极有可能与建筑承包商串通勾结骗取银行贷款,虚构发包人未按约支付工程价款或未支付价款时间先于约定抵押权的事实,从而达到排斥银行抵押权的行使的目的。实践中曾有过这样的案例,南京某银行的一笔商品房开发贷款已逾期,偶然一次开发商的账户上有来款进账,银行划扣此款用于还贷后,开发商与建筑商串通,说原本此款是计划归还建筑商的工程价款的,嗣后引起建筑商的上

门纠缠闹事及诉讼,法院最终确认银行扣划不当,支持建筑商的建设工程优先权。特别是,现行法律规定发包人与承包人可以协议将建设工程折价以实现建设工程优先权,不以通知贷款银行为必要。那么,开发商和承包工程的建筑商完全可能在银行不知情的情况下将建设工程折价、拍卖,这也为骗取贷款者及逃废银行债务者的恶意串通提供了方便。

另一方面,由于房地产金融业的高风险性,银行的抗风险能力将因建设工程优先权的存在而严重削弱。房地产市场具有巨大的消费潜力和盈利能力,很多的公司热衷于房地产开发并不仅仅视它为一种投资,更像是一种投机。楼市不健康的繁荣与火爆使得许多企业蜂拥而入,某些不具备房地产开发资质和能力的企业也混杂其中。这些企业开发的项目基本上依靠建设单位垫付工程款和银行贷款来维持,只有当其开发的房产完全销售,他们才有可能偿还银行贷款和建设单位的工程款。倘若项目开发失败,就同一建设工程,建筑商、银行与购房者存在利益冲突,而立法优先保障建筑商与购房消费者的利益,银行的利益则成了牺牲品。

(2)增加了银行贷前调查的难度与成本。

在建设工程优先权的相关立法未出台前,银行发放贷款时对房产抵押物主要调查核实土地房屋权属、权证的真实性等。而现在因为建设工程优先权的存在,银行在接受在建工程抵押或竣工未满6个月的现房进行抵押时,须增加对工程款支付情况的调查,这就会导致放贷调查的工作量和难度增加。根据我国现行立法的相关规定,承包人优先权只要符合法律规定的条件即可成立,无须事先约定,也不以登记为生效要件。因此,在建设工程上是否存在建设工程优先权,第三人无法从登记机关的登记文件中知晓,只有发包人与承包人知情。因此,银行在接受在建工程抵押时很难了解该建设工程上是否存在建设工程优先权,而当存在骗取贷款的动机时,开发商会故意隐瞒真实情况,导致银行无法获得真实资料。事实上,在实践中,目前不少银行为避免其担保权益受侵害,已暂停办理在建工程抵押贷款业务。

二、银行抵押权在司法实践中的执行性风险

根据我国《合同法》第286条和最高人民法院《批复》的规定,建设工程优先权的行使方式比银行抵押权更为便捷。按照我国《担保法》《物权法》的相关规定和现行金融行业的通常做法,除抵押人与抵押权人协议处置抵押物抵偿债务外(即业界所称"以资抵债")①,抵押权人必须通过向人民法院提起诉讼的方式主张行使抵押权。此诉讼为对人诉讼,应以抵押人为对象,属于抵押权人与抵押人之间关于抵押权行使的争议,须适用民事审判程序解决。在抵押权获得法院裁判的确认之后,绝大多数情况下,银行还必须申请执行以启动民事诉讼执行程序,通过人民法院的强制执行,才可能最终实现银行贷款抵押权。而建设工程优先权的行使相对简便得多。我国《合同法》第286条规定:"发包人未按照约定支付价款的……,发包人逾期不支付的……,承包人可以与发包人协议将该工程折价,也可以申请人民法院将该工程依法拍卖";同时最高人民法院的《批复》第3条规定:"建筑工程价款包括承包人为建设工程应当支付的工作人员报酬、材料款等实际支出的费用",第4条又规定,"建设工程承包人行使优先权的期限为6个月,自建设工程竣工之日或者建设工程合同约定的竣工之日起计算"。而且,发包人未按照约定支付的价款,就包含了工程预付款、工程进度款、竣工结算款在内的所有工程价款。根据上述规定,在发包人等利害关系人对建设工程优先权无异议的情况下,只要有"发包人逾期不支付"的情形出现,不管工程是否竣工,在工程的实际竣工日或合同约定竣工日起算6个月届满之前,被拖欠工程价款的承包人可以不经任何审判程序,直接进入司法强制执行程序,凭"施工许可证"和"建设工程施工合同"向人民法院申请强制拍卖建设工程,以实现其优先受偿权。当然,若相关利害关系人对建设工程优先权的实现有异议的,则应当通过审判程序解决。

不难看出,建设工程的承包人通过向法院直接申请强制执行处置建设工程来实现被拖欠工程价款的优先受偿,比贷款银行经过繁琐、漫长的民事诉讼程序来确认、行使抵押权要方便、快捷、经济得多。

三、银行资金在房地产建设项目中的比重风险

我国金融监管的法律法规、行业规章制度对银行资金投入房地产项目有着严格的比例限制。例如,银行向房地产项目发放开发贷款,开发商必须

---

① 以资抵债,狭义上仅指银行在依法行使债权或担保物权时,因债务人、担保人无法以货币资金偿还银行债务,经协商或经法院判决(裁定)、仲裁机构裁决接收债务人、担保人用以抵偿银行债务的非货币性资产的一种债权实现方式。

有该项目总投资额30%以上的自有资金到位;发放"一手楼"的个人消费按揭贷款,则必须是在项目工程进度为"总投资的25%以上"①,后来又逐步严格为"多层住宅主体结构已经封顶、高层住宅完成总投资的2/3"②和"商业银行只能对购买主体结构已封顶住房的个人发放个人住房贷款"③,并且开发商已取得"商品房预售许可证"的前提下,商业银行才能够提供不超过房价80%、期限不超过30年的按揭贷款(目前大多数银行将此上限紧缩为不超过房价70%、期限不超过20年)。为了保障贷款的安全性,银行通常会就发放的开发贷款要求开发商将土地使用权、在建工程、已竣工房产根据房地产建设的不同进展程度抵押给银行,在发放按揭贷款方面则要求消费者就已购买的商品房(含在建楼宇即"楼花")作为按揭贷款的抵押。

在当前的市场环境下,房地产开发企业建设房地产的主要资金来源大致包括:一是自有资金;二是商业银行贷款;三是预售房产资金;四是建设过程中的工程欠款。④ 因此,就房地产开发项目所承载的资金负债和比重而言,据笔者大致的估计,一是银行项目开发贷款占30%,二是开发商自有资金占10%(所谓30%的自有资金通常向施工企业融资20%凑齐),三是施工欠款40%,四是购房者支付的现金20%左右。⑤ 事实上,银行提供按揭贷款之前,银行发放的开发贷款一般会达到60%左右,项目预售后则部分(约30%)转化为按揭贷款,故此后虽然按揭贷款的比重会随销售情况逐步升高,但银行开发贷款的比重并不会同步下降,施工欠款的比重反而会逐步升高。因为开发商即使通过按揭贷款收回售楼资金,既不会还清银行的开发贷款,也不会足额支付拖欠的施工欠款和劳务费用,开发商在中间环节已抽

---

① 参见国家建设部《城市商品房预售管理办法》(2001年8月15日修正)第5条第3款。
② 参见中国人民银行于2001年6月19日发布的《关于规范住房金融业务的通知》(银发[2001]195号)第2条。
③ 参见中国人民银行于2003年6月发布的《关于进一步加强房地产信贷业务管理的通知》(银发[2003]121号)第4条第1款。
④ 主要有对材料供应商的欠款和对施工企业的欠款,然而大多数房产的开发都以包工(即含施工工人的劳务费用)包料方式承建,因此,主要的工程欠款为对施工企业的欠款。
⑤ 这里仅指2003年6月央行121号文出台以前的存量,121号文出台以后,增量贷款方面的比重会有所下降,开发商可能会转而提高对施工承包方的欠款(即要求承包方提高代垫材料款的比例)。因为央行121号文第2条第2款规定:"商业银行不得向房地产开发企业发放用于缴交土地出让金的贷款",第4条第1款规定:"商业银行只能对购买主体结构已封顶住房的个人发放个人住房贷款",开发商因而从银行取得的贷款资金会有所下降。

逃了大部分资金,施工欠款所占的比例将上升到 50%,整个项目基本靠银行贷款资金和建筑商垫付资金在支撑(两者合占约 80%,另 20% 由购房者现金支付)。这样一来,施工承包人的工程价款优先于银行贷款得到清偿,建筑行业清收工程欠款的成果,就是银行在建设工程项目开发贷款上新增的损失额(即最高可达工程资金总量的 30%)。

在建设工程优先权得到法律确认之前,银行贷款相对而言是安全的。但在现行法律环境下,银行的抵押权受到了极大威胁。由此产生的后果是,一方面是增加了银行信贷的风险,并可能直接动摇我国房地产信贷的支柱。长期以来,担保物权是信贷业的支柱,它不仅赋予了信贷发放人即银行优于其他债权人的受偿权,从而有力保障了银行贷款的实现,同时也节约了监督和控制债务资产的成本并降低了信息成本。但随着我国《合同法》生效以及后来有关司法解释的出台,被认为比较保险的抵押贷款就变得极有风险了。特别是在发包人用以清偿债务的财产只有已作抵押贷款的建筑物,而该建筑物已经存在建设工程优先权时,银行担保债权就变得毫无保障。面对抵押担保作用的减弱和信贷风险随之增大,银行为了最大限度地降低信贷风险,则会要求房地产商提供除了建筑物抵押以外的其他担保,还可能进一步加强对房地产开发商在使用信贷资金方面的监督,以确保信贷资金的正确投向,如此一来,银行的信贷成本由此而有所上升,甚至可能大幅上升。

反过来看,建设工程优先权的相关规定同样可能不利于我国房地产业的发展。房地产业作为我国重要的支柱产业之一,在拉动内需、促进经济增长、创造就业机会等方面发挥了非常重要的作用。然而,房地产业的发展,不能离开信贷资金的支持。改革开放以来,银行在我国房地产业的发展过程中始终扮演着供血站的角色。没有银行的大量信贷资金,就不可能有房地产业的迅速发展。如前文所述,银行向房地产业注入的资金规模与信贷担保权密切相关。若信贷担保权的实现越充分,信贷风险越小,流向房地产业的信贷资金就会越多,房地产业的发展也就越能得到有力的资金支持。倘若没有物上担保权作为基础支撑信贷业,则可能导致信贷成本的上升和整个信贷业的萎缩,这反过来又将影响全民就业和经济增长。事实上,许多房地产开发商除了以房地产作为贷款抵押外难以提供其他更为可靠的担保,其结果必然导致银行向房地产信贷规模的缩小。而信贷规模缩小的直接结果,必然是房地产业发展规模的缩小,这样一来,受其影响的不仅仅是房地产业本身,与其相关的产业,如建材、建筑等行业,也会受到不同程度的影响。因此,可以说,担保权也是整个国民经济的重要支柱。[1]

第二节 解决建设工程优先权对相关产业负面影响的对策

如前文所述,如果失去银行的信贷支持,我国的房地产业将会基本停滞。从保护房地产业发展的角度,实际上也是从根本上保障承包人利益的角度,我们更应该关注银行房地产开发信贷资金的安全。维护承包人的利益,不应从限制发包人的其他合法债权人(尤其是银行)的利益入手。那么,应当如何解决因建设工程优先权对银行及相关产业带来的负面影响呢?

实践中,银行对房地产信贷抵押的标的物通常有两种:一是建设用地使用权,二是在建或已经竣工的建设工程。由于土地在建设过程中并未因承包人的劳动而获得增值,承包人的成本全部物化到土地之上的建设工程之中。因此,承包人的建设工程优先权的标的物为承包人承建的工程,并不包括土地。那么,在目前我国绝大多数地区还是土地证和房产证分离的情况下,银行对土地享有的抵押权应当说是相对安全的。因此,要进行风险防范,其重点应放在房产抵押的风险上。

在实践中,某些银行通过办理承包人放弃优先受偿权的承诺书之公证来降低信贷风险,即承包人给贷款银行出具承诺书,声明放弃对发包人(即借款人)用于抵押的由其承建的某在建工程的优先权。贷款银行则要求由公证处对其法定代表人的签名进行核实并出具该承诺书的签名印鉴属实公证。尽管承包人之所以自愿作此承诺,通常是因为与发包人有着良好的合作关系,并且发包人申请贷款的用途就为与承包人进行工程价款的结算。但是,如前所述,从法理上看,建设工程优先权不能事先无条件地放弃,除非发包人另行提供了可靠担保或者承包人在建设工程优先权成立之后自愿放弃。

笔者认为,在具体对策上,应注意以下几个方面:

---

[1] 〔德〕曼弗雷德·沃尔夫:《物权法》,吴越译,法律出版社2002年版,第328页。

一、提高建设工程合同中的发包人申请抵押贷款的准入门槛

各银行应当提高房产抵押贷款业务的风险防范意识,准确把握对新开发项目的销售前景之预测,合理调整房产抵押贷款的风险控制指标,提高借款人申请抵押贷款的准入条件。银行应选择信誉好、资金实力较强的借款人作为贷款对象,并加强对发包人还贷能力的调查,特别是应当严格遵守中国人民银行《关于进一步加强房地产信贷业务管理的通知》(即央行2003年第121号文)的规定,加强对开发商必须拥有的30%以上的项目自有资金的真实性的来源审查和账户监控,防止承包人对开发商进行"融资性"的垫资施工行为。对开发商信誉不佳、销售前景不明、开发商自有资金不足、有潜在工程垫资可能的项目不宜介入,以从源头上杜绝因承包人行使建设工程优先权而对银行享有的抵押权造成的冲击。

二、完善在建工程开发贷款的担保制度

由于银行对建设工程的贷款发放通常是在建设初期,因此,在开发商取得"四证"①之后,银行发放建设项目的开发贷款时,应当按照《担保法》《物权法》和《城市房地产抵押管理办法》等有关规定,在规定的时限内进行在建工程的抵押登记,以确保贷款银行至少可以取得该项目的第二受偿顺位,对抗除工程承包人之外的其他债权人。此为其一。其二,为了更好地降低其信贷风险,银行应要求开发商将该项目房产的预售按揭业务全部交给其独家承办,并按《城市房屋权属登记管理办法》和《城市房地产抵押管理办法》的规定,在房地产登记管理部门进行预售房产按揭开发商总备案登记。其三,在开发商申请项目贷款时,银行可以其签署"委托银行扣收账户资金承诺书",以便在发放该项目上的个人消费按揭贷款时,可将拨付给开发商的此项销售回笼资金等额抵扣归还项目开发贷款。

另外,银行在发放房地产开发贷款时,还可要求该项目的施工承包人就开发商在该项目上的借款提供连带保证担保。这样一来,贷款银行就可在承包人依法行使其建设工程优先权时,以承包人需对开发商的该项借款承

---

① 即房地产开发项目的土地使用权证书、建设用地规划许可证、建设工程规划许可证和施工许可证。

担连带保证责任为由,请求法院对该建设工程或拍卖、变卖该工程所得款项进行诉讼保全,以便从中使银行债权得到清偿。

三、应在建设工程价款价款优先权的对抗要件上有所限制

由于建设工程优先权属于法定的担保物权,无须登记即可生效,且在受偿次序上始终优于抵押权,无论该抵押权是否成立在先。该项权利的优先性与不公示性,使得建设工程的其他权利人难以了解此优先权的实际状况并对其权益形成一定负面影响,最为典型的便是对银行抵押权的影响。为消除这种负面影响,从立法公平与合理性的角度出发,应对建设工程优先权的对抗要件适当予以限制。在这方面,日本民法和我国台湾地区民法的规定值得借鉴。《日本民法典》第338条第1款规定:"不动产工事的先取特权,因于工事开始前登记其费用预算额,而保存其效力",也即工程价款必须经过事先登记才能对抗第三人。我国台湾地区的"民法"则认为,"由于法定抵押权之发生不以登记为生效要件,实务上易致与定作人有授信往来之债权人,因不明该不动产有法定抵押权之存在而受不测之损害"①,从而将登记规定为法定抵押权的成立要件。为充分保护善意、有效的交易,我国也应当对建设工程优先权的对抗要件设置一定的限制。

四、调整信贷关系以避免建设工程优先权的成立对银行抵押权的冲击

如何解决承包人和银行之间因建设工程优先的存在而产生的利益冲突问题,日本的"先取特权"制度可以为我们提供有益的借鉴。建设工程优先权在日本被称为先取特权,并已实施多年。但是几乎没有承包人实际行使该项权利,因为,这项权利已变成一种操作方式的依据。日本的很多建设项目的融资,是由银行直接与承包人发生借贷关系的。也即,银行放贷给承包人将贷款用于建设工程,同时,由项目的发包人与承包人及银行共同约定,以发包人的建设项目抵押作为对银行的担保。这样处理,承包人建设工程优先权由于工程价款已由银行贷款支付而不复存在,开发商的还款担保直接由抵押给银行的在建工程作为担保。这样,银行就从根本上避免了风险。

---

① 王鹏鹏:《建设工程价款优先受偿权争议及制度重构》,载《上海商学院学报》2012年第6期。

而这种贷款方式的转变，正好避免了开发商获得的贷款不专款专用，不用于项目建设而造成资金被挪作他用的风险，而且这样处理，银行对放贷资金的监管变为对工程实际进度的监督，银行完全可以要求承包方、发包方用已完工程款支付凭证来有效实现对放贷资金专款专用的监督，这也是从根本上解决建设领域资金使用混乱的有效办法。①

五、提高我国房地产开发商的规模和经济实力

据有关资料统计，我国的房地产商约有 2.2 万余家，但大多规模偏小，每个公司的平均资金不足 600 万元，职员人数平均只有 34 人，具备一级资质的房地产开发企业仅 2%。② 由于房地产商的经济实力不足，使得很多施工单位不同程度地为开发商垫付工程款，从而为开发商拖欠工程价款埋下隐患，这客观上成了建设工程优先权冲击银行抵押权的主要原因。据此，应当提高我国房地产开发商的规模和经济实力，通过房地产建设主管部门、工商登记管理部门及监管银行等加强对房地产开发企业规模和建设资金的控制，从而从根本上减少和杜绝因开发商资金缺乏或被挪用造成拖欠工程款的情况。

第三节 银行在建设工程优先权前提下的相应对策

在当前法律环境下，尤其是在操作性较强的最高人民法院的《批复》出台后，建设工程优先权对银行建设工程贷款特别是房地产项目开发贷款构成了巨大的威胁，特别是在一些情况下，银行甚至丧失了第一位的担保抵押优先受偿权，从而导致其发放的贷款面临无法追回。当然，银行投放在建设工程中的贷款资金，除房地产项目开发贷款外，还有相当部分是通过个人消

---

① 参见朱树英：《优先受偿，追讨拖欠款刻不容缓——朱树英律师谈当前如何应用"286"条款追讨拖欠工程款》，载 http://www.zggczj.com/Article/Class3/Class29/200407/3616.html，2014 年 4 月 27 日访问。

② 中国房地产协会会长杨慎于 2001 年在参加一次全国性房地产研讨会上的介绍。

费按揭贷款①的方式投放的。在银行工作实践中,这两种不同种类的贷款所面临的风险不尽相同,两者的贷款债权保障方法当然也有所不同,以下将分别论述之。

一、银行对个人消费按揭贷款抵押权的保障对策

我国的个人商品房按揭贷款制度起源于20世纪80年代末90年代初。② 近年来,随着住房消费的启动,个人住房按揭贷款迅速增长。商品房金融的发展,极大地提高了居民购房的支付能力,已经成为居民提前实现住房消费的重要手段。

银行对个人消费按揭贷款抵押权的风险来自于《批复》中对建设工程优先权实现序位的规定。《批复》在第2条规定:"消费者交付购买商品房的全部或者大部分款项后,承包人就该商品房享有的工程价款优先受偿权不得对抗买受人。"该规定实际上是在我国《物权法》尚未出台的情况下,司法部门吸收担保物权的法理旨义对工程承包人的优先权进行了限制。即承包人就消费者已支付全部或大部分价款的商品房(含在建工程)不再享有优先权。王利明教授认为,优先权的标的物以债务人所有的物和财产权利为限,由于优先权的无公示性,除有对抗效力的优先权外,优先权的标的物被转让给善意第三人后,不得对之行使优先权。③ 因此,笔者认为,该规定很好地保障了银行对按揭贷款中商品房抵押权的优先实现。银行对消费者购买商品房(含在建工程即"楼花")提供按揭贷款时,有两种登记方式:

一是消费者以已竣工并可办理房地产所有权证的所购商品房提供抵押的,直接按《担保法》、《物权法》、《城市房屋权属登记管理办法》和《城市房地产抵押管理办法》等相关规定,在房地产登记管理部门进行房地产所有权属登记和抵押登记,提供按揭贷款的银行据此享有优先受偿的权利。

---

① 按揭贷款,系源于港澳地区的粤语词汇,指银行向个人消费者发放贷款,专门用于购买某种大额耐用消费品或服务,并以该商品或其他担保物提供给贷款银行作为贷款抵押物,由贷款银行受借款人委托直接将款项划入该商品或服务的提供商,借款人按月等额(或不等额)分期向银行还本付息的一种个人消费贷款方式。
② 《中国房地产市场年鉴(1998—1999)》,中国计划出版社1999年版,第254页。
③ 王利明主编:《中国物权法草案建议稿及说明》,中国法制出版社2001年版,第513页。

二是消费者以商品房在建工程(即"楼花")为按揭贷款提供抵押的,由于购房者向开发商(发包人)支付了首期购房款后,又委托贷款银行将其余购房款(按揭贷款资金)足额付给了开发商,购房者实际已全部履行购房的付款义务,因此购房者有权对该"楼花"行使处置权,包括将其抵押给银行。购房者在房地产登记管理部门进行房产预购的登记备案和抵押的登记备案,是将物权公示的手段来保全对所购房产交付的请求权,从而对预购房产的物权变动享有对抗第三人的效力。同时《城市房地产抵押管理办法》也规定了此两项登记备案将在工程竣工并可取得房地产所有权证时,以变更登记的方式进行房地产所有权属登记和抵押权登记,提供按揭贷款的银行据此享有优先受偿的抵押权。

二、银行对房地产建设项目贷款抵押权的保障对策

根据我国现行立法,建设工程优先权的成立无须公示,银行在审查房地产抵押贷款时难以了解该建设工程是否存在实际垫资或欠款。为了防范因承包人行使建设工程优先权导致抵押权难以实现的风险,在现行法律和相关司法解释规定尚不完善的情况下,银行应当注重采取以下防范和补救措施:

1. 重视贷前审查和贷后跟踪检查

首先,银行在发放房地产开发贷款时,除了对开发商的资信情况进行审查之外,还应注意审查开发商与承包人之间签订的建设工程承包合同,了解合同约定的工程总价款、价款支付条件、支付方式以及是否允许承包人方垫资等情况。特别要进一步查清建设工程的开发商与承包人之间是否存在工程款纠纷或可能存在工程款纠纷、发包人与承包人之间是否存在某种关联关系,如母子公司、控股公司等。后者有利于防范发包人与承包人同谋骗取银行贷款的风险。在借款人提交的申请文件中,银行应要求借款人提供抵押建设工程的工程款已经支付的证明并经过承包人的确认。必要时,银行可以要求承包人对垫资情况作出承诺,并为贷款承担连带责任保证。此外,银行与开发商签订贷款合同时,应明确规定,如因开发商拖欠工程款造成银行贷款风险的,银行将收取高额违约金,加重对违约方的责任处罚。上述举措都有利于贷款风险的事先防范。

其次,贷款发放以后,银行的信贷员应当根据建设工程合同的内容来掌

握建设工程款支付的方式与进度,加强对贷款的跟踪检查,以避免工程欠款的发生。一旦出现发包人(借款人)拖欠工程款的情况,银行应当立即要求借款人增加抵押财产或提供其他担保财产。如果借款人无力提供或拒绝提供其他担保财产,银行应根据《合同法》第68条的规定,行使不安抗辩权,中止贷款合同,提前收回贷款或处置抵押物。此外,由于竣工时间的改变会使建设工程优先权的行使时限发生变化,对于工程竣工时间发生变化的建设工程项目,银行更加需要密切关注工程款的支付情况。

2. 充分利用发包人存入银行账户中的出售建设工程之价款

在实践中,提供建设贷款的银行一般都会要求发包人在该银行开设一个账户,并将出售建设工程所得价款存入此账户。一旦发包人违约,银行即可以此账户中的款项抵销建设贷款。现行立法对承包人优先权的效力是否及于优先权成立之前出售标的物所得价款(即对于标的物的买卖价金是否成立物上代位),尚不明确。由此,银行可以主张建设工程的买卖价金不属于承包人优先权之标的,将其用于抵销银行债权。①

就商品房而言,向发包人提供建设贷款的银行通常是向购房人提供购房贷款的银行。因此,银行可以方便地将早先的建设贷款转换为新的购房贷款。形象地说,就是银行从左口袋掏出钱来作为购房贷款,却不必将这笔钱放给购房人,也不必支付给发包人即商品房的出卖人,而是直接放入自己的右口袋,用以清偿发包人的建设贷款。② 同时,由于购房人办理按揭贷款时会将所购房屋抵押给银行以担保购房贷款,所以对于购房贷款,银行的债权能够得到充分保障。此外,银行通过这种换口袋的方式成为了购房人的抵押权人,在购房人属于"消费者"并且符合《批复》规定的其他条件的情况下,银行抵押权实际上不再劣后于承包人的建设工程优先权。

3. 及时介入因建设工程欠款引发的纠纷

当建设工程合同的双方当事人因建设工程欠款问题发生纠纷时,银行应当及时介入。具体而言。第一,当发包人和承包人协议将工程折价时,一旦发现发包人和承包人合谋实施故意拖欠工程款以回避银行抵押权、故意

---

① 不过,在司法实践中,法院仍有可能否认此种抵销之效力。
② 张巍:《建设工程承包人优先受偿权之功能研究》,载《北大法律评论》2006年第7卷第1辑。

抬高工程造价或故意以低价格将工程折价等行为严重损害银行利益的,银行应当及时介入,直接向人民法院提起撤销权诉讼,以主张协议无效的方式维护自己的权利。第二,当发包人和承包人无法达成折价或拍卖的协议而引起诉讼时,银行应当及时向人民法院申请以有独立请求权第三人的身份参加诉讼,积极参与和监督建设工程的折价和拍卖活动,从而实现自己的权利。

4. 认真做好各种监管措施

无论建设工程是否存在建设工程优先权,银行作为建设工程主要的资金提供者,始终应当对建设工程的有关事项实施监管。[①] 具体而言:

第一,银行应当认真审查和选择发包人,将贷款只发放给那些具备良好偿贷能力、能够清偿建设项目所生一切债务的发包人,从而可避免因建设工程价款的拖欠导致的建设工程优先权冲击银行的抵押权。银行甄别发包人的途径大致有两项:一是详细调查发包人的背景资料,特别是资金状况和信用历史。如果发包人曾有拖欠工程款的历史记录,或者经济状况不佳,那么很可能出现承包人行使优先权的情况,使得银行的建设贷款将面临高风险。二是只向已具备一定比例的自有建设资金的发包人提供贷款。因为,发包人自身投入的建设资金越多,其进行不合理冒险的可能性就越小,银行的信贷风险同样随之降低。正因为如此,中国人民银行曾发文强调对发包人的信用记录和投入工程的自有资金比例的要求。2003 年,中国人民银行要求:各商业银行应当向没有拖欠工程款记录的发包人发放贷款,并且,申请建设贷款的发包人,其自有资金(所有者权益)不得低于项目开发总投资的30%。2004 年,中国银行业监督管理委员会也通过了类似规章,并进一步将发包人自有资金比例提高到 35%。尽管上述两条途径有利于银行甄别发包人,但由于我国大部分地区尚不具备信用历史查询系统,而且某些发包人属于为建设某项工程临时设立的主体,工程一旦结束即告解散。故而银行在实践中较难获得发包人的背景资料。当然,在有些地方例如上海,政府定期公布有拖欠工程款不良历史的发包人名单,这一信息将有助于银行挑选发包人,进而审慎作出贷款决定。

第二,银行应当谨慎监管开发建设过程中发包人的资金运用情况。建

---

① 不过,实践中,银行常常忽视其监管任务而过分依赖通过抵押权以回收贷款。

设贷款合同中一般明确赋予银行检查借款人(即发包人)的经营状况、财务情动、会计报表等权利。而中国银行业监督管理委员会也要求商业银行设立贷款发放、使用监控机制,注意开发建设过程中项目本身、发包人及承包人的变化。随着建设工程优先权制度的确立,银行在实践中应当进一步加强监管力度,切实有效地行使上述监管权利,以控制建设工程优先权对银行信贷的风险。

第三,银行应当将发包人按时支付工程款作为发放每期贷款的前提条件。当银行发现发包人拖欠工程款时,即终止发放后续贷款,以尽量减小建设工程优先权引发的风险。不过,在实践中,这一监管措施看似理想,却不便于操作。因为在建工程是一个价值不断变化的工程,承包人的工程款也随之变化,银行难以动态掌握该工程款的具体数额。加之建设工程合同中约定的工程款通常是预估款,工程款的实际数额只有等到竣工决算之后才能确定。那么,即使发包人严格按照合同约定向承包人支付各期工程款,仍然可能存在部分工程款被拖欠的情形。除非建设贷款于工程决算完成后再发放,否则银行始终无法确定是否存在工程款拖欠以及拖欠的数额。不过,笔者认为,这一监管措施虽然因操作不便而不能完全杜绝由承包人的建设工程优先权所引发的风险,却可以合理降低这一风险。至少,发包人未按约支付工程款将成为表明风险增大的一个信号,银行由此可以更为谨慎地发放贷款。①

第四,银行可直接将建设贷款发放给承包人,而非发包人。此举可以保证承包人如数获得工程款从而减小其行使建设工程优先权的可能性,因而可被视为另一种监控贷款用途的方法。不过,银行在实践中很少诉诸此措施。其原因部分在于与银行签订建设贷款合同的是发包人,而非承包人,因此银行对发包人负有放款义务。但是,银行只要让发包人在贷款合同中允诺,贷款可以直接向承包人发放,即可解决这种合同义务的障碍。对此,更为可信的解释是:除向承包人支付工程款之外,发包人尚需以建设贷款支付其他合理费用,如土地出让金、拆迁安置费等,这些费用是不可能支付给承包人的。尽管银行很少直接向承包人发放贷款,但实践中,有些银行在向发

---

① 张巍:《建设工程承包人优先受偿权之功能研究》,载《北大法律评论》2006年第7卷第1辑。

包人发放贷款前,会要求提供承包人的书面认可。这一要求或多或少扮演了与直接向承包人放款相类似的角色。更为重要的是,为获得承包人的书面认可从而得到银行的贷款,发包人将更加积极地向承包人支付工程款。

另外,为了让银行能够针对不同的情况采取不同的风险防范措施,还可以针对不同情况下银行发放抵押贷款时的风险防范作如下分类①:

1. 在建工程抵押贷款的风险防范

如果发包人申请以在建工程作抵押物申请贷款,并且其贷款用途为该在建工程的建设,那么银行可考虑采取如下措施:(1)银行应要求发包人具有相当的自有资金,并要求发包人在贷款银行建立基本结算账户。(2)为保证专款专用,银行应将贷款划入专门账户并实施监督,发包人用款时必须逐笔提出申请并提交用款证明,由银行直接将款项拨付给对方当事人,特别是承包人的工程款也应当由银行直接拨付,以避免出现拖欠。(3)银行应以合同方式明确规定发包人对其财务报表、税务报表、贷款项目建设工程诸合同及其变更事项、预售方案、投资回收方案,以及涉及诉讼、仲裁或执行等情况的披露要求,以及时掌握发包人的资金流动状况、财务经营状况及债权债务的清偿状况。

2. 现房抵押贷款的风险防范

如果发包人以已经竣工的房地产申请抵押贷款,那么银行可采取如下措施:(1)通过贷前审查准确掌握工程款的结算状况,必要时可要求承包人出具工程价款已经完全结清的证明。(2)如果存在工程价款未完全结清的情况,银行应对房地产价值和工程款数额进行比较,以判断房地产的变价款在承包人优先受偿之后是否能够完全清偿贷款。

3. 房地产销售中的风险防范

根据最高人民法院《批复》第 2 条的规定,消费者交付购买商品房的全部或者大部分款项后,承包人就该商品房享有的工程价款优先受偿权不得对抗买受人。为防止发包人(房地产开发商)在收取消费者购房款后挪作他用或者卷款潜逃,从而将损失转嫁给贷款银行,银行应当以合同形式要求发

---

① 参见董建军:《合同法第 286 条若干法律问题探讨——兼评一起建设工程价款优先权案》,载《金融论坛》2002 年第 12 期;张巍:《建设工程承包人优先受偿权之功能研究》,载《北大法律评论》2006 年第 7 卷第 1 辑。

包人将售房款存入前述专门账号并进行严格控制,以保证其有足够的清偿能力。

4. 诉讼、仲裁中的风险防范

当承包人提起诉讼要求回收工程款并主张优先权时,银行作为建设工程的抵押权人,可以要求被追加为"有独立请求权的第三人"参加诉讼。由于银行是发包人的债权人,因此,根据我国《合同法》第73条的规定,银行可以向承包人代位主张发包人对其享有的抗辩事由。对此,建设工程之瑕疵,以及未竣工可以说是最明显的抗辩事由。此外,银行还可以挑战承包人优先权担保的工程款之范围(承包人之利润、其因建设施工而生的对第三人之债务不在此范围之内),以及此等优先权所及标的物之范围(土地使用权不在此范围之内)。但是,这些抗辩只能延迟承包人优先权的实行,或者减少承包人通过优先权得以回收的工程款数额;承包人在修复瑕疵、完成工程后仍旧可以要求实现其建设工程优先权。也就是说,如果发包人与承包人因工程价款纠纷诉至人民法院或者提交仲裁机关进行仲裁,银行作为利害关系人应当以第三人的身份申请参加诉讼或仲裁,并就可能存在的下列事实向法庭或仲裁庭提出抗辩:(1)发包人与承包人之间的承包合同存在无效的事由;(2)发包人存在重大违约(例如工程存在质量问题未验收合格,或者超过规定期限竣工)的事实;(3)承包人行使建设工程优先权的条件尚不具备(工程尚未竣工或尚未超过约定的竣工时间,或者承包人尚未对发包人进行催告);(4)该建设工程的性质属于不宜折价、拍卖的范围;(5)承包人要求优先受偿的范围超过《批复》规定的范围;(6)发包人与承包人存在恶意串通虚报工程价款等损害第三人合法权益的事实。

若承包人已经开始行使优先权并启动拍卖程序,那么,银行可以参加竞拍。虽然银行因其抵押权劣后于承包人的优先权而不能简单地以拍卖价金抵消建设贷款债权而必须实际支付此项价金(这相当于银行买断承包人的优先权),但是银行参与竞拍可以防止建设工程被以不合理的低价出售。特别在建设工程竣工后可能利润颇佳却因发包人缺乏建设资金而导致未竣工工程被拍卖的情形下,接管工程并注入资金促其竣工,对银行而言仍不失为一种良策。

相关案例介绍与评析[①]

【案例1】 Y建筑工程公司主张工程价款优先权案

基本案情：

1998年7月24日，G省T物业发展公司（简称T物业公司）向某商业银行营业部（简称银行营业部）借款11000万元；同日，银行营业部与T物业公司签订了一份最高额抵押合同，约定T物业公司以其正在建设的泰安大厦写字楼及商住楼为上述11000万元贷款提供抵押担保。双方办理了在建工程项目抵押手续。合同到期后，T物业公司未能依约偿还银行营业部的贷款本金及相应利息。

2000年5月16日，Y建筑工程公司（简称Y工程公司）以建筑施工合同纠纷为由向人民法院提起诉讼，要求T物业公司偿付其拖欠的泰安大厦写字楼、商住楼的工程款和相应利息。后双方在审理过程中达成调解，但T物业公司未依调解书主动履行义务，Y工程公司遂向人民法院申请执行，法院随即查封了已抵押给银行营业部的前述房产。

2001年2月26日，银行营业部以案外人身份对法院的上述查封行为提出了异议，并主张对上述房产拥有合法抵押权而享有优先受偿的权利。12月4日，法院作出裁定认为：Y工程公司因工程款而对泰安大厦写字楼、商住楼的折价享有优先受偿权，优先于银行营业部对该抵押物即泰安大厦的价格受偿，并驳回银行营业部对法院的上述查封行为的异议。银行营业部对该裁定不服，向法院申请复议，但法院最终驳回了银行营业部的复议申请并维持了该院的原裁定。

【评析】

（1）上述案例中，人民法院依据我国《合同法》第286条的规定，认定建设工程承包人的价款优先权优先于银行对建筑物的抵押权，也就是说，我国《合同法》第286条及此后出台的最高人民法院的《批复》的实施，使号称

[①] 相关案例均引自何红锋主编：《建设工程施工合同纠纷案例评析》（修订版），知识产权出版社2009年版。

"担保之王"的抵押权受到来自建设工程优先权的巨大冲击,已经严重影响到了银行信贷资产的安全,并在一定程度上加剧了商业银行所面临的金融风险。

(2) 从程序法的角度而言,在法定优先权与一般抵押权发生冲突并诉至法院的时候,为了查清事实真相,防止承包人不当行使权利或者与发包人恶意串通损害一般抵押权人合法权益的情况出现,应当从程序上保证一般抵押权人有参与诉讼并对承包人的优先权提出抗辩的机会。也就是说,应当根据一般抵押权人的申请或者法院直接依职权通知其以第三人的身份参加诉讼,并在裁判文书中对各当事人就建设工程变价款受偿的顺序作出判决。① 具体到本案,在银行营业部对法院的查封行为提出异议之后,法院就应当意识到该案件的处理结果将与银行营业部存在法律上的利害关系,但法院却在没有通知其参加诉讼并对其请求进行审理的情况下,就直接裁定Y工程公司对泰安大厦写字楼、商住楼的折价享有优先受偿权,优先于银行营业部对该抵押物即泰安大厦的价值受偿,这显然错误地剥夺了银行营业部的诉讼权利,并直接导致其抵押权益无法完全实现。

【案例2】 江西某信用社申请强制执行案

基本案情:

2002年初,江西某信用社与服装公司达成协议,信用社给服装公司发放贷款1500万元,用以支持该公司盖办公大楼,服装公司将业务往来中的全部款项存入信用社。同时,服装公司将所盖办公楼抵押给信用社,用以担保贷款清偿。协议签订后,信用社如期将款项付给服装公司,服装公司将该笔款项投入办公大楼建设,最终办公楼如期完工。办公楼完工后,双方又到房管部门补办了抵押登记手续,此后,1500万元贷款的利息正常支付。

2003年1月,服装公司的总经理携款潜逃,新总经理上任后,立即中止了与信用社的协议,并且停止支付利息。信用社催收未果,遂向人民法院起诉了服装公司,并且要求行使抵押权,变卖服装公司办公大楼偿债。人民法院在审理过程中发现:信用社与服装公司所签借款合同完备有效,抵押文件完整,抵

---

① 这在我国《民事诉讼法》第56条中可以找到依据,该条第1、2款规定:"对当事人双方的诉讼标的,第三人认为有独立请求权的,有权提起诉讼。对当事人双方的诉讼标的,第三人虽然没有独立请求权,但案件处理结果同他有法律上的利害关系的,可以申请参加诉讼,或者由人民法院通知他参加诉讼。人民法院判决承担民事责任的第三人,有当事人的诉讼权利义务。"

押经过登记，为有效抵押，服装公司面临败诉以及办公楼被执行偿债的危险。

服装公司的办公楼由当地的第一建筑公司承建，施工完成后，第一建筑公司的工程款也未能完全收回，服装公司尚欠其160万元工程款有待清偿，但双方关系良好，服装公司也表示肯定会偿还。服装公司为摆脱信用社的追诉，便主动与建筑公司进行了协商，双方最终达成一致：服装公司偿还建筑公司160万元欠款；建筑公司隐瞒已经收回全部工程款的事实，持原来的建筑工程承包合同向服装公司主张债权；服装公司隐瞒已经获得的建筑公司出具的收款收据，配合建筑公司，承认债务的存在；建筑公司暗中另行向服装公司出具声明，说明建筑工程款项事实上已经全部还清，服装公司只是假装承认债务存在，建筑公司不能真正申请执行等。

根据与服装公司的协议，建筑公司向法院提出起诉请求称：服装公司尚欠自己1800万元工程款未还，本息迄今已超过2500万元，由于该款项主要是欠工人的工资和工程垫款，属于建设工程款，应当优先用所建的服装公司办公大楼清偿，而且这个权利优先于信用社的抵押权，请求法院判决服装公司以办公大楼抵偿建筑公司的债务而不是信用社的贷款。

人民法院经过审查认为：建筑公司主张服装公司拖欠其建设工程款，《合同法》第286条规定建筑工程款优先于抵押权，在《批复》中明确规定："人民法院在审理房地产纠纷案件和办理执行案件中，应当依照《合同法》第286条的规定，认定建筑工程的承包人的优先受偿权优于抵押权和其他债权。"因此，建筑公司与信用社的起诉标的都针对办公大楼而为，符合有独立请求权第三人的特征。法院决定：建筑公司以有独立请求权第三人的身份参加到信用社与服装公司的借款诉讼中。诉讼中，服装公司全部承认建筑公司所主张的欠款，信用社明知双方在作假，但服装公司与建筑公司隐藏账目和交易凭证，法院和信用社未能找出证据证明工程款已付。法院经过审理判决：服装公司偿还信用社的借款，服装公司同时偿还建筑公司的工程款，建筑公司对服装公司办公大楼有优先获得清偿的权利，信用社对清偿建筑公司欠款后办公大楼的剩余价值部分有优先权。

终审判决生效后，信用社向法院申请了强制执行，但服装公司除办公大楼外，并无其他财产可供执行，而第一优先权人建筑公司迟迟不主张优先权，信用社作为第二顺位的优先权人无法变卖办公楼用以偿债，办公楼一直为服装公司占有使用。

【评析】

第一，服装公司与建筑公司之间的债权虽曾是真实债权，但该笔债权大部分已经因清偿而消灭，债权事实上已不存在，建筑公司主张债权明显系虚假行为。信用社要想否定服装公司与建筑公司之间的虚假行为，就得证明两个公司共同隐瞒了债务已消灭的事实，而证明债务已经消灭的证据首先是债务履行的有关凭证，这些凭证除债务双方当事人之外，他人是不可能持有的，即使有，也是一些间接证据，这就使信用社陷入了一种极端被动的举证不能的处境。

第二，服装公司办公大楼作为信用社抵押权的标的物，是借款纠纷中的争议标的之一，建筑公司要求服装公司以所建工程，也即办公楼来清偿工程欠款，这样一来，建筑公司对借款纠纷中的标的物就有了独立的请求权，此请求权如果成立，既能对抗信用社的抵押权，也足以对抗服装公司的所有权，因此，建筑公司在诉讼中的地位是独立的，符合有独立请求权第三人的条件，法院将其列为第三人参加诉讼是正确的。

第三，建设工程款优先于抵押权的问题是1999年《中华人民共和国合同法》颁布实施后凸显出来的一个法律问题，其后相关的司法解释中，此问题尚未妥善解决。这是一种比抵押权更优先的法定优先权。但工程价款优先于抵押之债获得清偿并不意味着工程价款债权可以否定抵押权，抵押权是否成立要根据自身构成要件来评判，只是其受偿顺序后位而已。因此，人民法院判决建设工程优先权和抵押权同时成立是正确的。但对于建筑公司的债权中哪些属于建设工程价款的范围等问题，则一直存在争议。本案中，法院首先应当审查建筑公司的债权中哪些确属工程价款，应当优先；哪些不属于，而只是一般债权。

第四，建设工程价款债权优先于抵押权，据此，信用社只有在建筑公司的优先权得到满足之后，才能行使其抵押权。但如果像本案中的建筑公司那样怠于行使其优先权，以至于顺位在后的抵押权人一直无法行使其抵押权时，建筑公司应当承担何种责任，以及其优先权是否受到影响等问题，现行法律及司法解释均无相关规定。另外，如果建筑公司在法定的申请执行期间内未提出执行申请，以至于法定期限届满的，建筑公司就丧失了通过人民法院强制实现其优先权的权利，而此种情况下，是否对抵押权产生有利的影响，法律亦无相关规定。

事实上，优先权是一种完整的权利，何时行使是权利人的自由。如果第一顺位的优先权人怠于行使其权利，抵押权人可以委托对抵押物进行评估，然后留出顺位在前的优先权人的份额，抵押权人对剩余部分主张权利。

第十章　我国建设工程优先权制度的进一步完善

第一节　我国建设工程优先权登记制度的建立与完善

一、我国建设工程优先权的生效要件及其缺陷分析

本书第五章探讨了建设工程优先权的成立要件,具体包括合同要件、标的物要件、时间要件和限制性要件,只要符合这些要件,建设工程优先权即可成立并生效。可以看出,这些要件并不包括登记要件,也即,在我国现行立法框架下,建设工程优先权并不以登记为生效要件。

立法之所以未规定登记要件,其主要理由在于,一是建设工程优先权为法定担保物权,应根据法律规定的条件而当然发生,故无须另行登记。二是在签订承包合同时,承包人也不可能知道发包人是否会逾期不支付工程款,而且,高昂的登记费用也将给承包人增加沉重的负担。①

这一规定与我国《担保法》、《物权法》所规定的不动产物权必须登记的制度迥然有别。由于建设工程优先权无须公示即可成立,且具有优先于其他债权人的效力,这就使得承包人与发包人以外的第三人即便与建设工程优先权有利害关系,却无从知晓建设工程优先权存在的情况。因此,承包人的建设工程优先权犹如一颗随时引爆的地雷,使得第三人对建设工程享有

---

① 由于承包人在建筑市场上多处于劣势地位,所以因登记发生的费用很可能被发包人转嫁到承包人的身上。

的权利始终居于无法预知的风险之中。只要承包人行使建设工程优先权，第三人的权利就面临落空。这不仅不利于第三人合法权益的保护，也不利于交易秩序的安全与稳定，有悖于公平与正义。

二、在我国确立建设工程优先权登记制度的必要性及具体制度构建

为了避免因承包人的建设工程优先权的行使与第三人的合法利益发生冲突，需要通过一定的方式将此优先权的存在向社会进行披露，使得其他利害关系人在进行与该工程的有关交易时，谨慎考虑在建设工程上存在优先权的事实，从而对交易的后果与风险作出合理的预期。笔者认为，我国对建设工程优先权应当采取登记对抗主义，从而在各方当事人中间找到一个较好的平衡点。其必要性主要体现在①：

第一，基于物权公示原则的要求。所谓物权公示原则，是指物权变动之际，必须通过一定的公示方法表现其变动，这样才能发生一定效果的原则。物权之所以需要公示，是因为物权具有绝对排他效力，其得丧变更须足有外部可辨认之表征，方可透明其法律关系，避免第三人遭受损害，保护交易安全。承包人的建设工程优先权既然是存在于不动产之上的担保物权，就应当以一定的可以从外部查知的方法表现出来，使第三人知道该建设工程的权利状况，以避免交易风险。从其他国家和地区的立法情况来看，虽然各国法律赋予建设工程承包人的权利性质不同，但无论是法定抵押权，还是优先权或是先取特权，法律均规定要以登记为成立要件。这不仅是物权公示原则的要求，也是世界各国的立法趋势。

第二，登记对抗主义可以更为周全地保护承包人的利益。就交易安全和善意第三人的保护而言，承包人的建设工程优先权采登记要件主义或登记对抗主义，实质上并没有区别。但就承包人与发包人或恶意第三人间的关系而论，则存在差异。如果采取登记要件主义，则未经登记者不能对抗第三人，在当事人之间也不发生建设工程优先权的效力；如果采取登记对抗主义，则未经登记者，仅不能对抗善意第三人，对恶意第三人及发包人仍得主

---

① 参见张钧：《论建设工程优先权的成立与登记》，载《当代法学》2003 年第 3 期；刘坚、刘斐然：《关于建设工程价款优先受偿权适用的若干问题探究》，载《西安建筑科技大学学报（社会科学版）》2012 年第 6 期。

张优先权的存在。两者相比较,很显然,后者对于承包人的保护更为周全。

第三,登记对抗主义也有利于其他债权人预测其债权的风险。自我国《合同法》及最高人民法院的《批复》出台以来,来自银行方面的要求保护其自身利益的呼声就日益高涨。就现行法的规定来看,只要发包人存在到期未支付工程款这一事实,并符合《合同法》规定的,就该建筑物变价所得的价款就要优先偿付给承包人,剩余部分才偿付给银行等其他抵押权人及一般债权人。银行抵押贷款的风险加大,是不可回避的现实问题。登记对抗主义,可以在一定程度上缓解这一问题。银行可以通过向登记机关查阅登记记录,来得知在该不动产上业已存在的权利的重要信息,包括成立的时间、数额等,在对发包人的信用情况进行慎重的审查之后,作出是否放贷的决定。即使将来发生了发包人没有支付到期工程款的情况,由此产生的风险,也属于在银行预期范围内并且愿意承担的风险。其他债权人亦同。

第四,对建设工程优先权进行登记可以减少纠纷的发生。建设工程价款如果预先没有登记,很容易出现发包人与承包人恶意通谋故意夸大或者虚报工程款、从而损害一般抵押权人利益特别是银行利益的情况,这对于改善我国的信用状况非常不利。而如果对建设工程的价款进行登记,情况则大不相同,登记的工程款数额就成为一般抵押权人判断最终建设工程款是否合理的一个重要标准,而且,对于银行来说,如果建筑物的价值远远超过登记的工程款数额,银行仍然可以对发包人发放抵押贷款。此外,通过登记还可以明确承包人与发包人双方的债权债务,明确工程款的具体数额,待将来发生发包人没有支付工程款的情形,承包人可依登记的工程款数额向发包人主张权利,从而避免双方因工程款的数额产生纠纷,减少不必要的诉讼成本。

在具体制度的设计上,笔者认为,可以仿效德国、日本和我国台湾地区的做法,采取预登记制度。预登记又称预告登记,是为解决即将形成物权的债权或请求权的保护问题而设立的一项制度。预登记所登记权利并非现实的不动产物权,而是将来发生物权变动的请求权。虽然在不动产债权行为成立之后或不动产物权转移之前,不动产所有权人或其他物权的持有人已经承担了未来移转的义务,但是基于债权的相对性,合同当事人并不能对抗第三人。所以,为了平等保护当事人之间的利益,将债的请求权作预告登记,该项请求权即获得物权的对抗力及排他力。不过,需要指出的是,这种预告登记只是起到对抗要件的作用,而不是发生效力的必备要件。建设工程优先权作为一项法定的担保物权,不经过登记也可以在当事人中产生效力,但不能对抗第三人。

在学理上,预登记制度的作用表现为三个方面:(1)保全作用。即在不动产的债权行为成立之后和不动产物权的移转之前,虽然不动产的所有权人或者其他物权的持有人已经承担了将来移转其所有权或者其他物权的义务,但因为合同相对人享有的债权无对抗第三人的效力,所以仅仅依靠债的请求权,债权行为的目的并不一定能够达到。而在将这种请求权依预登记的方式进行登记之后,违背预登记的行为就会无效,请求权就会得到保全。(2)顺位保证作用。预登记在保全请求权这种实体权利的同时,因为纳入登记,还保全了请求权的顺位,即依靠登记而为请求权人取得了有利的顺位,使得其请求权具有排斥后序登记权利的效力。(3)破产保护的作用。预登记的请求权不但可以对抗不动产所有权人和其他物权人的意思而保全请求权人取得不动产权利的目的,而且还可以在不动产物权人限于破产时对抗其他债权人而保全请求权目的的实现。①

根据德国、日本及我国台湾地区的相关规定,建设工程的承包人(承揽人)可以通过两种途径申请为其对建设工程的优先受偿权进行预登记:(1)经登记义务人(发包人)的承诺而在登记机关办理登记;(2)承包人单方面申请人民法院作出采取预登记措施的裁定,并据此在登记机关办理预登记。在依第二种途径进行预登记时,申请人须提交欲登记的优先受偿权存在的证明材料,但无须证明其欲保全的优先受偿权日后有受侵害之虞。②经预登记后的优先受偿权,可以保全其优先顺位,而且,妨碍优先受偿权实现或者有害于优先受偿权的处分行为均为无效。

值得注意的是,预登记制度虽然使得发包人嗣后的债权人以及建设工程的受让人知悉承包人的建设工程优先权,从而能够将潜在的风险内部化,化解于利率、价款之中。但是该制度并未降低银行监管所需的信息成本。因为,银行若想及时掌握先顺位的债权也即是工程款的数额,不得不经常查

---

① 孙丽岩:《公法视野下的不动产物权登记》,载《甘肃政法学院学报》2013年第1期。
② 郑玉波主编:《民法物权论文选辑》(下册),台湾五南图书出版公司1985年版,第635页。

阅登记。然而，即使银行知道其数额，也无法从中了解发包人拖欠工程款的可能性。因此，银行无法借助此种登记决定对发包人之监管的必要程度。那么，为了便于银行实施监管，应当鼓励承包人提供有关建设贷款风险的信息。所以，为保障在承包人之后出现的交易主体的安全，虽不妨设立登记对抗要件，但除了登记之外，还应要求承包人将任何拖欠工程款的情况及时通知银行，否则，承包人不得行使其优先权收回发包人拖欠的工程款。举例来说，假定按照建设工程合同的约定，发包人应于9月1日向承包人支付1万元工程款，于10月15日再支付1万元，但发包人拖欠了这两期工程款。如果承包人未在9月10日（假定10天为合理的通知期限）前将第一期拖欠的情况通知银行，而仅在10月16日将第二期拖欠的情况通知银行，那么，承包人就不能借助优先权回收其第一期的1万元工程款，但可以回收第二期的1万元。这种关于发包人违约的信息有助于银行判断其贷款的风险，从而相应采取一些必要的监管措施。此外，对承包人通知的要求还可以减轻滥用承包人优先权的危险。如果在工程款发生拖欠之后，承包人没有及时通知，此后其就将失去担保权益。

第二节 相关立法的完善

一、现行立法及司法解释在建设工程优先权问题上的缺陷及其完善

如前所述，与国外的立法例相比，我国对于建设工程优先权的相关规定缺乏明确的理论基础作为指导，从而导致实务操作上出现一些混乱。虽然我国现行的《合同法》、最高人民法院的《批复》和《解释》均对建设工程优先权问题作出了明确规定，但其中的缺陷仍显而易见，其主要包括以下几个方面[①]：

1. 关于"烂尾"工程的问题

目前，在我国关于《合同法》释义的各种版本中，大多认为"只有竣工且

---

① 参见王旭军、梁静：《建设工程款优先受偿权之担保物权有机竞合论——对〈合同法〉第286条司法解释的反思》，载《法律适用》2004年第7期。

经验收的工程",承包人才享有优先受偿权。而从司法实践和建筑业界反映的情况来看,拖欠工程价款的情况更多地表现在未完工的工程即烂尾工程中。那么,如果双方在履行过程中,明显是由于发包方违约,或发包方的过失致使工程未能竣工而烂尾,这些却要限制承包人的优先受偿权,显然是有失公允的。而这一点在《合同法》第286条、《批复》及《解释》中均未涉及。

对此,笔者认为,建设工程优先权的设立是以优先性为核心的,因此,根据权利的不可分性及物上代位性,不论是哪一种权利属性,都不必然以工程竣工与否为前提。所以,对于所谓的"烂尾"工程,如果明确是由于发包方的过错所致,应赋予承包人以优先权,这样也符合《合同法》第286条的立法本意和精神。实践中,可以先行评估,然后转让,由新的承包商接盘后继续承建,并由接盘人承诺对已完工程的价款负责清偿。这种做法,可以使承包人的优先权落到实处,也便于实践中的具体操作。

2. 关于多个承包人的优先权问题

依照我国《建筑法》第24条的规定,建筑工程的发包单位不得将应当由一个承包单位完成的建筑工程肢解成若干部分发给几个承包单位。但实践中,这种案件却不乏其例。很显然,如果否认分包全部无效已不可能,那么就存在多个承包人的优先权问题,其应当如何行使?是按照完工的先后顺序,还是按照工程价款的比例呢?这些问题也需要立法作出明确的规定。

笔者认为,多个承包人存在于一个建设工程之上的情况,可视为数个请求权主体之实际请求权并存,这些请求权均可产生各自的优先权。因此,对于多个承包人,可就同一个工程行使优先权。按照我国民法的一般惯例,在将该建设工程折价或拍卖后,各承包人以应得的工程款按比例受偿,而不能以完工的先后顺序受偿。

3. 关于拍卖问题

根据我国《拍卖法》第41条的规定,委托人委托拍卖物品或者财产权利,应当提供身份证明和拍卖人要求提供的拍卖标的的所有权证明或者依法可以处分拍卖标的的证明及其他材料。而建设工程的合法手续(如所有权证)均掌握在发包人手中,实践中承包人手中并无相关凭证,很难说服房屋行政管理部门为其办理转移过户手续,这样一来,拍卖自然就很难进行。另外,如果工程拍卖不成功,折价又无人购买,在这种情况之下,承包人能否取得对该工程的所有权或用益物权呢?

对于这种承包人委托拍卖手续不健全的问题,笔者认为,发包人拖欠工程价款,自然产生承包人之债权请求权,且这种请求权的存在成为拍卖的合法前提和基础,因此,只要承包人在提供了充分、有效的证据之后,就可直接向人民法院的执行机关提出执行申请,由执行机关以类似罚没物品的拍卖程序委托拍卖。如果拍卖不成功,折价又无人收买,应允许承包人取得该建设工程的用益物权,即占有、使用、收益的权利,直至折抵工程价款。如长期不能折抵,法律可规定一个法定的期限作为除斥期间,期限届满,承包人可自动取得该建设工程的所有权。

4. 关于第三人的责任问题

对于竣工建设工程,如经验收鉴定不合格,且承发包方有充足的理由证明不合格是由第三人的过错所致,如由于第三人供给的建筑原材料属伪劣产品,且承包人不知情,在这种情况下,承包人能够行使其优先权?相关的维修责任应如何承担?如此等等,也需要相关立法作出明确的规定。

对于这一问题,笔者认为,对由于第三人的责任导致的工程不合格问题,绝不能排斥承包人优先权的行使,因为这种优先权是建立在承包人和发包人之间的担保物权,也就是说,这一权利的法律关系只涉及这两个主体,第三人的作用对其不必然产生影响。因此,在实践中,应判决第三人赔偿相应的损失及维修或重作费用,由承包人以此费用对工程进行维修、补救,直至工程合格后,对该工程行使优先权。

二、我国建设工程优先权制度的进一步完善

(一)《民法典》的及早出台

在前面的内容中,笔者已经对建设工程优先权的权利属性问题作了一番探讨,认为该优先受偿权在性质上应当属于优先权。但是,必须强调的是,这只是从理论上在应然层面上作出的结论。而从实然的层面上来看,我国现行法律对此问题还没有十分明确的规定。即使最高人民法院于2002年颁布的《批复》有意将建设工程优先权定性为优先权,仅司法解释本身也不能超越法律的规定,该优先受偿权的权利属性问题最终还有待于法律的明确规定来解决。正如有学者所言,"值得讨论的问题倒是我国究竟应建立独立统一的优先权制度还是法定抵押权制度,这样,承包人优先受偿权的定

性问题也就容易解决了"①。

包括承包人的建设工程优先权在内的法定优先权制度对社会关系调整的范围之广、维护社会公平、正义作用之显著,远非法定抵押权制度及其他相关制度所能及,且我国目前还存在许多急需优先权制度调整而为法定抵押权制度及其他相关制度鞭长莫及的问题。因此,我国立法应选择建立独立统一的优先权制度,这种制度不仅能涵盖法定抵押权制度的绝大部分内容,还能调整许多法定抵押权制度无法触及的领域,从而维护公共利益,主持公平争议,发挥出法定抵押权所不能替代的巨大的社会作用。

遗憾的是,我国《物权法》并未对优先权作出统一规定并将其纳入担保物权体系,优先权制度仍处于一盘散沙的局面。在选择建立独立、统一的优先权制度的同时,应注意其与我国现有的担保物权体系的配合、协调及融合,建立以抵押权、质权、留置权和优先权并存的局面。鉴于修改《物权法》和《担保法》的规定以实现上述格局不合时宜,建议在未来的《民法典》中,为优先权留一席之地,并将其与对其他单行法规定担保物权制度协调处理。

具体而言,在《民法典》中,建议对建设工程优先权作如下规定:

(1)将建设工程优先权与不动产保管、不动产买卖共同规定在"不动产优先权"中。可以定义为:"建设工程优先权,就承包人对发包人发包工程所进行的施工所产生的费用,存在于该发包工程上。前款优先权仅就施工所产生的该工程的增值额存在。"②

(2)准确定义工程价款,并对其范围进行明确的规定。工程价款的定义和范围对于某些费用是否能够进入工程价款,是否能够享受建设工程优先权关系重大,如果不予以明确,可能导致实际适用中标准的不一,造成一定的混乱,有损法律的严肃性。可以规定:建设工程价款包括承包人为建设工程应当支付的工作人员的报酬、材料款等实际支付的费用。建设工程价款的迟延利益,也属于建设工程承包人优先权的受偿还范围,但不包括承包人因发包人违约所造成的损失及预期利润和违约金。建设工程施工合同的当事人对垫资及其利息有约定,请求按照合同约定返还垫资款和利息的,应

---

① 王全弟、丁洁:《物权法应确立优先权制度——围绕合同法第286条之争议》,载《法学》2001年第4期。

② 董慧凝:《建设工程优先权立法基础与立法构想》,载《北京工商大学学报(社会科学版)》2005年第3期。

当予以支持。当事人对垫资利息计算标准的约定不能超过国家法定的基准利率;如超出,对超出部分不予保护。

(3) 明确享有建设工程优先权的主体资格及其范围。一般情况下,建设工程优先权的主体为对已有建筑物进行改建、扩建、重大修缮的施工承包人,对建筑物的增值部分也应当享有优先权。对于多个承包人存在于一个工程的情况,可视为数个请求权主体之实际请求权并存,这些请求权可产生各自的优先受偿权。因此,对于多个承包人,可就同一个工程行使优先受偿权,在将工程折价、拍卖后,各承包人以应得工程价款按比例受偿。

(4) 明确建设工程优先权的顺位。首先,建设工程优先权针对属特定不动产的优先权,应优于一般优先权。一般不动产优先权体现了对劳动者工资请求权的保护,建设工程优先权体现的是对建筑劳动者按其提供的劳动享有劳动报酬权益的保护,在行使上优先于发包人雇员的工资优先权。其次,建设工程优先权与不动产保管、不动产买卖竞合时。其优先权的顺位为:不动产保管、建设工程优先权、不动产买卖。再次,就同一建设工程,同一顺位的建设工程优先权人有数人时,按照各债权额的比例受偿。最后,如果建设工程优先权未经登记,不得优先于抵押权受偿;登记的建设工程优先权,可以先于抵押权而行使。

(5) 规定建设工程优先权的预登记制度。最高人民法院的《批复》虽然认定了建设工程承包人的优先受偿权优于抵押权和其他债权,但未能确立相应的公示和公告制度来披露承包人行使优先受偿权的信息,在一定程度上限制了抵押权人和其他债权人对抗权的行使。由于承包人的建设工程优先权无须登记,对社会不具有公示的效力,因而不利于经济活动的有序进行和交易的安全。因此,应当建立建设工程优先权的登记对抗制度,可以规定为:"建设工程优先权,因其于建设开始前登记其费用预算额,而保全其效力。但是,工程费用超过预算额时,优先权不就其超额而存在。关于建设工程产生的不动产增值额,在承包人向发包人主张权利时,由法院选任的评估机构予以评估。"①

---

① 孙科峰:《工程价款优先受偿权保障债权范围研究》,载《浙江工业大学学报(社会科学版)》2012年第2期。

（二）相关法律的进一步完善

为充分发挥承包人建设工程优先权制度的积极作用，适当地调整好各方的利益关系，仅仅凭借我国《合同法》第286条这一个条文及有关司法解释是远远不够的。要使该制度在实践中发挥出其应有的积极作用，至少有以下三方面的制度亟须配套并予以完善：

（1）要建立和完善统一、高效且公开的登记体系。一方面要加强对普通物权的登记措施，另一方面要尽快健全预告登记、异议登记等特殊项目的登记。

（2）要及早制定《强制执行法》，以用于规范建设工程优先权的行使和实现问题，同时也要创立较为完备的执行异议制度，为真正实现登记对抗的效力服务。

（3）要完善现有的提存制度，保证提存机关工作的公开、安全和高效。

当然，在目前尚不具备上述条件，尤其是登记制度极不完备的情况下，应严格谨慎地适用《合同法》第286条的规定。在这方面，应注意以下几点：

一是可以在时间上对适用对象加以限制。因为《合同法》第286条创设的实为一项物权，具有对世性，故应严格限制其溯及力，即对于在《合同法》实施前成立的建设工程合同，原则上也不适用建设工程的优先权，从而将其排除在《最高人民法院关于适用〈中华人民共和国合同法〉若干问题的解释（一）》第1条所规定的适用范围之外。

二是可以通过司法解释，从标的物的权属、工程的内容、得就标的物折价或拍卖所得的价款优先受偿的范围等方面限制建设工程优先权的成立、行使和受偿范围。

三是可以参考或准用现有法律对于抵押权的一些规定，如我国《担保法》第47条、第49条、第50条等。

笔者认为，《合同法》第286条的规定虽然在立法技术上存在着不少问题，但在立法政策上无疑是值得称赞的。而其在具体适用中将会面临的问题，也不是单单靠一部法律的一个条文就可以解决的，要根本解决实际问题，关键是要完善规范市场经济运行的法律体系，而这无疑是一个综合性的工程。

第十一章　对最高人民法院《解释》的解读与分析

　　为了贯彻执行我国《民法通则》《合同法》和《招标投标法》等法律的规定,最高人民法院经过认真的研究和讨论,在广泛征求意见的基础上,于2004年10月25日颁布了《解释》。《解释》的出台,主要是出于几个方面的考虑,第一是为了能够对建设工程施工合同纠纷案件给予一个正确而又统一的审判规范,纠正过往审判工作中对该类案件各地各院判决标准不一的情况。第二是为了规范建筑市场秩序,保证建筑工程的质量达到国家标准进而保护广大人民群众的生命财产安全。第三是为了给及时解决工程款拖欠问题和农民工工资拖欠问题提供司法保障。《解释》的颁布实施,规范了建筑施工合同纠纷的审理工作,使许多原有的法律规定能够得到具体细化,使原有规范更具操作性。同时,《解释》也成为保护农民工利益的法律武器,成为建筑施工合同双方当事人寻求利益平衡的一个平台,为减少社会矛盾促进社会安定和谐贡献了力量。然而,《解释》在具体实践的适用中,依然存在着一些问题,本章将从建设工程合同当事人权利义务的协商与法律规制的角度,首先对《解释》内容进行综合性的解读,进而分析《解释》当中若干重要问题的具体适用,并在此基础上对《解释》未涉及但十分重要的几个问题谈谈笔者的认识。由于《解释》的许多内容与建设工程价款优先权的行使紧密相连,我们将结合财政部和建设部于2004年10月20日颁布的《建设工程价款结算暂行办法》(以下简称《结算办法》)和《建设工程施工合同(示范文本)》(以下简称《示范文本》),以期对《解释》的分析能够为合同双方当事人签订履行合同,尤其是承包人建设工程价款优先权的实现有所帮助。

一、对《解释》内容的基本解读

从《解释》的具体条文来看,《解释》的第 1 条至第 7 条主要涉及的是建设施工合同的效力问题,其中第 1 条规定了建设工程施工合同无效的三种具体情形;第 2 条和第 3 条规定了合同无效情况下已建设项目工程价款的结算;第 4 条规定了人民法院适用《民法通则》收缴当事人非法所得的情形;第 5 条和第 7 条规定了排除合同无效的特殊情况;第 6 条则是对建设工程合同中垫资约定效力的规定。《解释的》第 8 条至第 12 条规定了建筑施工合同的解除权及解除效力的问题。第 13 条至第 15 条规定了竣工时间和竣工前质量责任承担的问题。第 16 条至第 22 条是对建设工程价款结算方面的规定。第 23 条至第 26 条则是对一些零星问题的规定,包括建设施工合同的诉讼管辖、合同各方主体的责任承担、诉讼中的被告认定、保修人的侵权赔偿责任和《解释》的施行时间及溯及力问题。

从总体的内容上来看,《解释》奉行了"质量第一、利益平衡"的原则,首先严格要求工程质量必须符合国家强制性规范规定的标准要求,工程质量一旦不合格,无论合同是否有效,工程价款都不能得到支付。同时,《解释》还规定了因工程质量不合格从而产生的合同双方当事人的责任。而只要工程质量合格,即使合同本身无效,承包人或者是施工人也可以要求支付工程价款,这样的规定实际上也是不当得利理论的体现,因为虽然合同无效,但是对于发包人来讲,其毕竟是获得了相应的利益。而利益平衡原则则更为广泛地体现了最高人民法院尽最大努力维持合同双方当事人利益均衡的目的,当然,这种维持的努力本身也必须基于国家法律规定,所以在《解释》对"阴阳合同"的规定中,仍然坚持了已备案的中标合同即"阳合同"为准。在这样的原则指导之下,笔者试将《解释》具体分析如下:

(一)关于建设工程施工合同的效力

当前,调整建设工程施工合同的法律和强制性规范文件非常众多,它们来自各个不同领域,发文主体也各不一样。经过统计,基本上调整建设工程施工合同的强制性规范合在一起就有 60 多条。而且,多数的强制规范往往是规定在某种情况下不得签订相应的建设施工合同,至于已签订的合同的效力本身如何,既可以作有效的解释,也可以作无效的解释。笔者认为,一味地将违反这些强制性规范而签订的合同确认为无效,不仅不符合合同法的基本原理和应有目的,同时也不利于建设工程市场中合同的稳定性和可信性,不利于保护各方当事人的权益,并且也破坏了建筑市场的正常秩序。实际上,无论是法律还是行政法规,其中的强制性规定很多都是属于行政管理的范畴,是行政机关进行行政处罚的依据,而在民事领域,并不一定发挥作用。从这些规范来看,其内容无非包括了两种功能:一是对建设施工合同作出相应规定直接保障建设工程质量的规范,二是以加强对建筑市场进行管理为手段间接保障建设工程质量的规范。《解释》的第1条和第4条将这两类分为了五种情况:一是承包人缺乏相应资质的;二是实际施工人以各种方式借用有资质的建筑施工企业的名义的;三是建设工程应招标而没有招标或者中标无效的;四是非法转包的;五是违法分包的。这其中一和二属于上述的第二种功能,三到五则属于上述的第五种功能。而对于其他强制性规范规定的要求,《解释》并未将其列为无效的情形。

《解释》第2条和第3条分别规定了建设工程施工合同无效后,建设工程经竣工验收合格或不合格的处理方式。竣工验收合格的,发包人应参照合同约定支付工程价款;验收不合格的,承包人应承担修复费用,修复后仍不合格,发包人可以拒绝支付工程价款。因建设工程不合格造成的损失,发包人有过错的,也应当承担相应的民事责任。与此同时,《解释》第4条还规定了借用资质或非法转包或违法分包导致合同无效的,人民法院应收缴当事人的非法所得。

此外,《解释》第5条规定,承包人超越资质等级许可的业务范围签订建设工程施工合同,在建设工程竣工前取得相应资质等级,当事人请求按照无效合同处理的,不予支持。这实际上类似于民法上的无权处分原则,它意味着,只要在交易完成前取得资格的,就可推定合同有效,其目的在于鼓励商品流通和促进实现社会价值的最大化。第7条明确界定了劳务分包和转包的界限,肯定了劳务分包合同的合法性。

(二)关于工程的质量问题

1. 建设工程质量合格的,合同无效并不影响结算工程价款的支付

根据我国《合同法》的相关规定,合同在无效或者被撤销后,应当返还原物或恢复原状。也就是说对因合同取得的财产,应该返还或者折价返还。从建设施工合同的角度来讲,由于工程施工已经完毕,劳动和建筑用材已经已然定型,不可能返还,因此只能按照折价补偿的方式进行处理。从建设施

工合同的实际案例来看,当合同被确认无效之后,有两种折价补偿的方式:一是以工程定额作为标准,通过相应的鉴定确定建设工程的价值。但是这种方法在实际当中会造成一种怪现象的出现:即由于建设工程无论是在招投标过程中还是在实际结算时,考虑到劳动力和部分原材料在各地的价格不一,投标的价格和实际的结算价款值往往总是低于定额,定额的一部分数据总是作浮动处理,而无论在招标还是结算时,这种浮动往往是基于定额的下浮和打折。① 所以,一旦合同被确定为无效,根据定额计算出来的工程价值总是高于甚至远远高于实际的结算价格,这显然违背了建筑业市场的实际,造成了合同双方当事人的利益不均,违背了前文已经得出《解释》的原则。另一种方式是参照合同约定的结算工程价款来确定工程的价值。这种折价补偿方式符合建筑业市场的运作实际,同时也能够较好地保证双方当事人的利益均衡,而且多数情况下不需要进行鉴定,节省了鉴定费用,提高了诉讼效率。因此,也正是基于这样的原因,为了平衡合同双方当事人的利益,结合建筑业市场的现状,《解释》第2条规定:"建设工程施工合同无效,但建设工程经竣工验收合格,承包人请求参照合同约定支付工程价款的,应予支持。"《解释》以这样一种方式,确定了在建设施工合同被确定为无效之后补偿价款的认定原则,这一原则既符合实际情况,又符合我国《民法通则》和《合同法》的立法精神,应该说是比较合理的。

当然,由于前文已经指出,《解释》的基本原则是"质量第一、利益平衡",所以《解释》第2条的折价补偿价款仅适用于建设工程质量合格的情况。对于工程验收不合格的情况,则由合同承包方和施工方承担不利。对于建设工程质量合格,我们要作正确的理解,它不仅包括了建设工程经竣工验收一次性合格的情况,也包括了工程经竣工验收不合格、但是经过承包人和施工方一次或多次的修复、最终验收合格的情形②。总之,只要工程质量能够得到保证,那么对于承包人来讲,合同约定的工程价款一般都能够得到实现。但这不排除承包人因为违反强制规定而受到行政管理机关的处罚。

---

① 国家在制订定额标准时,要考虑全国的情况和未来建筑业市场发展的趋势,所以其定额标准总是高于实际。在实际的工程预决算中,对与定额的下浮和打折是被允许的。这也是对定额部分脱离实际的一种纠正。

② 当然,修复的费用一般不应该计算在工程价款当中,除非工程质量的不合格的原因来自于发包方或者不可抗力。

2. 质量不合格的工程可以不支付工程价款

《解释》第 3 条第 1 款第 2 项规定："修复后的建设工程经竣工验收不合格，承包人请求支付工程价款的，不予支持。"综合分析，《解释》作出这样的规定，主要基于以下几个原因：

第一，如上所述，《解释》的基本原则是"质量第一、利益平衡"，对于解释而言，建设工程的质量是这个解释的关键所在，前面已经分析，作出这样的规定主要是为了首先保证建设工程的质量，进而保护人民群众的生命财产安全。因此，对于质量不合格的工程，《解释》也采取了严厉打击的态度，对质量低劣工程的工程款不加以任何保护。

第二，建设工程施工合同在性质上来讲是一种比较特殊的承揽合同，法律规定作为承包人其主要合同义务就是按照合同约定向发包人交付符合合同要求和国家标准的建设工程。如果承包人交付的建设工程质量不合格，那么就造成建设工程施工合同的合同目的落空。根据合同法的基本原理，发包人本身有权就此解除合同或者拒绝履行。

第三，《解释》虽然注重保护质量合格的建设工程，但也不是对不合格的工程就完全没有采取保护措施。解释当中所说的质量合格的建设工程，不但包括了竣工验收合格的建设工程，还包括了经过一次或多次修复后质量合格的建筑工程。作出这样的规定，也为施工方提供了选择和回旋的余地，一方面承包人在修复费用较低时可以选择修复工程至质量合格，进而向发包人要求工程款；一方面承包人在无法修复或修复费用畸高时可以选择承担无工程款的后果，使损失最小化。

第四，对于工程质量不合格来讲，一般其原因来自承包人，因为承包人是建设工程的主要承担者，对工程质量不合格应当承担主要责任，所以，一般的，就此造成的损失也由承包人承担。但是，在部分情况下，发包人提供的图纸，在合同中由发包人提出双方约定的要求以及施工过程中提出的不合理要求也同样可能造成建设工程质量不合格，这种情况还出现在发包人明知承包人没有工程施工资质而与其签订合同、发包人提供的建筑材料质量存在问题以及发包人主导的工程分包等。在这些情况下，发包人对工程质量不合格存在过错，甚至是主要过错，此时发包人应当就其过错承担相应的责任。也就是说，在发包人有过错的情形下，发包人虽然可以基于合同目的落空不承担按照合同约定支付工程价款的给付义务，但是应当就自己的过错对承包人不能得到工程价款的损失承担过错责任。因此,《解释》第 3 条第 2 款规定:"因建设工程不合格造成的损失,发包人有过错的,也应承担相应的民事责任"。《解释》第 12 条规定:"发包人具有下列情形之一,造成建设工程质量缺陷,应当承担过错责任:(一)提供的设计有缺陷;(二)提供或者指定购买的建筑材料、建筑构配件、设备不符合强制性标准;(三)直接指定分包人分包专业工程"。这两条也与《合同法》的相应条款相呼应,《合同法》第 58 条规定:"合同无效后,有过错的一方应当赔偿对方因此受到的损失,双方都有过错的,应当各自承担相应的责任"。承包人和发包人按照过错分别承担相应的责任,这样的规定既符合建筑市场的实际,也保证了各个法律条文的精神统一,有利于承包人和发包人共同注视对工程质量的监督和管理。

当然,建设工程质量不合格的,除在合同无效的情况下,发包人可以拒绝支付工程价款外,在合同有效的情况下,发包人也可以以承包人没有履行完毕建设工程施工合同为由,拒绝支付工程价款,相应的规定如《解释》第 10 条、第 16 条,此时《解释》也规定"可以按照第 3 条的规定处理"。

(三) 对垫资条款不作绝对无效处理

所谓垫资,是指按照工程项目的资金情况,工程项目对外付款大于项目已收款或者应收款合计所形成的代垫支出的资金。在建设工程中,垫资实际上也就是承包人在没有收到全部或者部分发包人合理①工程预付款或者工程进度款的情况下,以自有资金支付工程材料和劳动力款项。在《解释》出台之前,人民法院对待建设工程施工合同中的垫资条款、带资条款或者当事人于合同之外另行订立的资金拆借合同,多认为其无效。其主要依据是这种行为违反了原国家计委、建设部和财政部联合发布的《关于严格禁止在工程建设中带资承包的通知》的规定。

然而,建筑市场的实际情况却改变了最高人民法院对垫资的态度。在实际的建筑工程合同洽谈过程中,发包人往往要求承包人垫资,如果承包人对发包人带资、垫资的要求予以拒绝,就难以承揽到工程。这种情况下,不承认垫资的有效,只会助长大量"阴阳合同"的出现,也不利于对承包人合法

---

① 所谓合理是指工程预付款和工程进度款确实可以支付工程相应进度所需的建设原材料和劳动力款项。

权益的保护。另外,在国际建筑业市场中,垫资和带资是被允许的,许多国家甚至是惯例。而随着中国城市建设的发展,建筑市场在加入 WTO 之后的进一步开放,越来越多的外国建筑企业涌入到中国承揽建筑业务,越来越多的中国建筑企业走出国门对外接纳业务。而禁止垫资明显与国际惯例相违背,与国际建筑市场的发展相逆,阻碍了中国建筑市场的进一步国际化。再者,根据我国《合同法》的相关规定,合同只能是违反法律和行政法规的强制性规定才被认定为无效,但从颁布主体和性质上讲《关于严格禁止在工程建设中带资承包的通知》仅仅属于一个由国家部委颁布的部门规章,因此,也确实不能成为法院认定合同无效的法律依据。

正是对以上问题的考虑,《解释》规定,当事人对垫资事项和利息有约定,请求按照合同约定返还垫资款和利息的,应当予以支付,从而确立了垫资合同有效的处理原则。对于垫资的利息,《解释》规定,其利息计算标准不能超过国家法定基准利率,超过部分不予保护,这一点与《合同法》中对借款合同的规定是一致的。

(四)关于合同的解除

合同的解除根据合同法的基本原理可以分为约定解除和法定解除。我国《合同法》第 94 条对此也作出了规定。《解释》第 8 条和第 9 条,则是针对《合同法》这一条文给予细化,其目的是通过明确建设工程施工合同的解除条件,防止合同双方滥用解除权,从而保证建设工程施工合同的履行。

《解释》第 8 条规定:"承包人具有下列情形之一,发包人请求解除建设工程施工合同的,应予支持:(一)明确表示或者以行为表明不履行合同主要义务的;(二)合同约定的期限内没有完工,且在发包人催告的合理期限内仍未完工的;(三)已经完成的建设工程质量不合格,并拒绝修复的;(四)将承包的建设工程非法转包、违法分包的。这一条主要规定发包人的解除权。"从该条的规定来看,《解释》将发包人的解除权适用限定在了主合同义务的范围之下,由于承包人未完成主合同义务会直接导致合同目的落空,所以发包人自然可以随时解除合同。

《解释》第 9 条则规定了承包人的解除权。该条规定:"发包人具有下列情形之一,致使承包人无法施工,且在催告的合理期限内仍未履行相应义务,承包人请求解除建设工程施工合同的,应予支持:(一)未按约定支付工程价款的;(二)提供的主要建筑材料、建筑构配件和设备不符合强制性标准的;(三)不履行合同约定的协助义务的。"不难看出,这几项基本上也是发包人的主要义务。

(五)关于工程的结算

关于工程结算的规定,主要是《解释》的第 16 条。该条规定:"当事人对建设工程的计价标准或者计价方法有约定的,按照约定结算工程价款。因设计变更导致建设工程的工程量或者质量标准发生变化,当事人对该部分工程价款不能协商一致的,可以参照签订建设工程施工合同时当地建设行政主管部门发布的计价方法或者计价标准结算工程价款。建设工程施工合同有效,但建设工程经竣工验收不合格的,工程价款结算参照本解释第三条规定处理。"

一般来讲,工程价款的结算主要是按照合同约定的方式进行。合同约定的工程结算方式主要有两种,一为按照固定价格结算,一为根据成本加酬金方式或者可调价方式结算。当事人双方在合同中约定了工程结算的具体方式,那么就应当在结算时严格按照这一方式进行。当然,施工当中当事人也往往会就工程价款达成其他的约定,并以签证、会谈纪要、工作联系单等形式记录下来,对于这些应当认定为其性质属于对合同事项的约定变更,只要其不违反法律的强行性规定,一般都应认可其效力。但是,在因设计变更导致建设工程的工程质量或者质量标准发生变化时,一旦当事人双方对变化部分不能达成一致时,则可以参照签订建设工程施工合同时当地建设行政主管部门发布的计价方法或者计价标准结算工程价款。需要注意的是,解释在这里用的字眼是"可以参照",也就表明了这只是一个倡导性的条款。即法院在审理案件时一般可以按照当地建设行政主管部门发布的计价方法或者计价标准结算工程价款。但是,如果按照这类标准反而不符合该项建设工程的具体实际,使得当事人双方利益失衡的,那么此时法院可以以其他标准进行结算。总之,因设计变更导致建设工程的工程量或者质量标准发生变化时,由于其事项已经超出了原有合同的范围,也就使原合同对这一事项丧失了其适用基础。本着当事人自行处分其权利的原则,法院应当首先引导当事人自行协商达成协议,由当事人双方自行约定结算标准;当事人双方协商不成的,则可以以当地建设行政主管部门发布的计价方法或者计价标准或者其他计价方法和计价标准结算工程相关款项。

一般情况下,工程经竣工竣工验收合格后,双方就开始进行结算。结算开始,承包人提交竣工验收报告和竣工结算报告,由发包人进行审核。但是一部分发包人为了拖延时间,对于承包人提交的工程竣工结算报告采取不予答复的方式,以阻碍结算程序的正常进行。这种行为显然对承包人不利,为了保证承包人的合法权益,建设部发布的《建设工程施工发包与承包计价管理办法》第 16 条规定,发包人应当在收到竣工结算文件后的约定期限内予以答复。逾期未答复的,竣工结算文件视为已被认可。合同对答复期限没有明确约定的,可认为约定期限均为 28 天。这一规定在实践中发挥了巨大的作用,有效保证了竣工结算的顺利进行。《解释》第 20 条对该条款给予认可,规定:当事人约定,发包人收到竣工结算文件后,在约定期限内不予答复,视为认可竣工结算文件的,按照约定处理。承包人请求按照竣工结算文件结算工程价款的,应予支持。但遗憾的是《解释》对双方当事人未约定具体期限的场合没有作出具体规定,这不能不说是相比于《建设工程施工发包与承包计价管理办法》的一次倒退。

(六)拖欠工程价款应当支付利息

发包人拖欠工程款需要支付利息,这是毋庸置疑的。但实践中的问题是利息究竟从何时开始起算。由于缺乏相应的明确规定,造成了实践中各地法院对这一问题的尺度把握不一。有的从一审法庭辩论终结前起算,有的从一审举证期限届满前起算,还有的从终审判决确定的工程价款给付之日起算。为了统一利息计付的具体时间,《解释》第 18 条规定:"利息从应付工程价款之日计付。当事人对付款时间没有约定或者约定不明,下列时间视为应付款时间:(一)建设工程已实际交付的,为交付之日;(二)建设工程没有交付的,为提交竣工结算文件之日;(三)建设工程未交付,工程价款也未结算的,为当事人起诉之日。"不难看出,《解释》对工程款的计息,以工程交付和工程结算为时间点。因为工程交付和工程结算是建设工程完工的两个主要标志,一个意味着工程彻底完成并移交发包人,一个意味着工程的绝对完成。以这两个标志作为计息标准,合情合理,易于操作。需要特别注意的是,承包人对进度工程款非总工程款有异议的,应当自该进度完成承包人向发包人要求时起起算,承包人对进度的完成负证明责任,因为此时双方当事人对进度款的付款时间是有约定的。

(七)关于"阴阳合同"的处理原则

在建设工程招投标实践中,当事人往往为了获取不正当的利益,在签订中标合同的前后,再签订一份或多份与中标合同的工程价款金额、结算方式、支付时间等主要内容不一致的合同,也就是一般我们所说的"阴阳合同"。在之后的建设工程价款结算纠纷中,双方当事人往往为了各自的利益各执一词,一方主张以"阳合同"为标准结算,一方主张以"阴合同"为标准结算,那么,在建设工程的具体结算中,究竟应当用"阴阳合同"中的哪一份作为结算的主要依据呢?《解释》第 21 条明确规定:"当事人就同一建设工程另行订立的建设工程施工合同与经过备案的中标合同实质性内容不一致的,应当以备案的中标合同作为结算工程价款的根据。"也许会有不同意见认为,以"阳合同"为结算的标准,违背合同双方当事人的真实意思表示,但是须知国家对建设施工合同在签订上有许多强制性的规定,即使是合同的双方当事人,也不能违反这些规定。而签订"阴阳合同",其本质目的无非是为了规避这些强制性的规定。因此,一旦以"阴合同"为标准进行结算,无疑是助长了当事人双方签订"阴阳合同"的歪风,也使得建筑业市场的公平竞争的秩序受到破坏,更不利于招投标工作的合法有序进行。

(八)加强对农民工合法权益的保护

近几年来,对外来务工人员合法权益的保护,一直是国家关注的一个重点问题。在吸收了大量外来务工人员的建筑业,如何有效地保护外来务工人员的合法权益尤为重要。《解释》第 26 条规定:"实际施工人以转包人、违法分包人为被告起诉的,人民法院应当依法受理。实际施工人以发包人为被告主张权利的,人民法院可以追加转包人或者违法分包人为本案当事人。发包人只在欠付工程价款范围内对实际施工人承担责任。"

具体分析该条规定,可以得出以下几点:第一,实际施工人即使与发包人之间不存在着合同关系,仍可以发包人为被告提起诉讼。这是因为在建筑业市场中,承包人与发包人在签订建设施工合同后,承包人另行转包甚至多次分包的情况比较多见。此时作为实际施工人,虽然其与发包人之间没有合同关系,但是发包人的拖欠工程款已经直接影响到了实际施工人的利益,因此应当允许实际施工人向发包人讨要工程款项。当然,也有人会认为,碍于合同的相对性,从法理上看发包人与实际施工人貌似没有权利义务关系,实际施工人不能向发包人催要相关款项。但是法律应当为社会实践服务,如果一套法律理论不能满足社会实践的需要,那么它必须被修改和加以完善。近几年来,合同的相对性理论一直被突破,这本身也反映了这种理论对社会实践的估计过于绝对化了,而《解释》的这样一种规定,不乏是一种创新和尝试。第二,在现实生活中,还存在着上一级承包人已经与发包人或其上级承包人进行了工程款的结算,但对实际施工人或其下一级承包人却给予拖欠的情况。此时,发包人已经尽了其合同义务,如果要其对实际施工人再行支付,显然是有失公平的。因此,《解释》也规定发包人只在欠付工程价款范围内对实际施工人承担责任。第三,出于便于案件尽快审理的考虑,《解释》还规定人民法院可以追加转包人或者违法分包人为本案当事人。这是因为,如果转包人或者违法分包人不参加到诉讼当中来,许多案件的事实不能得以查清。这样规定,既能够方便查清案件事实,确定当事人的责任,也便于实际施工人实现自己的权利。遗憾的是,《解释》并没有规定本案的当事人究属哪种类型,是无独立请求权第三人还是共同被告。从《解释》第26条中规定的人民法院可以追加转包人或者违法分包人为本案当事人而非应当追加为当事人来看,或许无独立请求权当事人更为确切。因为法院主动追加共同被告的场合,多数发生在诉讼标的同一而当事人未予申请的场合,而此处则有两个诉讼标的。

综上所述,可以说,《解释》与我国《民法通则》《合同法》《招标投标法》《民事诉讼法》《建设工程质量管理条例》、最高人民法院《批复》《结算办法》《建设领域农民工工资支付管理暂行办法》等法律、行政法规、行政规章、司法解释相得益彰,共同规制着我国的建筑市场和建筑活动。

二、对《解释》的基本评价和分析

毫无疑问,《解释》对我国建设工程法律领域的许多相关问题作出了明确而具体的规定,满足了司法实践的需要,具有相当的进步性。具体而言,其进步性表现为以下几个方面:

(1)对承包人尤其是实际施工人给予了更加多的关注和保护,维持了建设施工领域各主体之间的利益平衡。相对于发包人而言,建设工程施工合同中的承包人或实际施工人往往处于相对被动的地位。他们在负责组织进行安全建设的同时,容易遭遇发包人的资金拖欠和无偿的施工设计改动等不公待遇。因此,《解释》在立法时始终注重对这类主体的保护,保障他们的合法权益在合同订立、履行、解除和终止全过程中的实现。尤其是在建设施工合同的签订和工程价款结算方面,《解释》体现了对这一类主体的特别保护。例如,《解释》第 7 条区分了工程分包转包和劳务分包转包,对劳务分包转包给予了肯定,维护了广大外来务工人员的合法权益。又如,《解释》第 21 条通过确定以备案的"阳合同"作为工程结算的依据,排除了发包人在合同签订时的不法要求。

(2) 充分贯彻了民法的各项基本原则。作为调整平等主体之间人身关系和财产关系的法律规范,民法具有民事主体地位平等、自愿公平、诚实信用、公序良俗等基本原则。《解释》根据民法的这些基本原则,合理地分配了建设工程施工合同各主体的权利和义务。例如,《解释》第 13 条规定,建设工程未经竣工验收,发包人擅自使用后,又以使用部分质量不符合约定为由主张权利的,不予支持;但是承包人应当在建设工程的合理使用寿命内对地基基础工程和主体结构质量承担民事责任。这里既考虑到了发包人在使用时对建设工程的损耗,同时也注重了承包人对建设工程质量的担保义务,做到了两方的公平。

(3) 加强了对建筑业市场的管理和调控。建筑业作为房地产产业链的一环,是国民经济中的重要产业部门,对房地产产业乃至整个国民经济的发展具有举足轻重的影响。同时,建设工程的质量安全也与人民群众的生命财产安全息息相关。因此,加强对建筑业市场的管理和调控,以对建筑施工合同进行规制的方法来确保建设施工活动的正常有序进行和建筑业的健康发展,这是十分必要的。《解释》当中对合同效力的规定那个,对"阴阳合同"的规定,无不体现了国家对建筑活动进行的必要干预,这种干预有利于维护建筑行业的正常秩序,也有利于促进建筑业的公平竞争。

(4) 内容较其他法律规定更为细化,突出了专业性。对于建筑施工合同的调整,虽然也有《合同法》等法律法规对其进行调整,但专业性不足,规定的内容也不够细致,很难解决实践中发生的一些建设工程法律纠纷。《解释》在《合同法》等相关民法规范的基础上,对建设工程施工合同的成立、效力、合同的履行、合同的解除和违约责任都作了进一步的规定,对应付款日期、欠付工程款利息的起算、竣工日期、"阴阳合同"等建设工程特有的内容作了相应的规定,为当事人签订和履行合同作出了指导,为法院解决建设工程施工合同纠纷案件提供了便利,增强了《合同法》在建设施工领域的可操作性,明确了之前处于争议状态的一系列问题,具有着重大的意义。

当然,由于各种原因,《解释》在客观上也存在着诸多缺陷和不足,总体

而言,这些缺陷和不足大致表现在:

(1) 立法的层次较低。作为调整建设施工领域的重要的司法文件,《解释》仅以司法解释的形式来规范建设施工承包合同纠纷案件的审理,很难具备相应的信服力。在我国,司法解释虽然广泛应用于审判和其他司法领域,但是以司法解释代替法律的问题也广为我国学者诟病。遗憾的是,《解释》也犯了同样了错误。因此,为了进一步规范建设工程施工合同,应当制定相应的法律或者是行政法规加以调整。①

(2) 具体规定存在缺陷。《解释》的一些具体规定或是在概念上或是在适用上存在一些矛盾之处。如《解释》第4条规定:"承包人非法转包、违法分包建设工程或者没有资质的实际施工人借用有资质的建筑施工企业名义与他人签订建设工程施工合同的行为无效。人民法院可以根据民法通则第一百三十四条规定,收缴当事人已经取得的非法所得。"这里是将承包人非法转包、违法分包的行为列为合同无效的情形。而《解释》第8条第4款则又将承包人非法转包、违法分包的行为归入可解除的范围,合同的无效和合同的解除是两个完全的概念,一个无须当事人行使权利,另一个则需合同一方行使解除权。《解释》作出这样的规定不能不说是有违法理的。相同的问题还出现在《解释》的第10条中。

(3) 与之前颁布的规范性文件之间缺乏相互协调。以各规范性文件中规定的时间为例,《示范文本》通用条款中的时间通常是7天或者是7天的倍数,《结算办法》的时间规定却又不一样,《解释》不但没有对前两者的规定进行统一,反而另行规定相应的时间甚至不加规定。如《解释》中对于发包人审查竣工结算报告的期限的,在没有约定的情况下,《示范文本》通用条款第33条第2款规定,发包人的审查期限为28天;《结算办法》第14条第3款则按单项工程的投资额度的不同,规定了从20天到60天不等的审查期限,而《解释》却没有规定。

(4) 尚有一些热点、难点问题未作出规定。《解释》虽然对建设工程施工合同中的许多问题进行了规定,但仍不完善,尤其是对于实践中出现的热点、难点问题,《解释》并未给予充分的关注,由此造成的空白也使得司法实

---

① 笔者认为行政法规或许更为贴切,因为以一部法律来规定一个行业的合同问题,似乎有些托大。

践中各地做法不一,不能统一,现试举几例说明:

其一,关于建设工程施工合同纠纷的责任主体问题。在建设工程施工合同纠纷中,由于承包人受到资质等级的限制,以及建筑工程总分包和转包的关系,导致合同主体和法律关系十分复杂,也使得案件的诉讼主体呈现出复杂的情形。但《解释》对主体的规定只体现在第25条和第26条,即只规定了两种情形下的主体问题:一是因建设工程质量发生争议的,发包人可以向谁提起诉讼的问题;二是为解决农民工工资而规定的实际施工人可以向发包人直接起诉的问题。但是,实践中仍有许多关于主体的问题悬而未决,而《解释》却未能予以规定。

其二,关于在建工程的抵押和优先受偿权问题。对于在建工程是否允许抵押,《担保法》没有明确规定,虽然尚有争议,但最高人民法院的《关于适用〈中华人民共和国担保法〉若干问题的解释》对此作了规定,明确允许以在建工程进行抵押,但对于抵押人如何实现在建工程的抵押权,该解释并未明确。如在在建工程系违法建筑或部分违法建筑的情况下,抵押人的担保责任如何承担?抵押人因投资策略或时常的变化而减少对在建工程的投资甚至不投资,在建工程无法继续做完时,抵押人的担保责任如何承担?对于在建工程的建设工程优先权问题,以及与之相关的留置权问题,《解释》均未涉及。

其三,转承包人、实际施工人与第三人发生纠纷时的责任承担问题。我国《建筑法》禁止承包单位将建筑工程转包给他人,但转包行为仍然是我国建筑市场上常见的一种不规范经营现象。转承包人在经营期间,不可避免地会对外实施一系列的民事行为,如购买建筑材料及生活用品、租赁建筑设备、委托加工等,并因此与第三人形成债权债务关系。第三人在其债权得不到清偿时,应当以谁为被告,承包人是否应当承担责任,也即成为审理该类案件的难点。现行的判决法律关系模糊,执行尺度不一,很有必要通过司法解释予以规范和明确,以求该类案件的处理能够得到统一和规范。

(5)一些规定内容上不够具体,对于一些应当说明和解释的事项没有给予解释。例如,在挂靠经营与出借资质的问题上,由于建设工程直接关系到国家和人民的财产人身安全,具有很大的公共性,因此无论是《建筑法》还是《合同法》都对建设工程中的此类事项作了非常明确的禁止性规定。任何挂靠经营或者出借资质的行为都属于违反强制性规定。然而,《解释》第1

条却仅仅对借用别人资质的情况作了规定,而没有提及挂靠经营。虽然实践中一般借用资质和挂靠经营属于重合的事项,企业挂靠经营的目的就是为了借用资质。但是也存在着先让有资质的企业将工程承接下来,然后再以分包的方式将工程分包或全部转包给多家或一家建设企业的情形。此时,原承包企业其实并不参与工程的实际施工,而是以转包或分包的方式赚取差价。显然,由于承受分包或转包的企业并未挂靠原承包企业,此处不属于挂靠经营,而是单独的借用资质。仔细分析挂靠经营和借用资质,笔者认为两者的区别主要在于:首先,企业挂靠表明了挂靠企业依附于被挂靠企业,两者之间存在着管理与被管理的关系。在申报材料、工程管理方面,被挂靠企业往往会派人员给予帮助。而借用资质的情况下却不存在监督管理的关系。其次,从合同效力来看,企业挂靠一般认定其签订的合同有效,只是被挂靠企业要承担因工程质量而产生的违约和侵权责任。而借用资质的,在任何情况下,所签订的合同都属无效。因此,《解释》之规定借用资质而没有将挂靠的情形纳入,略显不足。

(6) 在用词和表述上,《解释》存在着不当用词和不当表述的情形。例如:《解释》第2条中的"承包人",实际上改为"当事人"或许更为妥当。将请求按照核定价格核算工程款的权利交给承包人,主要是考虑到工程的合同价格往往会低于核定价格,那么对于承包人来说,以工程的核定价格计算工程款或许对他更为有利。这种说法有其合理性,一般而言,在市场经济日益成熟完善的今天,建筑业市场也多为买方市场。建设工程施工合同的价格总是低于合同无效后根据施工标准所作出的核定价格。实践当中这类情况是比较常见的。但是,作为立法者来讲,在考虑问题时应当做到思维周延。难道在现实生活中就一定不存在着合同价格高于核定价格的情形么?且不说建筑材料和人工的价格可能会出现起落,就算是成本完全没有变化也不代表着就没有合同价格高于核定价格的情形。比如在行政机关主导的建设工程中,由于腐败的滋生,这种情况就非常多见。而此时仅仅将工程价款按照核定价格计算的请求权交予承包人一方,就显得不那么妥当了。再如,《解释》第22条规定:"当事人约定按照固定价结算工程价款,一方当事人请求对建设工程造价进行鉴定的,不予支持。"该条的表述同样存在着问题。实际上,该条想说的情况是双方已经对工程价款约定了一个固定的价格,那么即使发生各种情况的变化导致实际价格低于或高于实际价格的,也不予考虑实际价格了。但是该条的表述存在着歧义,如果在实际施工过程中,发包方对工程施工标准作出了变更,此时是否还按照原固定价计算呢?或许会有人认为这是属于合同的实际变更,那么如果施工方在实际施工时对无损于建筑施工质量的部分因为各种原因作了改动,此时是否还应按照固定价格计算。比如要求将工程外立面刷成赭红色,但最后在施工中却刷成了大红色。另外,最高人民法院2009年颁布的《关于适用〈中华人民共和国合同法〉若干问题的解释(二)》中已经明确了情势变更原则,所以即使工程已经约定了固定价格,只要发生不可预见的情况,当事人一样可以申请工程价款根据鉴定结果作出适当调整。所以,该条其实应表述为"当事人约定按照固定价结算工程价款,在施工内容没有变更的情况下,一方当事人请求对建设工程造价进行鉴定的,一般不予支持"。

三、对《解释》未涉及问题的思考

正如前面所讲的,《解释》不光存在着很多的错误之处,同时也有很多问题没有涉及,接下来,笔者将对这些问题做进一步的探讨,为下一步的立法提供自己的见解。

1. 关于建设工程施工合同纠纷案件的诉讼主体和责任承担问题

(1) 借用资质和营业执照所签合同的诉讼主体问题。这个问题在民事诉讼法的相关司法解释当中实际上是有规定的,根据《最高人民法院关于适用〈中华人民共和国民事诉讼法〉若干问题的意见》的相关规定,借用营业执照的,借用一方和出借一方均应列为诉讼主体,二者对发包人承担连带责任。这里虽然没有提及借用资质,但由于借用资质与借用营业执照情况类似,一般也应作出同样的处理。由于这种情况在建筑业市场中比较多见,《解释》应当有所规定。

(2) 企业内部的职能部门或者企业的分支机构所签的合同的诉讼主体问题。建筑企业的内部职能部门也好,分支机构也好,因其不具有独立的财产,也不能承担独立的民事责任,并非法定的民事主体,因此一般是不能对外签订建设工程施工合同的。但在实践中,由这些职能部门和分支机构签订的合同为数众多。当然,这里我们要分清楚具体的状况,有些合同当中虽然所盖印章是企业职能部门或分支机构的印章,签名的也是职能部门或分支机构的负责人,但实际上他们签订的合同是在企业的授权之下完成的,实际上是对企业的一种代表行为,应当认定为企业自身的合同行为,合同的主体是企业本身。只有在企业未给予授权的情况下,此时属于职能部门自作主张签订的合同,从效力上讲应属无效。但由于建设企业的职能和分支机构不具备独立的诉讼主体资格,所以诉讼的主体仍应为建设企业本身。另一方当事人可另行追究签订合同人员的缔约过失责任。同样的结论还可以适用于发包人的内部职能部门、临时机构(如某某工程办公室)和分支机构。

(3)转包或者分包后发包人与转包人因工程质量发生纠纷的诉讼主体问题。此时,转包人与发包人之间并无合同关系,根据合同的相对性原理似乎发包人并不能够起诉转包人。但是在工程存在严重质量问题令发包人受到损害的情况下,发包人自然是可以起诉转包人要求其承担侵权责任的。关键是发包人能不能够以转包人违反其与承包人的建设工程合同的方式起诉转包人。笔者认为,此时发包人仍应只能起诉承包人,但可以列转包人为无独立请求权的第三人,并且法院可以判令由无独立请求权第三人承担责任。

(4)建设工程监理单位、工程款审计机构和建设行政主管部门的诉讼主体资格问题。在建筑法律审判实践中,还存在着工程监理单位和工程款审计机构与发包人或者承包人恶意串通、弄虚作假,共同侵害建设工程施工合同另一方当事人的情况。此时作为受侵害的一方,是应该单独起诉监理单位或审计单位呢,还是可以同时起诉监理单位(审计单位)和合同另一方呢?笔者认为监理单位(审计单位)和合同另一方应当承担连带责任,因为它们的行为构成侵权。但是,如果是建设行政主管部门与建设工程施工合同一方当事人串通,违规颁发施工许可证、质量合格证的,此时发包人只能起诉建设行政主管部门,因为此时案件的性质已经超出了民事诉讼的范围,而属于行政诉讼。

(5)企业法人被吊销营业执照或被注销后的诉讼主体问题。按照有关法律的规定,清算程序是企业法人注销或者吊销的前置程序。所以,企业法人被吊销营业执照或者被注销之前,应当进行清算,由清算组代表企业法人行使民事权利,清算组即为合格的民事诉讼主体。如果企业未经清算即被吊销营业执照或者被注销的,法人的主体资格不能认为已经消灭。该企业法人仍应依法进行清算,成立清算组后,由清算组代表该企业法人参加诉讼。如果不需要清算而未成立清算组,需要追索企业法人对外债权的,应当以该企业法人的名义进行起诉。对股东以个人名义起诉的,人民法院应当告知其以企业法人的名义起诉,否则,人民法院将不予受理。

(6) 在工程为多家企业联合投资,而签订合同的发包方为一家时的诉讼主体问题。一般来讲,企业进行联合投资,多数时候采取的方式是共同投资成立一家公司。但是现实中也存在着没有正式的联合体,而仅仅由其中一家企业签订发包合同的情形(多是碍于资质申请的问题才会这样)。有观点认为,此时发包人拖欠工程款的,承包人起诉时可将联合投资的多家企业一并诉至法庭。也有观点认为,由于合同的发包方仅为一家,此时其他联合投资的企业应当看做是针对此项目而对发包人给予投资,那么最后的责任也应由发包人一家企业承担责任。但承包人可以行使债权代位权,要求联合投资的其他企业根据所签订的投资协议支付自己应当支付的投资款项。笔者认为,后一种观点更为妥当。虽然在前文中也提到《解释》打破了合同相对性的原理,规定了合同实际施工人可以起诉合同的发包人,但这更多的是被看做保护外来务工人员权益的一种不得已之举。而且该条规定还将其限制在发包人未支付的工程款项中。所以,虽然联合投资的多家企业看似都参与到经营中来,但受到合同相对性影响,笔者以为联合投资的多家企业一般不应在案件中被列为原告或被告。哪怕考虑其他因素,对合同相对性的突破也是有限的,即其他联合投资的企业最多也只能在自己未支付的投资款范围内成为被告,承担责任。

2. 关于在建工程的抵押权和优先权问题

(1) 关于在建工程的抵押权问题。

在建工程的抵押,首先要解决的是抵押合同的效力问题。在建工程的特殊性在于其仅仅是一个存于意识中的有体物,并非真正已经成形。因此,对于其抵押合同的效力,就有了更为特殊的规定。建设部 1997 年颁布的《城市房地产抵押管理办法》,对在建工程抵押设定了以下几个条件:第一,抵押人为主债务人;第二,债权人为具有贷款经营权的金融机构;第三,主债权的种类为贷款;第四,担保的贷款须用于在建工程继续建造;第五,抵押人已合法取得在建工程占用土地的使用权,且须将其合法取得的土地使用权连同在建工程的投入资产一并抵押。最高人民法院颁布的《关于适用〈中华人民共和国担保法〉若干问题的解释》第 47 条规定:"以依法获准尚未建造的或者正在建造中的房屋或其他建筑物抵押的,当事人办理了抵押物登记,人民法院可以认定抵押有效。"而《物权法》第182条则规定："以建筑物抵押的,该建筑物占用范围内的建设用地使用权一并抵押。以建设用地使用权抵押的,该土地上的建筑物一并抵押。抵押人未依照前款规定一并抵押的,未抵押的财产视为一并抵押。"笔者认为,《关于适用〈中华人民共和国担保法〉若干问题的解释》第47条的规定,是针对抵押权的规定而并非针对抵押合同效力的规定。也就是,当事人在办理了在建工程的抵押登记之后,债权人就由此获得了对在建工程的抵押权,但是其抵押合同并非是有效的,如果抵押合同归为无效,那么抵押权如还在原债权人手中,抵押人可以要求取消抵押登记而终止抵押权。若抵押权已经随债权转让给第三人的,那么虽然抵押合同无效,但第三人可基于其善意仍取得该抵押权。所以,判断抵押合同效力仍然需要依据《城市房地产抵押管理办法》的规定来判断。当然,《城市房地产抵押管理办法》因为其效力层次较低,仅为部门规章,这也就呼唤我们要加强相应的立法。至于抵押登记的效力,则根据《物权法》第182条的规定,只要在建工程做到了房地一体,就视为该抵押有效。

　　在建工程抵押权的第二个问题是在建工程本身全部或部分违法所带来的后果。现实生活中,在建工程可能会因为各种原因而导致全部或部分的违法。在此种情况下,笔者认为,出于保护债权人利益的考虑,首先要看在建工程违法的原因。如果在建工程违法的根源是在土地权利上的,即抵押人并未取得该土地使用权而妄自决定在上建设的,此时无论是在建工程还是土地本身,都不可能成为抵押权的客体,应视为抵押合同的绝对无效。但如果在建工程本身因未取得建设许可证或者没有按照建设规划建设而导致部分或全部无效,此时抵押人对在建工程的定着土地是享有使用权的,那么可将该抵押合同视为部分有效,即认可对土地使用权的抵押。而且,如果在建工程本身是可分的,一部分建设工程为合法建设项目,一部分建设工程为非法建设项目(如一个居住小区,部分楼房因违反规划设计建设而违法),那么还可将合法在建项目一并纳入到被认可的抵押范围中去。除此之外,如果在建工程之前违法,之后经建设行政机关的追认最终确定为有效,那么此时仍应认定该在建工程的抵押合同为有效。

　　在建工程抵押权的第三个问题是在建工程成为"烂尾楼",其价值低于设立抵押权时预计的价值时的处理。虽然《城市房地产抵押管理办法》在对抵押合同的有效要件中规定,担保的贷款须用于在建工程的继续建造,但这仅仅是针对贷款在申请时的申请目的而言,一旦抵押人出于投资策略或者市场变化的考虑而没有将贷款用于工程建设上时,抵押合同依然是有效的。但是这里的问题是债权人因为在建工程最终成为"烂尾楼",其抵押权在实现上不能得到有效的保障。笔者认为,此时,抵押权人可以要求债务人就在建工程在未完工的范围内承担还款责任或提供其他担保。当然,这是指抵押人没有根据抵押合同的约定而将贷款全部用于在建工程的建设上。如果抵押人确已将所有贷款用于在建项目的建设,但实际已经建造的在建项目价值仍然低于抵押权预计的价值的,则此时债权人并不能要求抵押人再承担任何的责任或者提供其他担保。因为此时抵押权不能实现的原因并不是出于抵押人的过错。

(2) 在建工程的优先权问题。

在建工程的优先权问题主要是对在建建筑物留置权的特殊行使问题。留置权属于法定的担保物权。根据《担保法》第 84 条的规定,保管合同、运输合同、加工承揽合同和法律规定可以留置的其他合同可以取得留置权。而且留置权的取得必须以债权人因债权而对留置物合法占有为前提。建设施工合同中承包人对在建工程的留置权即来源于此。建设施工合同属于特殊的加工承揽合同,在《合同法》中其虽然与加工承揽合同是分开规定的,但这并不能抹杀其具有的加工承揽合同的属性。在施工合同当中,承包人是唯一对建设工程价款享有优先受偿权的人。其原因在于其他实际施工人虽然直接占有该在建工程,但是他们与发包人之间并没有合同关系,更不用说凭借这种合同关系去获得留置权了。从行使的时间上来看,留置权的行使不同于抵押权和质押权的行使,是没有时间上的限制的,只要债权确实存在并已届清偿期,经过债权人给出的合理的宽限期后,即可行使。建设工程价款优先权的行使期限为自建设工程竣工之日或者建设工程合同约定的竣工之日起计算的 6 个月,6 个月届满,承包人的优先权即不复存在,其工程价款请求权即成为普通债权。这里的一个问题是如何界定竣工之日。一般来说,在建工程由于实际并没有完工,不存在真正的建设工程竣工之日,所以我们只要考虑建设工程合同约定的竣工之日。一般来说,建设工程合同约定的竣工之日已经确定,直接根据合同文本便可知道。但是,一部分工程在施工中存在着停停建建的问题,如果这个事实是已经在合同中被预先确定或者属于在预计范围内的,那自然不需要延长合同确定的竣工日期。否则,因发包人原因或者其他外来因素造成的停工期限,应当属于合同约定竣工日期的延长。至于承包人的原因引起的竣工日期延后,则不作延长的处理。而从行使的方式来看,与一般留置可以直接委托有关部门对该财产折价或者拍卖、变卖并以该价款优先受偿不同,在建工程的承包人必须首先提起确认之诉,然后再申请人民法院依法拍卖,以拍卖所得价款优先清偿承包人的工程价款。

3. 实际施工人与第三人发生纠纷时的责任承担问题

虽然我国《建筑法》和《合同法》都明文禁止建设工程中的转包、挂靠经营、借用资质行为,但实际上建筑行业中的转包、挂靠经营和借用资质的行为仍然屡见不鲜。那么在工程建设实施期间,实际施工人与承包人和发包人以外的第三人发生纠纷时,实际施工人、承包人和发包人以及其中的转承包人等应如何承担责任呢?对此,没有相关的法律法规对此作出明确的规定,司法实践中的做法也不尽相同。有的以转承包人的外在经营形态来确定责任的承担,也有的按各主体之间的合同关系来确定责任。笔者认为,对于这个责任的承担问题,应先分清责任的类型,再分清不同的经营形态来确定。

首先是责任的类型。一般来说,建设工程的实际施工人与第三人之间的责任,可以分为侵权责任和违约责任两大类。我国《侵权责任法》第86条规定:"建筑物、构筑物或者其他设施倒塌造成他人损害的,由建设单位与施工单位承担连带责任。建设单位、施工单位赔偿后,有其他责任人的,有权向其他责任人追偿。因其他责任人的原因,建筑物、构筑物或者其他设施倒塌造成他人损害的,由其他责任人承担侵权责任。"因此,对于建设施工中的侵权责任,一般是由建设单位和施工单位承担连带责任,而且承担的是无过错责任。但如果是因为其他责任人如设计单位的原因导致建设工程即使是严格按照标准施工也存在问题的,则由其他责任人承担相应的责任。此条中前后两个其他责任人的含义是不同的,前者指的是对建设工程的实际施工过程中造成损害的人,而后者指的是建设工程的设计单位、勘察单位等。另外,本条中的建设单位一般即指建设工程施工合同的发包方,这个没有问题,而施工单位在笔者看来,从保护受害人的角度考虑,应认为承包人、转包人和实际施工人都应属于施工单位。

对于违约责任来说,要根据实际施工人的经营形态来下结论。当实际施工人通过转承包的方式以自己的名义进行施工和采买,并以自己的名义与第三人进行交易时,第三人此时并不知道在实际施工人之外还存在一个承包人,在这种情况下,实际施工人与第三人形成的是合同关系而非代理人与第三人的关系。此时,建设工程转包合同的无效,并不必然导致实际施工人与第三人之间其他交易行为的无效。这是因为:第一,虽然交易行为与建设工程本身有一定的事实上的牵连,但它是一种新的合意,是一个新的独立的合同。第二,第三人此时无法注意到实际施工人行为的目的和动机。第三,实际施工人与第三人之间的合同并未违反《合同法》第 52 条的规定,且大多不属于该条规定的情形,即使少数合同被依法确认为无效,第三人也只应向实际施工人主张权利,而非向承包人主张权利。按照合同相对性原则,合同仅在双方当事人之间发生效力,也就是仅在实际施工人与第三人之间发生相应的效力。因此,当实际施工人与该第三人产生纠纷时,第三人只能依据其与实际施工人之间的合同向实际施工人主张权利,而不能要求承包人承担责任。

当实际施工人以挂靠承包人的方式进行施工和经营时,此时无论实际施工人在交易商谈中是以什么样的名义进行的,签订合同时必然是以承包人的名义进行交易的。此时,根据最高人民法院对《民事诉讼法》的相关解释,承包人与实际施工人应承担连带责任。

而当实际施工人以模糊不清的身份进行施工和经营,并以"某某工地"等模糊不清的身份与第三人进行交易时,第三人可以以实际施工人或承包人为被告提起诉讼,也可以以实际施工人和承包人为共同被告提起诉讼。人民法院可以根据查明的事实分担责任:如果能查明是实际施工人以自己的名义与第三人或是以承包人的名义与第三人进行交易,那么,就按照前述第一、二种情形的处理原则进行处理。如果不能查明是以谁的身份进行交易,也即身份仍然模糊不清的,一般应要求转承包人和承包人共同承担连带责任。

附录一

最高人民法院关于建设工程价款优先受偿权问题的批复

(2002年6月11日最高人民法院审判委员会第1225次会议通过)

法释[2002]16号

上海市高级人民法院：

你院沪高法[2001]14号《关于合同法第286条理解与适用问题的请示》收悉。经研究，答复如下：

一、人民法院在审理房地产纠纷案件和办理执行案件中，应当依照《中华人民共和国合同法》第二百八十六条的规定，认定建筑工程的承包人的优先受偿权优于抵押权和其他债权。

二、消费者交付购买商品房的全部或者大部分款项后，承包人就该商品房享有的工程价款优先受偿权不得对抗买受人。

三、建筑工程价款包括承包人为建设工程应当支付的工作人员报酬、材料款等实际支出的费用，不包括承包人因发包人违约所造成的损失。

四、建设工程承包人行使优先权的期限为六个月，自建设工程竣工之日或者建设工程合同约定的竣工之日起计算。

五、本批复第一条至第三条自公布之日起施行，第四条自公布之日起六个月后施行。

此复。

附录二

最高人民法院关于审理建设工程施工合同纠纷案件适用法律问题的解释

(2004年9月29日最高人民法院审判委员会第1327次会议通过)

法释〔2004〕14号

根据《中华人民共和国民法通则》、《中华人民共和国合同法》、《中华人民共和国招标投标法》、《中华人民共和国民事诉讼法》等法律规定,结合民事审判实际,就审理建设工程施工合同纠纷案件适用法律的问题,制定本解释。

第一条 建设工程施工合同具有下列情形之一的,应当根据合同法第五十二条第(五)项的规定,认定无效:

(一)承包人未取得建筑施工企业资质或者超越资质等级的;

(二)没有资质的实际施工人借用有资质的建筑施工企业名义的;

(三)建设工程必须进行招标而未招标或者中标无效的。

第二条 建设工程施工合同无效,但建设工程经竣工验收合格,承包人请求参照合同约定支付工程价款的,应予支持。

第三条 建设工程施工合同无效,且建设工程经竣工验收不合格的,按照以下情形分别处理:

(一)修复后的建设工程经竣工验收合格,发包人请求承包人承担修复费用的,应予支持;

(二)修复后的建设工程经竣工验收不合格,承包人请求支付工程价款的,不予支持。

因建设工程不合格造成的损失，发包人有过错的，也应承担相应的民事责任。

第四条 承包人非法转包、违法分包建设工程或者没有资质的实际施工人借用有资质的建筑施工企业名义与他人签订建设工程施工合同的行为无效。人民法院可以根据民法通则第一百三十四条规定，收缴当事人已经取得的非法所得。

第五条 承包人超越资质等级许可的业务范围签订建设工程施工合同，在建设工程竣工前取得相应资质等级，当事人请求按照无效合同处理的，不予支持。

第六条 当事人对垫资和垫资利息有约定，承包人请求按照约定返还垫资及其利息的，应予支持，但是约定的利息计算标准高于中国人民银行发布的同期同类贷款利率的部分除外。

当事人对垫资没有约定的，按照工程欠款处理。

当事人对垫资利息没有约定，承包人请求支付利息的，不予支持。

第七条 具有劳务作业法定资质的承包人与总承包人、分包人签订的劳务分包合同，当事人以转包建设工程违反法律规定为由请求确认无效的，不予支持。

第八条 承包人具有下列情形之一，发包人请求解除建设工程施工合同的，应予支持：

（一）明确表示或者以行为表明不履行合同主要义务的；

（二）合同约定的期限内没有完工，且在发包人催告的合理期限内仍未完工的；

（三）已经完成的建设工程质量不合格，并拒绝修复的；

（四）将承包的建设工程非法转包、违法分包的。

第九条 发包人具有下列情形之一，致使承包人无法施工，且在催告的合理期限内仍未履行相应义务，承包人请求解除建设工程施工合同的，应予支持：

（一）未按约定支付工程价款的；

（二）提供的主要建筑材料、建筑构配件和设备不符合强制性标准的；

（三）不履行合同约定的协助义务的。

第十条 建设工程施工合同解除后，已经完成的建设工程质量合格的，发包人应当按照约定支付相应的工程价款;已经完成的建设工程质量不合格的,参照本解释第三条规定处理。

因一方违约导致合同解除的,违约方应当赔偿因此而给对方造成的损失。

第十一条　因承包人的过错造成建设工程质量不符合约定,承包人拒绝修理、返工或者改建,发包人请求减少支付工程价款的,应予支持。

第十二条　发包人具有下列情形之一,造成建设工程质量缺陷,应当承担责任:

（一）提供的设计有缺陷;

（二）提供或者指定购买的建筑材料、建筑构配件、设备不符合强制性标准;

（三）直接指定分包人分包专业工程。

承包人有过错的,也应当承担相应的过错责任。

第十三条　建设工程未经竣工验收,发包人擅自使用后,又以使用部分质量不符合约定为由主张权利的,不予支持;但是承包人应当在建设工程的合理使用寿命内对地基基础工程和主体结构质量承担民事责任。

第十四条　当事人对建设工程实际竣工日期有争议的,按照以下情形分别处理:

（一）建设工程经竣工验收合格的,以竣工验收合格之日为竣工日期;

（二）承包人已经提交竣工验收报告,发包人拖延验收的,以承包人提交验收报告之日为竣工日期;

（三）建设工程未经竣工验收,发包人擅自使用的,以转移占有建设工程之日为竣工日期。

第十五条　建设工程竣工前,当事人对工程质量发生争议,工程质量经鉴定合格的,鉴定期间为顺延工期期间。

第十六条　当事人对建设工程的计价标准或者计价方法有约定的,按照约定结算工程价款。

因设计变更导致建设工程的工程量或者质量标准发生变化,当事人对该部分工程价款不能协商一致的,可以参照签订建设工程施工合同时当地建设行政主管部门发布的计价方法或者计价标准结算工程价款。

建设工程施工合同有效,但建设工程经竣工验收不合格的,工程价款结算参照本解释第三条规定处理。

第十七条　当事人对欠付工程价款利息计付标准有约定的,按照约定处理;没有约定的,按照中国人民银行发布的同期同类贷款利率计息。

第十八条　利息从应付工程价款之日计付。当事人对付款时间没有约定或者约定不明的,下列时间视为应付款时间：

（一）建设工程已实际交付的,为交付之日；

（二）建设工程没有交付的,为提交竣工结算文件之日；

（三）建设工程未交付,工程价款也未结算的,为当事人起诉之日。

第十九条　当事人对工程量有争议的,按照施工过程中形成的签证等书面文件确认。承包人能够证明发包人同意其施工,但未能提供签证文件证明工程量发生的,可以按照当事人提供的其他证据确认实际发生的工程量。

第二十条　当事人约定,发包人收到竣工结算文件后,在约定期限内不予答复,视为认可竣工结算文件的,按照约定处理。承包人请求按照竣工结算文件结算工程价款的,应予支持。

第二十一条　当事人就同一建设工程另行订立的建设工程施工合同与经过备案的中标合同实质性内容不一致的,应当以备案的中标合同作为结算工程价款的根据。

第二十二条　当事人约定按照固定价结算工程价款,一方当事人请求对建设工程造价进行鉴定的,不予支持。

第二十三条　当事人对部分案件事实有争议的,仅对有争议的事实进行鉴定,但争议事实范围不能确定,或者双方当事人请求对全部事实鉴定的除外。

第二十四条　建设工程施工合同纠纷以施工行为地为合同履行地。

第二十五条　因建设工程质量发生争议的,发包人可以以总承包人、分包人和实际施工人为共同被告提起诉讼。

第二十六条　实际施工人以转包人、违法分包人为被告起诉的,人民法院应当依法受理。

实际施工人以发包人为被告主张权利的,人民法院可以追加转包人或者违法分包人为本案当事人。发包人只在欠付工程价款范围内对实际施工人承担责任。

第二十七条 因保修人未及时履行保修义务,导致建筑物毁损或者造成人身、财产损害的,保修人应当承担赔偿责任。

保修人与建筑物所有人或者发包人对建筑物毁损均有过错的,各自承担相应的责任。

第二十八条 本解释自 2005 年 1 月 1 日起施行。

施行后受理的第一审案件适用本解释。

施行前最高人民法院发布的司法解释与本解释相抵触的,以本解释为准。

后　　记

　　1987年7月毕业留校(中南政法学院,现中南财经政法大学法学院)任教,至2006年9月被选调至最高人民法院,我在母校工作近二十年;一直在诉讼法教研室,从事司法文书写作、民事诉讼法学、证据法学等课程的教学工作。其时,初生牛犊,敢作敢为;凭几页稿纸,便立于讲台,面对几十甚至上百本科生教学(其中,尚有几届学弟、学妹)。如今每每念及此,便觉赧颜、亦觉后怕、更应感恩:其一,当感恩章若龙、罗玉珍等老院长鼎力打造的重视本科生教育的理念,才有了让人感怀的中南政法一流的本科生教学的课堂、课余的氛围和效果;其二,当感恩唐永禅、庄淑珍、孙孝福、蔡虹教授等耳提面命,才成就了今天为稻粱谋的一份职业;其三,当感恩改革开放后国家对高校教师一系列支持的政策,让我有机会在职攻读西南政法大学的硕士、博士学位;也让我在教学、学习之余有机会从事审判、律师等实践工作。

　　1995年考取了律师资格,1996年成为执业律师,至2006年去北京工作,我兼职执业近十年。其间,苦乐自知;各种律师业务均有涉及,主要是从事建设工程施工承包纠纷的法律服务工作,办理相关诉讼、非诉讼几十件,有了大量的教学、科研资料,也有了孝敬长辈和结婚、生子的物质基础。其时,与中国建筑工程第三局法律事务系统的左成安、程海波、卢大洪、李凌云、安娜等同学、同仁,以及葛洲坝建设集团的秦铁平学弟等均有良好的合作,留下了许多愉快的回忆!《中华人民共和国合同法》第286条关于建设工程优先权的相关立法的完善,与中建三局的老领导洪可柱先生的关注及其在全国人大的提案分不开;相关问题也是我多年来从事教学、法律服务中关注、思考、研究的重点。

　　可以说,本书是法律教学与法律实践结合的成果。

　　2008年,我以本书的初稿申请教育部哲学社会科学后期资助,获得了立项。由于各种原因,主要是因为个人的散淡,未能按期付梓,亦为憾。

  本书能与读者见面,与广东财经大学旷凌云博士、华中农业大学杨瑞博士、中南财经政法大学邓晓静讲师的资料收集、整理等工作分不开;也得益于北京大学出版社邹记东先生、李铎先生、周菲女士的努力与支持;武汉大学诉讼法学科带头人赵钢教授一直关心我的进步,一并致谢!

洪浩
2014 年 6 月
于武汉大学珞珈山法学院